Juan Moreno

# Tausend Zeilen Lüge

Das System Relotius
und der deutsche
Journalismus

Rowohlt · Berlin

Originalausgabe
Veröffentlicht im Rowohlt · Berlin Verlag, Berlin, Oktober 2019
Copyright © 2019 by Rowohlt · Berlin Verlag GmbH, Berlin
Covergestaltung Frank Ortmann
Coverabbildung rustemgurler / iStock
Foto des Autors Mirco Taliercio
Satz aus der Hoefler bei hanseatenSatz-bremen, Bremen
Druck und Bindung CPI books GmbH, Leck, Germany
ISBN 978-3-7371-0086-1

# Inhalt

Statt einer Einleitung
**Der Solokletterer auf dem Gipfel** 9

Doch eine Einleitung
**Was dieses Buch ist – und was nicht** 23

1. Kapitel
**Die Reportage** 29
*Warum Claas Relotius nie ein Reporter war*

2. Kapitel
**Zwei Reporter und eine Geschichte** 43
*Wie alles anfing*

3. Kapitel
**Der Text, der alles veränderte** 65
*«Jaegers Grenze»*
*von Juan Moreno und Claas Relotius*

4. Kapitel
**Showtime** 83
*Die Grenze zwischen Wahrheit und Lüge*

5. Kapitel
**«Wir glauben erst mal gar nichts»** 101
*Über den Umgang mit Fakten*

6. Kapitel
**Der treue Claas** 127
*Wie das System Relotius entstand*

7. Kapitel
**Warum ich?** 157
*Einiges über den Reporter Juan Moreno*

8. Kapitel
**Die Konfrontation** 165
*Was stimmt?*

9. Kapitel
**Es war alles ganz anders** 179
*Relotius' brillante Erwiderung*

10. Kapitel
**Ermittlung** 189
*Warum sollte man Relotius nicht glauben?*

11. Kapitel
**Es hätte alles viel früher auffliegen müssen** 213
*Das System Relotius unter Druck*

12. Kapitel
**Endgame** 225
*Das System Relotius zerbricht*

13. Kapitel
**Der Journalismus ist ein anderer geworden** 237
*Relotius und die Folgen*

14. Kapitel
**Über das Versagen des «Spiegel»** 243
*Warum das System Relotius dort so erfolgreich sein konnte*

15. Kapitel
**Dopamin** 259
*Was bedeutet das für die Reportage?*

16. Kapitel

**Relotius und wir** 271
*Warum der «treue Claas» die perfekte Lösung
für die Krise des Journalismus zu sein schien*

Danksagung 287

Bild- und Rechtenachweis 287

«Wenn die Arbeit getan ist, wirkt alles einfach und glatt. Als sei die Story ordentlich verpackt und mit einer Schleife verziert dahergekommen. So ist es nicht. Darüber möchte ich sprechen: Wie es ist, wenn man mittendrin steckt. (...) Plötzlich stand alles in Frage. Meine gesamte Karriere drohte in die Brüche zu gehen.»

Ronan Farrow, US-Journalist und Auslöser der weltweiten «MeToo»-Debatte, am 3. Dezember 2018 beim Deutschen Reporterpreis.

Statt einer Einleitung

# Der Solokletterer auf dem Gipfel

Er war nicht in Panik. So viel steht fest. Es war die Nacht zum 3. Dezember 2018, Stunden vor dem größten Triumph seiner Karriere. Pressedeutschland würde sich bald wieder geschlossen vor ihm verneigen. Zum vierten Mal würde er den Reporterpreis gewinnen. Vier Mal in fünf Jahren. Das hatte es noch nie im Journalismus gegeben. Aber unglaublicher als das finde ich noch immer, dass Claas Relotius, der wohl größte Hochstapler im deutschen Journalismus, nicht in Panik war.

Kollegen, die diesen Tag mit ihm verbracht haben, sagen, dass er ein wenig ernster als sonst gewirkt habe, nachdenklicher. Aber panisch? Nein, sicher nicht.

Es gibt Filmaufnahmen von diesem Tag. Ich habe sie mir immer wieder angesehen. Es stimmt. Relotius wirkt völlig normal. Sogar ausgelassen. Je häufiger ich mir das Video anschaue, desto unwirklicher wirkt es auf mich. Dabei hatte er doch kurz vor dessen Aufzeichnung am 3. Dezember 2018 diese Nachricht erhalten:

> Hello Claas,
> may I ask how you wrote an article on Arizona Border Recon without coming down for an interview? Strikes me as odd that a journalist would write a piece without physically collecting facts.
> Jan AZBR

Hallo Claas,

darf ich fragen, wie du einen Artikel über die Arizona Border Recon schreiben konntest, ohne hier für ein Interview aufzutauchen? Ich finde es komisch, dass ein Journalist ein Stück schreibt, ohne persönlich die Fakten zusammenzutragen.

Jan, AZBR

Ich kann mir das nur so erklären, dass er schon Dutzende Male in einer ähnlich ausweglosen Situation gewesen sein musste. Die vielen Lügen hatten sein Leben mit Sprengfallen umgeben. Man kann daran zerbrechen oder mit der Zeit zum Meister dieser Sprengfallen werden. Man kann die Überzeugung entwickeln, letztlich immer einen Ausweg zu finden, immun zu sein, ganz gleich wie schwierig die Ausgangslage ist. Immer und immer wieder stand Relotius kurz davor, als Hochstapler aufzufliegen. Er war Journalist in einem Ressort, in dem lauter Spitzenreporter saßen, die beruflich nichts anderes machten, als Menschen zu treffen, sie kritisch zu befragen und aufzuschreiben, was von diesen Menschen zu halten ist. Relotius war von Berufsskeptikern umgeben. Sie alle hatte er über Jahre mühelos umtänzelt.

Ich stelle ihn mir in dieser Zeit wie einen Solokletterer vor. Einer dieser Menschen, die ungesichert eine Steilwand hinaufsteigen, ab und zu in ihren Kreidebeutel am Rücken greifen und mit der Endlichkeit ihrer Existenz kokettieren. Das Unerträgliche ertragend, gewöhnt an den Gedanken, dass ein Fehler alles zerstören kann, und dennoch siegesgewiss. Gelassene Todgeweihte. Bei Gefahr reagieren sie kühl, rational. Der Angst wird Präzision und Kontrolle entgegengesetzt, beherzt und gekonnt, bis sie wieder Herr ihres Wahnsinns werden. Für mich als Außenstehenden, als Beobachter eines solchen Solokletterers, ist diese Ruhe verstörend. Mich lähmt Angst, der Gedanke, dass man manche Dinge schlichtweg nicht im Griff haben kann. Ich wäre in Panik.

Der Reporter Claas Relotius spielte seit fast zehn Jahren mit unglaublichem Einsatz, ging mit jedem gefälschten Text ein sagenhaftes Risiko ein, und immer wieder stand er kurz davor, alles zu verlieren.

Wahrscheinlich war Relotius im Dezember 2018 einfach an den Druck gewöhnt. Die E-Mail an diesem 3. Dezember schien für ihn nicht das zu sein, was ich in ihr sah: eine Bombe, die unweigerlich detonieren würde. Auf Relotius wirkte sie vermutlich anders. Er hatte den Abgrund oft erlebt. Für ihn war es einfach nur eine weitere E-Mail in einer langen Liste von E-Mails, die alle anfangs «unweigerlich» Richtung Katastrophe deuteten und ihn doch nie aufhalten konnten.

Das hier war seine Steilwand, die Regeln hatte er aufgestellt. Relotius war in all den Jahren von unterschiedlichsten Leuten damit konfrontiert worden, ein Lügner, ein Fälscher und Hochstapler zu sein. Er hatte eine ganze Reihe Leserbriefe, Anrufe, E-Mails erhalten, und stets wurden ihm Fehler vorgeworfen, gut belegte Fehler. Jeder dieser Vorwürfe hatte das Potenzial gehabt, seine Karriere auszulöschen, seinen Namen für immer zu ruinieren. Es waren Anschläge auf das Leben, das er führte, auf sein Image als junge, neue Stimme der Reportage. Er, Claas Relotius, hatte alle Attacken überlebt. Ganz gleich wie groß die Gefahr schien, am Ende gelang es ihm immer, sie zu bannen.

Das Wahrscheinlichste ist also, dass Relotius sich am 3. Dezember fragte, warum es jetzt anders sein sollte?

Die E-Mail, die Relotius am Morgen des 3. Dezember bekommen hat, ist von Jan Fields, Sprecherin der «Arizona Border Recon» (AZBR), einer militanten Bürgerwehr im Süden der USA. Der Verein bewacht freiwillig und unentgeltlich die Staatsgrenze der USA, um sie laut eigenen Statuten gegen illegale Einwanderung und Drogenschmuggel zu schützen. Politisch muss man sich die Gruppe ein bisschen wie einen Tarnfarbe tragenden, leicht entsicherten AfD-Ortsverband vorstellen, der zudem bis auf die Zähne bewaffnet ist und sich ein wenig nach Krieg sehnt. Es ist keine große Gruppe, im Grunde besteht sie aus zwei Leuten. Der Gründer heißt Tim Foley, ein beseelter Trump-Versteher, der früher als Zimmermann arbeitete, bis er vor zehn Jahren seine drei Harleys verkaufte, weil ihn die Weltwirtschaftskrise ruiniert hatte. Er zog in den Süden, nach Arizona, an die Grenze zu Mexiko. Er kaufte sich einen Trailer für zehntausend Dollar und lernte seine Freundin Jan Fields kennen. Sie kümmert sich um das Organisatorische im Verein. Anders als Foley spricht Jan nicht so gern mit Journalisten.

Ab und zu haben die beiden Gäste. Beschützer des amerikanischen Volkes. Entschlossene, wütende Männer und fast immer mit liebgewonnener Waffensammlung anreisend. Sie bewachen für ein, zwei Wochen im Jahr die US-Grenze. Sie hausen in einer improvisierten Kommandozentrale, die Foley am Fuß eines Hügels errichtet, und schauen durch Ferngläser in die Wüstenlandschaft Arizonas. Dabei genießen sie das Gefühl, Patrioten zu sein, die nicht nur wütend in den Fernseher schreien, sondern tatsächlich etwas tun, um Amerika zu verteidigen. Wenn die Männer nicht in der Kommandozentrale sind, patrouillieren sie in einem Pick-up-Truck an der Grenze, meist im Streit, wer fahren darf. Es ist in vielen Fällen nicht ganz klar, wen sie wirklich bekämpfen: Amerikas Feinde oder ihre eigenen Dämonen. Wahrscheinlich beide.

Tim Foley und seine Freundin Jan Fields sorgen gegen Bezahlung für die Logistik der temporären Grenzbewachung. Sie haben Wildkameras in Bäumen und Sträuchern versteckt, besitzen Funkgeräte und kümmern sich ums Essen. Die «Arizona Border Recon» ist im Grunde ein Dienstleister. Sie bietet mittelmilitanten Rechten in den USA eine Art politisch korrektes Urlaubsangebot, eine Mischung aus *White-Supremacy*-Pfadfindertum, Latinojagd und *Falludscha*-Invasionsromantik.

Wenn Tim Foley und seine Freundin keine Gäste haben, also zehn von zwölf Monate im Jahr, leben sie von den Journalisten, die sie besuchen. Man ahnt nicht, wie groß der weltweite Bedarf an bewaffneten, rechten US-Spinnern für Berichterstattungszwecke ist. Foley und Fields haben eine Marktnische entdeckt. Sie sind stramm rechts, aber nicht dumm. Da die Freak-Nachfrage seit der Wahl Donald Trumps gestiegen ist und echte, wirklich radikale Gruppen keine Interviews geben, weil zu ihren Feinden nicht nur die Regierung, sondern auch die Presse zählt, stehen Reporter vor einem Problem. Sie wissen, dass es solche Gruppen gibt, können ihren Lesern oder Zuschauern aber keine zeigen. Foley und Fields helfen da gern. Sie bieten die Show, die erwartet wird, inklusive Kalaschnikows, Handgranatenattrappen und kernigen Sprüchen wie diesem: «Wenn extrem bedeutet, nicht auf der Couch sitzen zu bleiben und dabei zuzusehen, wie dieses Land kaputtgeht, ja, dann bin ich Extremist.»

Das Interview kostet zweihundert Dollar. Reist man mit Kamerateam an und hat Sonderwünsche, mehr. Die «Arizona Border Recon» ist die bekannteste Bürgerwehr der Vereinigten Staaten. Foley und Fields haben eine Homepage. Es gibt Dutzende Artikel, Fernsehbeiträge, Radiofeatures, sogar einen Oscar-nominierten Dokumentarfilm über sie.

Claas Relotius meldete sich am 28. Oktober 2018 bei Foley. Er schrieb damals, dass er Reporter für den «Spiegel» sei, Europas größtes Nachrichtenmagazin, und sich für die «wichtige Arbeit» der «Arizona Border Recon» interessiere. Jeden Tag versuchten Menschen, illegal in die USA zu gelangen, «ich bin interessiert an den Leuten, die diese Menschen stoppen». Relotius erhielt, wie jeder Journalist, der Foley und Fields anschreibt, erst mal eine automatische Antwort. In ihr heißt es, dass der Verein eigenfinanziert sei und Geld für Interviews verlange. Wenn man einverstanden sei, könne man einen Termin vereinbaren. Relotius reagierte nicht.

Gute fünf Wochen später ist Jan Fields wütend. So wütend, dass sie direkt in ein Flugzeug steigen will, um nach Deutschland zu fliegen. Sie will Claas Relotius «ins Gesicht spucken», einem Mann, der sie nie gesehen hat, der aber über sie und ihre Organisation geschrieben hat. Die Reportage heißt «Jaegers Grenze», erschienen am 17.11.18 im «Spiegel». Jan fragt, wie er es wagen kann, über sie zu schreiben, ohne jemals dagewesen zu sein.

Relotius antwortet umgehend. Allerdings kurz. Es ist der Morgen des 3. Dezember.

> Hi Jan!
> Why do you think I did?
>    Best Claas

> Hallo Jan,
> warum glaubst du, ich hätte das getan?
>    Grüße
>    Claas

Gute zehn Stunden später, am selben 3. Dezember 2018, früher Abend. Vierhundert geladene Gäste sitzen im Tipi am Kanzleramt. Ein Theaterzelt im Herzen des Berliner Regierungszentrums. Einer der wichtigsten, viele sagen, *der* wichtigste deutsche Journalistenpreis soll vergeben werden. Ein Preis, der nicht von einem Magazin gesponsert wird oder einer Zeitung, einem Ministerium oder einem Industrieverband. Der Reporterpreis ist ein Preis von Journalisten für Journalisten. Das ist die Eigenwerbung. Das macht ihn einzigartig. Über hundert Vorjuroren, alles Profis, arbeiten sich durch eine Fülle an Einsendungen, weit über tausend. Sie geben eine Vorauswahl an die knapp vierzig Hauptjuroren weiter, darunter Chefredakteure, Ressortleiter, Starjournalisten, die Spitze der Branchenprominenz. Sie entscheiden letztlich, wer die besten Texte des Jahres in den jeweiligen Kategorien geschrieben hat. Der Preis ist so wichtig, dass er es sich leisten kann, kein

Preisgeld auszuloben. Jeder Journalist will ihn gewinnen. Viele Karrieren beginnen erst, nachdem man ihn gewonnen hat.

Man sollte aber nicht glauben, dass der beste Text gewinnt. Es gibt den «besten» Text nicht. Genauso wenig wie es das beste Bild, das hübscheste Grübchen oder das schönste Kinderlächeln gibt. Reporterpreise sagen in erster Linie etwas über den persönlichen Geschmack der Jury, den Zeitgeist und erst dann etwas über die Qualität der Texte. Es ist ein furchtbar unfaires, viel zu subjektives Verfahren.

Es gibt kein besseres.


Ehrengast an diesem Dezemberabend ist Ronan Farrow, Sohn von Woody Allen und Mia Farrow und derzeit einer der angesehensten Journalisten der Welt. Farrow brachte die sexuellen Übergriffe des Hollywood-Produzenten Harvey Weinstein ans Licht, seine Recherchen lösten die weltumspannende «MeToo»-Debatte aus. Dafür soll er heute mit dem «Sonderpreis für Investigation» ausgezeichnet werden. Alice Schwarzer, die große deutsche Frauenrechtlerin, hält die Laudatio. Schwarzer würdigt Farrows Leistung. Er habe «das Fundament der Macht ins Wanken gebracht» und «die Omertà gebrochen». Viele Frauen auf der ganzen Welt würden jetzt nicht mehr schweigen. Dafür gebühre diesem Journalisten Dank.

Ronan Farrow kommt auf die Bühne, umarmt Alice Schwarzer und hält im Anschluss eine Rede, wie sie nur Amerikaner halten können. Voller Wärme, Größe und Wahrhaftigkeit. Er beschreibt, was Journalisten ausmacht, nämlich letztlich alles dieser inneren Stimme zu unterwerfen. Sie sagt, was zu tun ist.

Auch ich hörte an diesem Abend eine innere Stimme.

Ich hatte ein paar Tage zuvor meinen Chefs mitgeteilt, dass ich massive Schwierigkeiten mit dem Reporter des Jahres Relotius hatte. In seinem Teil unserer Reportage «Jaegers Grenze» hatte ich einige heftige Unstimmigkeiten entdeckt. Sie glaubten mir aber nicht, waren davon überzeugt, dass ich «Rufmord» begehen und «die Karriere eines jungen Kollegen ruinieren» wollte.

Meine innere Stimme beackerte mich schon länger. Einer ihrer Vorschläge war, erneut zu meinen Chefs zu gehen, mich zu entschuldigen und zuzugeben, dass ich mich verrannt hatte. Meine Frau und ich sind beide freie Journalisten, unserer Branche geht es nicht gut. Für eine Reportage bezahlt eine Zeitung mittlerweile etwa dreihundert, vierhundert Euro, man arbeitet daran über eine Woche. Wir haben vier Kinder. «Mein Freund, es wäre ein Weg, dein Leben zurückzubekommen», sagte meine innere Stimme.

Während Ronan Farrow vor der versammelten Journalistenprominenz sprach, saß ich in einem Motel in Las Vegas und fragte mich, welche Schritte die nächsten seien. Ich hatte die Reportage, die ich gemeinsam mit Relotius geschrieben hatte, «Jaegers Grenze», mittlerweile sicher dreißig Mal gelesen. Ich wusste, dass ich den Helden der Geschichte finden musste: Chris Jaeger, wie er im Text hieß. Nicht ganz leicht, denn ich war davon überzeugt, dass dieser Typ – so wie ihn Relotius in dem Artikel beschrieb – nicht existierte.

Die Veranstaltung am 3. Dezember im Tipi am Kanzleramt endet mit dem Höhepunkt. Der Preis für die Königsdisziplin, der wichtigste Preis des Abends, für die beste Reportage des Jahres. Der Einsendeschluss lag einige Monate zurück. Texte von Claas Relotius waren bereits für die Kategorien «Bestes Interview» und «Beste Sportreportage» nominiert. In der «Reportage» ist er gleich zweimal vertreten: Mit dem Stück «Ein Kinderspiel» und «Die letzte Zeugin». Allein diese Nominierungshäufung ist atemberaubend.

Ines Pohl tritt auf die Bühne, sie ist die Chefredakteurin der Deutschen Welle. «Die Jury hat gekämpft, sie war sich bewusst der Bürde und Würde dieser besonderen Kategorie (...) Was sind eigentlich die großen Fragen dieses journalistischen Jahres 2018? Es gibt natürlich Inhalte, die uns alle bewegen. Es gibt aber auch die große Frage nach der Glaubwürdigkeit unseres Berufsstands, die uns alle bewegt. Das haben wir immer mitreflektiert, inwiefern sind die Reportagen Beleg dafür, dass die Kolleginnen und Kollegen wirklich draußen waren, gut recherchiert haben, sorgfältig gearbeitet haben.»

Dann verkündet Ines Pohl, dass sich die Jury für Claas Relotius entschieden habe. «‹Ein Kinderspiel›, am 23.6.2018 im ‹Spiegel› erschienen. Herzlichen Glückwunsch, Claas Relotius.» Relotius hat den Preis nicht zuletzt für seine saubere Recherche bekommen. Sein Text ist die Antwort der Branche auf die Fake-News-Debatte, auf die «Lügenpresse-Vorwürfe». Relotius' Text ist das, was man all den Zweiflern und Nörglern entgegenhalten will. Der bestmögliche Journalismus.

Applaus brandet auf. Pohl erklärt noch, dass Relotius für einen Text über einen jungen Mann prämiert wird, der mitverantwortlich dafür sei, den Syrien-Krieg ausgelöst zu haben. «Wenn man den Text liest, dann spürt man den Krieg, dann riecht man den Krieg (...) Die Jury befand, dass dieser journalistische Beitrag einer der Beiträge des Jahres war, den Schülerinnen und Schüler noch in vielen Jahren lesen werden, wenn sie verstehen wollen, wie dieser Krieg begann (...).»

Relotius trägt ein dunkles Jackett, eine schmal geschnittene Hose und grobe Stiefel. Er sieht gut aus. Auf der Bühne wirkt er bescheiden, fast ein wenig überfordert. Jörg Thadeusz ist der Moderator. Er macht das fantastisch, versucht etwas Lockerheit in einen Abend zu bringen, der nicht locker sein kann. Erstens, weil da viele Spitzenjournalisten zusammensitzen und es dann grundsätzlich nie locker ist, außerdem steht viel auf dem Spiel. Ein Reporterpreis ist ein Ritterschlag. Er wird für immer mit der eigenen Biographie verbunden sein, wird in den Autorenkästen unter Artikeln erwähnt werden, gleich neben dem Geburtsort, dem Studium und den Blättern, in denen man veröffentlicht hat. Thadeusz nähert sich Relotius mit einem Witz: «Herr Relotius, sind Sie schon mal auf einer Preisverleihungsbühne gewesen, als Preisträger?»

Das Publikum lacht. Relotius hat gerade den vierten Reporterpreis erhalten, hat über vierzig Journalistenpreise gewonnen, war noch öfter für Preise nominiert. Er gehört zu den erfolgreichsten Reportern, die jemals diesen Beruf ausgeübt haben. Vor einiger Zeit zeichnete ihn der US-Sender CNN als «Journalisten des Jahres» aus, eine Ehrung, die in Europa nur Claas Relotius zuteilwurde. Er ist gerade mal zweiunddreißig Jahre alt.

Relotius lächelt, als er den Preis entgegennimmt, macht aber klar, dass ihm heute nicht zum Spaßen zumute ist. «Ich wollte eigentlich nicht über mich sprechen, sondern über den Text (...) Es wäre falsch, über etwas anderes zu sprechen (...) Der Junge, über den ich schrieb, der junge Mann, er ist immer noch in dieser Stadt, die seit Wochen bombardiert wird, aber wir haben seit dem Drucktermin nichts mehr von ihm gehört. Deshalb fällt es so schwer, darüber zu reden.»

Es ist klar, was das bedeutet, bedeuten muss. Der junge Mann, Mouawiya Syasneh, der als Dreizehnjähriger Syriens Herrscher Baschar al-Assad mit einem Graffito beleidigt hat, Mouawiya, den Relotius so einfühlsam auf gut tausend «Spiegel»-Zeilen porträtiert hat, dieser junge Mann hat in den letzten sechs Monaten kein Lebenszeichen von sich gegeben. Es sind genau die Monate, in denen Assads Truppen Mouawiyas Heimatstadt Daraa eingenommen haben. Er ist, so muss befürchtet werden, tot.

Das Publikum ist berührt, klatscht mitfühlend. Etwas Syrienkrieg weht durch das Zelt. Relotius bedankt sich wortreich bei seinen Übersetzern, lächelt etwas gequält und geht ab. Jörg Thadeusz, der bloßgestellte Moderator, kratzt seine Restwürde vom Bühnenboden zusammen und verabschiedet sich.

Der angenehmere Teil des Abends beginnt. Relotius wird immer wieder auf die Schulter geklopft. Ariel Hauptmeier, Organisator und Mitinitiator des Reporterpreises, spricht ihn an, um zu gratulieren, aber auch weil er ein paar Fragen hat. Hauptmeier hat in den letzten Tagen viel über Relotius nachgedacht. Auch Jurys in den anderen Kategorien hatten signalisiert, dass sie sich am liebsten für Relotius als Sieger entscheiden würden. Er hatte nicht nur die beste Reportage des Jahres geschrieben, zusätzlich nach Meinung vieler auch noch das beste Interview geführt und die beste Sportreportage geliefert. Als weltweit einzigem Journalisten war es ihm gelungen, mit den Eltern des Footballspielers Colin Kaepernick ein langes Gespräch zu führen. Kaepernick war berühmt geworden, weil er sich aus Protest während der Nationalhymne hingekniet und damit Donald Trumps Hass ausgelöst hatte, was zugegebenermaßen nicht sehr schwer zu sein scheint.

«Wir können dem doch nicht alle Preise geben, das ist verrückt», entfährt es Hauptmeier in einem dieser Gespräche. Er ist ein angenehm zurückhaltender Westfale, der dazu neigt, die richtigen Fragen zu stellen. Ein hervorragender Journalist. Hauptmeier fragt, ob Relotius sicher sei, den Jungen gefunden zu haben, der den Syrienkrieg ausgelöst habe. Es habe ja schon einige Texte dazu gegeben. Relotius bestätigt, dass es in der Tat bereits viel über die «Kinder von Daraa» gebe, die angeblich mit einem Graffito einen Krieg entfachten, aber nach langer, intensiver Recherche, die sich über anderthalb Jahre hingezogen habe, sei er sich sicher, den richtigen Jungen gefunden zu haben. Er habe mittels Videochats mit ihm sprechen können, da Journalisten derzeit nicht in Syrien recherchieren können. Übersetzer hätten ihm geholfen. Relotius hatte sich bei ihnen auf der Bühne bedankt. Ohne sie wäre diese Geschichte nicht möglich gewesen.

Hauptmeier glaubt Relotius, mehr noch, er ist beeindruckt. So wie alle anderen in diesem Festsaal auch. Alle halten Relotius für einen würdigen Preisträger. Es ist die richtige Geschichte zur richtigen Zeit, sie sei «von beispielloser Leichtigkeit, Dichte und Relevanz», hatte die Jury geurteilt.

Nur einer scheint an dem Abend nicht glücklich zu sein: Relotius selbst. Nicht allen fällt das auf, aber an seinem Tisch, an dem seine Kollegen vom «Spiegel» sitzen, merken einige, dass irgendetwas nicht stimmt.

Ich habe mir diesen 3. Dezember oft vorgestellt. Wie Relotius die E-Mail von Jan Fields liest, sie beantwortet, sich fertigmacht für die Zugfahrt von Hamburg, wo er lebt, nach Berlin zur Preis-verleihung. Was mag in seinem Kopf vorgegangen sein, als er die E-Mail bekam? Er wusste, dass ich ihm auf den Fersen war. Viel-leicht hatte er gehofft, dass ich die Sache begrabe. Meine Chefs hatten ihm gesagt, dass ich «Jaegers Grenze» für problematisch hielt. Sie hatten ihm aber auch gesagt, dass sie ihm und nicht mir glaubten.

«Claas, was ist los? Du hast den vierten Reporterpreis gewon-nen und schaust, als hätte dir jemand gerade eine Tomate über-reicht», fragt ihn ein Kollege.

«Es ist wegen Juan», antwortet Relotius. «Der hat sich verrannt, recherchiert mir hinterher. Der hat doch vier Kinder und wird jetzt entlassen.»

Relotius erweckte an diesem Abend den Eindruck, dass er Mitleid mit mir hatte. Dass ihn das belaste, meine irregeleitete Verblendung und die Konsequenz, die sie für die Zukunft mei-ner Kinder haben würde. Man war sich am Tisch einig, dass das traurig, aber mir in diesem Fall nicht zu helfen sei. Moreno spinnt, einem Kollegen nachzurecherchieren, zumal einem wie Claas Relotius, das war verrückt. Und sie hatten recht. Das war es. Denn auf ihn, Claas Relotius, wartete eine große Karriere. Eine noch größere Karriere. Er hatte ja bereits mit Anfang dreißig mehr erreicht als die meisten Kollegen in einem Journalistenleben. An diesem 3. Dezember stand für seine Kollegen fest, dass er die Ressortleitung übernehmen würde. Erst vorübergehend, höchst-wahrscheinlich aber langfristig. In ein paar Wochen würde Relo-tius mein Vorgesetzter werden.

Der Mann übrigens, der ihn die letzten Jahre protegiert und gefördert hatte, Ressortleiter Matthias Geyer, sollte zum Jahres-wechsel zum Blattmacher des «Spiegel» aufsteigen. Der Mann, der Relotius vor Jahren zum «Spiegel» geholt hatte, Ullrich Fichtner, sollte Chefredakteur werden. Die drei Männer: Relotius, Geyer und Fichtner, sie alle standen keine vier Wochen vor der Beförde-rung ihres Lebens.

Relotius würde künftig also keine Texte mehr schreiben. Er war am Ziel. Wenn es bisher niemandem aufgefallen war, dass er ein Fälscher war, dass er sich praktisch alle «Spiegel»-Geschichten ausgedacht hatte, warum sollte es später passieren? Die erfundenen Zitate, Personen, Szenen, Schicksale, sie würden irgendwann alle im «Spiegel»-Archiv liegen, online nicht frei verfügbar.

So viel stand fest: Relotius würde an diesem Abend seinen vorerst letzten Reporterpreis gewinnen, denn er würde aufhören, Reporter zu sein. Ressortleiter redigieren, setzen Themen, beauftragen Schreiber, sitzen in Konferenzen und denken über die großen Zusammenhänge unserer Zeit nach und wie man sie Lesern nahebringt. Durch seine nette, zurückhaltende, freundliche Art schien er wie gemacht für diese Arbeit. Viele im Haus freuten sich auf den künftigen Chef Claas Relotius. Der letzte Chefredakteur hatte ihn bei seiner Abschiedsrede explizit erwähnt. Als einen von nur drei Kollegen im ganzen Haus. Relotius ragte heraus. Er war jemand, der die Nachricht, die in Zeiten von Twitter und Facebook immer wertloser wurde, weil sie frei verfügbar war, zu vergolden verstand. Er war ein Magier. Eine Zukunft, in der Nachrichten umsonst waren, schien weniger bedrohlich, weil Relotius sie in Geschichten verwandeln konnte, die unbezahlbar waren. Fünf Jahre nach dem Syrienkrieg schrieb er einen Text, der in Schulen gelesen werden sollte, fand die Chefin der Deutschen Welle. Jeder hatte vom Syrienkrieg gehört, aber niemals zuvor so.

An diesem 3. Dezember, der für Claas Relotius mit einer E-Mail aus Arizona begann und sich mit dem Schulterklopfen hunderter Kollegen dem Ende neigte, war Claas Relotius zugleich der König seiner Branche, der größte Fälscher im deutschen Journalismus und in Gedanken bei mir.

«Worauf ich häufig angesprochen werde: das Buch, das Juan schreiben wird. Ich kann und will ihm das nicht verbieten (er ist freier Mitarbeiter), und ich will das auch gar nicht. Ein Buch über den Fall wird es so oder so geben. Und da ist es mir lieber, es schreibt einer, der wirklich nah dran war, und nicht irgendein Honk.»

Steffen Klusmann
«Spiegel»-Chefredakteur

Doch eine Einleitung

# Was dieses Buch ist – und was nicht

Der große Held des deutschen Journalismus. Reporter des Jahrzehnts. Bomben-Mitarbeiter. Knaller-Andalusier. Toll, toller, Juanito. Moreno for Papst. Kann dem Mann mal bitte schön jemand das Wasser reichen?»

Alles sehr verstörende Nachrichten, E-Mails, Tweets, Sätze aus Briefen, die mich kurz vor Weihnachten 2018 erreicht haben. Mich, Juan Moreno, einen freien Autor, jemand, der seit über zehn Jahren für den «Spiegel» schreibt und zuletzt an der «Spiegel»-Pforte gefragt wurde, ob er der Taxifahrer sei, den ein Redakteur bestellt hatte. Ausgerechnet ich war plötzlich ein Medienstar. Die deutsche, ach was, die globale Pressewelt schrieb über Relotius. «Bild», «taz», «Welt», «Zeit», «FAZ», «Süddeutsche Zeitung», «Focus», ARD, ZDF, «New York Times», «Washington Post», «The Guardian», «Le Monde», «The New Yorker», «El Mundo», «Clarín», «Independent», Magazine aus Indien, China, Südafrika und Australien berichteten über den Fall. «Das wunderbare Misstrauen des Juan Moreno», schrieb der «Spiegel», man habe mir «viel zu verdanken». Das irritiert. «Morenos wunderbares Misstrauen», es klang wie ein Roman von Gabriel García Márquez. In der Regel muss man tot sein, damit der «Spiegel» so etwas Nettes über einen druckt.

Also, was hatte ich getan? Ich hatte herausgefunden, gegen massiven Widerstand im «Spiegel», dass der mit Preisen überschüttete «Spiegel»-Reporter Claas Relotius ein Fälscher war. Der «Spiegel» veröffentlichte auf seiner Internetseite am 19. Dezember 2018 ein langes Selbstzerfleischungsstück, aus dem die Öffentlichkeit davon erfuhr. Über sechzig Texte hat Relotius für das

Blatt geschrieben, bis auf eine Handvoll waren sie alle gefälscht. Der schlimmste Albtraum des wohl wichtigsten, renommiertesten und stolzesten Medienhauses Deutschlands wurde wahr. Noch bevor der «Spiegel» an die Öffentlichkeit ging, hatte ich angefangen, Relotius-Texte zu überprüfen, die er für andere Medienhäuser geschrieben hatte. Auch da fanden sich massenweise Fehler. «Süddeutsche Zeitung Magazin», «Neue Zürcher Zeitung», «Cicero», «Financial Times Deutschland», «Die Welt», «Reportagen» und einige andere mehr: überall hatte er erfunden. Es ist eine Presseschau des Grauens, wenn man alles zusammenträgt. Relotius' Texte enthielten Erfindungen, Übertreibungen, Faktenfehler, Plagiate, Ungenauigkeiten, sie sind wertlos. Wäre sein Werk ein Auto, mein andalusischer Vater würde sagen, wir Spanier hätten es gebaut.

Das alles sei ein «Tiefpunkt in der 70-jährigen Geschichte», schrieb der «Spiegel». Und während sich das mächtigste deutsche Magazin in den Dreck warf und die Kollegen der anderen Blätter das gar nicht richtig wahrnahmen, weil sie noch zu sehr mit Augenreiben beschäftigt waren, wollte nicht nur jeder von mir wissen, wie ich das aufgedeckt hatte, sondern auch, wie ich zu der Sache stand. Zum «Spiegel», zu Relotius, zum Genre der Reportage, zum deutschen Journalismus. Überhaupt zur Wahrheit. So ganz grundsätzlich.

Ich tat das, was selten verkehrt ist, wenn der versammelte Medienzirkus sich ankündigt und einen zu überfahren droht. Ich hielt die Klappe. Jedenfalls so gut es ging. In diesem Fall bedeutete das: Ich sprach mit einer Zeitung, der «Süddeutschen»; einem Sender, 3sat; und einem Online-Medium, «Spiegel Online». Ich erzählte drei Mal mehr oder weniger dasselbe. Nämlich, dass ich kein Held bin, dass der «Spiegel» mir anfangs nicht geglaubt hatte und dass ich hoffte, jemand kümmere sich um Claas Relotius.

Wenn ich heute Kollegen treffe, passiert immer dasselbe. Erst gratuliert man mir, dann wird Verständnis geäußert. Mir müsse «die Sache bis hier» stehen. Dann fragen sie doch. Und am Ende folgt ein Monolog von meiner Seite, weil alle so viele Fragen haben. Relotius hat den deutschen Journalismus verändert. Er hat mich verändert. Die Leichtigkeit, mit der ich früher Lügenpresse-Krakeeler belächelt habe, ist dahin.

Ich möchte irgendwann sagen können, dass ich alles, was ich zu sagen habe, aufgeschrieben habe. Schreiben ist das, was ich beruflich mache, was ich deutlich besser kann als reden. Darum werde ich in diesem Buch versuchen, all die Fragen zu beantworten, die mir in den letzten Monaten gestellt wurden. Es sind viele Fragen: Was genau ist passiert? Wie hast du es gemerkt? Warum glaubte man dir beim «Spiegel» nicht? Stimmt es, dass eine Journalistin aus den USA dir fast zuvorgekommen wäre?

Ich werde gegen Ende des Buches auch versuchen, das «System Relotius» zu erklären. Ich glaube, dass seine Texte wunderbar in die veränderte Welt des Journalismus gepasst haben. Über vierzig Journalistenpreise, das ist kein Zufall: Seine Reportagen schienen die Lösung für eine Branche zu sein, die zutiefst verunsichert ist. Sie kämpft um jeden Leser, und warme, tröstende Reportagen, wie sie Relotius schrieb, schienen ein möglicher Ausweg aus dieser Krise. Relotius wurde mit Leserbriefen überhäuft. Kaum einer war kritisch. Leser liebten seine Texte. Man kann, wenn man sich mit diesen Texten beschäftigt, viel über den Journalismus lernen. Aber ich denke, dass sein Erfolg auch viel über uns sagt, die Leser, Profis oder Laien. Leser liebten seine Geschichten ganz offensichtlich.

Es soll um noch etwas in diesem Buch gehen: nämlich, warum ich denke, dass die netten Menschen, die mich bejubelten, sich irren. Natürlich mag ich die Komplimente. So sehr, dass ich einige Monate nach der Affäre dem Magazin der spanischen Zeitung «El País» ein Interview gab. Einziger Grund war, dass meine andalusische Mutter erfährt, was für ein toller Hecht ihr Sohn ist. Die traurige Wahrheit ist aber, dass ich kein Held bin. Mich macht die Enttarnung des Fälschers Relotius nicht zum Vorbild für Journalisten. Das ist kein guter Ort, an dem ich da bin. Ich kenne meinen Beruf. Ich weiß, was ich, Juan Moreno, der Reporter, denken würde: «Schau an, ein Held, interessant. Mal sehen, wie lange?»

Darum sollte ich gleich zu Beginn einiges klären, was dieses Buch nicht ist, gerade für die Kollegen unter den Lesern.

Dieses Buch ist keine Abrechnung. Nicht mit dem «Spiegel». Nicht mit meinen damaligen Chefs. Nicht mal mit Claas Relotius. Auf der anderen Seite ist es auch keine Auftragsarbeit. Der «Spiegel» wird es nicht mögen. Das kann ich versprechen.

Ich schreibe, wie gesagt, dieses Buch, um alle Fragen, die man vernünftigerweise an mich richten kann nach dieser Geschichte, zu beantworten. Ich schreibe dieses Buch auch, um für mich, ganz persönlich, dieses Thema zu sortieren, es ins richtige Verhältnis zu setzen und auch, um damit abzuschließen. Ich habe schon genug Zeit mit diesem Fall verbracht, mehr Lebenszeit, als mir lieb ist. Ich bin von Natur aus mit einer gewissen emotionalen Tumbheit ausgestattet, mir fällt es leicht, Dinge nicht persönlich zu nehmen, sie an mir abprallen zu lassen. In diesem Fall kam ich mehrmals an meine Grenzen, fühlte mich weder dem Druck noch den Zweifeln gewachsen. Ich habe mir das alles nicht ausgesucht und würde es niemandem wünschen.

Eine Information ist für den Leser noch wichtig, finde ich. Der «Spiegel» ist weiterhin ein wichtiger Auftraggeber für mich. Ich bin kein «Spiegel»-Reporter, wie das Blatt gerne schreibt, sondern weiterhin freier Journalist, dem ohne Angabe von Gründen jederzeit gekündigt werden kann, woran ich mehrmals in der Vergangenheit erinnert wurde.

Ich kann nur versuchen, aufrichtig zu sein, versuchen, allen Seiten gerecht zu werden: dem «Spiegel», Claas Relotius, den Lesern, der Wahrheit und nicht zuletzt mir. Mir ist früh klargeworden, dass man als Einzelner gegen das mächtigste Medienhaus des Landes nur mit einem großen Schutzschild bestehen kann, einem Schild aus absoluter Transparenz. Daher habe ich mir vorgenommen, nichts zu verschweigen, auch nicht meine Fehler. Der «Spiegel» hat mir keinerlei Informationen, keinerlei Dokumente zur Verfügung gestellt, es fand keinerlei Kooperation statt. Meine Interviewanfragen wurden teilweise von der Rechtsabteilung geprüft und abgelehnt. Von einer «Rückendeckung», wie es hieß, kann keine Rede sein. Es wurde aber auch nicht versucht, das Buch zu verhindern.

Anders ausgedrückt: Ich habe keine kurze Antwort auf die Frage, ob ich einem Interessenkonflikt unterliege. Nur eine lange. Sie finden sie auf den nächsten knapp 300 Seiten.

«Ullrich, ich bin nicht dein Feind. Ich bin nur der Typ, der zur falschen Zeit am falschen Ort war und das macht, was du vermutlich an meiner Stelle genauso machen würdest. Es hätte auch dich treffen können. Du und ich, wir sind Reporter. (...) Es ist kein Neid, keine Missgunst, keine Rache, die uns antreibt, es ist, was wir sind.»

Aus meiner E-Mail an den damals designierten Chefredakteur Ullrich Fichtner, als der «Spiegel» noch von Claas Relotius' Unschuld überzeugt war.

# 1. Kapitel

## Die Reportage

*Warum Claas Relotius nie ein Reporter war*

Claas Relotius wurde nicht *ein* Mal gefragt, ob er eine feste Stelle beim «Spiegel» antreten wolle, er wurde *zwei* Mal gefragt. Er hatte zu dem Zeitpunkt bereits einige Texte als Freier fürs Blatt geliefert, die so gut waren, dass man ihn unbedingt fest ans Haus binden wollte. Man kann sich streiten, ob das Gesellschaftsressort des «Spiegel» das beste Reportageressort Deutschlands ist. Unstrittig ist, dass die Reporter, die dort schreiben oder geschrieben haben, zu den Helden deutscher Journalistenschüler zählen: Alexander Osang, Cordt Schnibben, Alexander Smoltczyk, Barbara Supp, Matthias Geyer, Ullrich Fichtner, Klaus Brinkbäumer, Thomas Hüetlin, Takis Würger, Jochen-Martin Gutsch und einige andere mehr. Jeder Reporter kennt diese Namen, das Gesellschaftsressort galt für viele als eine Art Dreamteam, der FC Barcelona unter Pep Guardiola.

Es ist nicht normal, dass man eine Einladung in den exklusivsten Reporterpool des Landes ausschlägt. Schon gar nicht, wenn man dreißig Jahre alt und freier Autor ist. Die Auflagen der Zeitungen und Magazine gehen seit Jahren zurück, immer weniger Geld steht für Recherchen bereit, im journalistischen Meer der Verzweiflung, in das heute Jungreporter entlassen werden, gibt es für viele genau eine Insel: den «Spiegel». Keiner bietet Reportern ein vergleichbares Gehalt, keiner vergleichbare Recherchemöglichkeiten. Nicht die «Zeit», nicht die «Süddeutsche», nicht der «Stern». Niemand.

Die beiden damaligen Leiter des Gesellschaftsressorts, Matthias Geyer und Ullrich Fichtner, fragten Relotius, ob er sich vorstellen könnte, fest beim «Spiegel» anzufangen. Man sei sehr zufrieden mit seiner Arbeit.

Claas Relotius sagte nein.

Er fühle sich sehr geehrt, freue sich über das Angebot, könne es aber leider nicht annehmen. Geyer und Ullrich verstanden die Reaktion nicht. So ziemlich jeder deutsche Journalist wäre auf Knien für so eine Stelle nach Hamburg gekrochen. Geyer fragte nach dem Grund für die Absage.

Relotius, bescheiden, wie es seine Art war, drückte sich ein wenig vor der Antwort. Es gehe um etwas Privates, um seine Schwester. Seine jüngere Schwester, die er sehr liebe. Sie sei an Krebs erkrankt, jeden Morgen und jeden Abend nach seiner Arbeit würde er, Claas Relotius, sich um die Schwester kümmern. Sie brauche viel Pflege und Zuspruch, aus diesem Grund könne er unmöglich die Verantwortung übernehmen und diese wichtige Stelle als «Spiegel»-Reporter im Gesellschaftsressort mit gutem Gewissen antreten.

Vielleicht, auch das erwähnte Relotius, könne man ja, wenn es dann noch aktuell sei, zu einem späteren Zeitpunkt erneut über das Angebot sprechen. Selbstverständlich, sagten die zutiefst ergriffenen Chefs.

Relotius hatte die krebskranke Schwester davor nie erwähnt, noch sollte er später ein Wort über diesen Schicksalsschlag verlieren. Er war auch in der Folgezeit freundlich, zurückhaltend. Es war der Moment, in dem im Ressort sein Spitzname entstand: «Der treue Claas», so wurde Claas Relotius von da an im «Spiegel» genannt.

Relotius schrieb in der Folge weiter als Freier für den «Spiegel». Die Reportagen wurden trotz der Belastung durch die Schwester nicht schlechter, mehr noch, sie wurden besser. Immer und immer wieder kam er mit Rechercheergebnissen zurück, die seine Chefs verzückten. Es regnete Preise, Relotius wurde immer besser als Reporter. Darum fragten sie nach einiger Zeit, sehr zurückhaltend, sehr respektvoll, erneut. Ob er unter Umständen jetzt eine Möglichkeit sehe, zum «Spiegel» zu kommen? Ob es, ohne ihm zu nahe treten zu wollen, weil es sicher schwierig sei darüber zu reden, der Schwester besser gehe?

Ohne – verständlicherweise – ins Detail gehen zu wollen, erklärte Relotius, dass jetzt ein besserer Zeitpunkt gekommen sei. Und ja, er könne sich vorstellen, fest beim «Spiegel» anzufangen.

Ullrich Fichtner und Matthias Geyer, zwei der bekanntesten Reporter im deutschen Journalismus, hatten damit ein singuläres Talent, eine einzigartige journalistische Stimme fest an den «Spiegel» gebunden. «Ein Jahrhunderttalent», nannte ihn ein Kollege.

Dazu muss man wissen, dass der «Spiegel», ähnlich den Bayern in der Bundesliga, der langen Tradition folgt, anderen Blättern die besten Schreiber abzuwerben. Man kann bis heute kein Volontariat beim gedruckten «Spiegel» machen. Das stolze Signal nach draußen: Hier arbeitet niemand, der erst lernen muss. Hier sind nur Leute, die es bereits können. Der «Spiegel» versteht sich, begründet oder nicht, bis heute als Spitze des deutschen Journalismus, und der neue Stern im Schreiberfirmament Claas Relotius war jetzt Teil davon, Teil der Elite.

Claas Relotius hat keine Schwester.

Matthias Geyer, Relotius' damaliger Chef, hat diese Geschichte vor einer Gruppe von Kollegen erzählt. Ich habe sie an den Anfang gesetzt, weil ich klarmachen will, wovon wir hier reden. Relotius war nicht jemand, der, gezwungen durch die Erwartungen des Umfelds, des Ressorts, der Konkurrenz, irgendwann anfing, zugespitzte Zitate in Texte zu schmuggeln. Er war nicht jemand, der später begann, als er merkte, dass er nicht aufflog, sich Beschreibungen auszudenken. Oder kleine erfundene Nebenfiguren. Dann Szenen. Und schließlich eine ganze mehr oder weniger komplett erfundene Reportage fabrizierte. So war das nicht.

Claas Relotius war ein Lügner, der nicht nur als Journalist erfundene Geschichten erzählte. Er log schon lange, bevor er beim «Spiegel» anfing. Er hätte vermutlich in jedem anderen Beruf auch gelogen. Relotius war nie ein Reporter, er war ein Hochstapler, der, wie sich zeigen wird, eher zufällig zum Print-Journalismus kam, weil er bald merkte, dass jemandem mit seinen Fähigkeiten genau hier eine meteoritenhafte Karriere offenstand. Und wäre er ein wenig charmanter, lustiger, charismatischer und seine Texte nicht ganz so melodramatisch verkitscht, könnte man dem Ganzen womöglich sogar ein wenig *Catch-me-if-you-can*-Flair abgewinnen. Aber auch das war Relotius nicht.

Ich weiß nicht, ob Relotius krank ist oder nicht. Er sagte von sich selbst – nachdem er aufgeflogen war –, dass er Hilfe brauche, dass er mit Ärzten rede und in Behandlung sei. Es gehört zu den wenigen Dingen, die ich ihm abnehme. Natürlich gibt es aus der Psychologie Erklärungsmodelle für Hochstapler, sie klingen immer ähnlich. Ein emeritierter Psychologieprofessor, dem ich den Fall erzählte, sagte mir, dass Relotius' Geschichte von «geradezu beleidigender Schulbuchhaftigkeit» sei: Hochstapler sind in der Regel voll schuldfähig. Sie hätten eine starke Neigung zur dramatischen Selbstdarstellung, gepaart mit gesteigertem Geltungsbedürfnis. Ich dachte, während der Professor redete: «Neigung zur dramatischen Selbstdarstellung? Gesteigertes Geltungsbedürfnis?» Das könnte für die halbe «Spiegel»-Redaktion gelten.

Ich werde weiter hinten im Buch vertiefen, was ich an Relotius' Charakter so faszinierend finde. Und so verstörend.

Dass Reporter mit ihren Geschichten glänzen wollen, ist eine Selbstverständlichkeit. Was aber Claas Relotius so fundamental von vielen Kollegen unterscheidet, ist, dass er beim geringsten Widerstand eben nicht «dranblieb», nicht «nachhakte», nicht nach Alternativen suchte. Relotius erfand. Er quälte sich nicht. Er sparte sich den schwierigen Part, die eigentliche Arbeit. Natürlich machen Reporter diese nicht perfekt, einige nicht mal besonders herausragend, einige, an manchen Tagen, sogar hanebüchen schlecht, aber die allermeisten machen sie ehrlich. So gut es eben geht, so wie andere Menschen in anderen Berufen auch.

Claas Relotius, das ist mir wirklich wichtig, war nie Reporter. Bevor ich also über die Entstehung von «Jaegers Grenze» schreibe, der Reportage, die Relotius' Fälscherkarriere beenden sollte, will ich daher einige Seiten über diesen Beruf – und die journalistische Form der Reportage – schreiben.

Würde man mich fragen, welche Farbe der Reporterberuf hat, meine Antwort wäre: grau. Mattes, kaum polierbares Grau. Ein Reporterleben besteht zum großen Teil darin, Leid, Schmerz und Problemen nachzureisen, sich danebenzustellen, einen Stift und Block zu zücken und das aufzuschreiben, was man sieht. Der Schmerz der anderen, das ist Reporter-Rohstoff. Das ist nicht sonderlich glamourös. Manchmal besuche ich auch Menschen, denen es besonders gutgeht, oder die Glück gehabt haben, aber Leser mögen solche Geschichten nicht. Viele behaupten zwar, dass sie das gern lesen, es stimmt aber nicht. Zweifler mögen einen beliebigen Online-Redakteur fragen, worauf Nutzer «klicken». Jeder Online-Redakteur kann zu seinen Klickzahlen einen Vortrag halten. So wie jeder Fernsehredakteur einen über Einschaltquoten halten kann. Denn was passiert regelmäßig in Nachrichtensendungen, wenn auf einen erschütternden ein positiver Beitrag folgt? Die Zuschauer schalten ab. Brennende Häuser, ertrinkende Flüchtlinge, keifende Diktatoren, alles kein Problem. Aber zwei gute Nachrichten hintereinander, und der Zuschauer ist weg.

Als Reporter begleite ich oft Menschen in Krisensituationen. Mein Job ist es, ihnen Fragen zu stellen, Angehörige, Arbeitsstätten, Geburtsorte zu besuchen, möglichst viel über diese Menschen herauszufinden. Naturgemäß möchten das viele nicht. Und nur um das gleich zu klären: Ich kann jeden verstehen, mehr noch, ich würde den meisten empfehlen, sich nicht auf einen Reporter wie mich einzulassen. Die wenigsten profitieren von einem Gespräch. Ich rede nicht von Journalisten, die Gefälligkeitstexte schreiben, weil ihr Magazin Gefälligkeitstexte druckt. Ein richtiger Reporter wird wahrscheinlich genau nach den Erlebnissen und Informationen fragen, die man nicht preisgeben will. Kluge Menschen, andere sind selten interessant, schützen ihre Wahrheiten wie einen Schatz.

Gerade wenn man an die sensationellen Geschichten denkt, die Relotius immer wieder lieferte, muss man verstehen, dass zu den ständigen Begleitern dieses Berufes das Scheitern gehört. Es ist fest eingeplant, unvermeidbar. Eine Recherche läuft immer anders, als man es gerne hätte. Man bekommt einfach nicht die Akte, die alles beweist, das Gespräch, das man braucht, um das Puzzle zusammenzusetzen. Der Whistleblower traut sich letztlich doch nicht auszusagen. Das ist die Regel, je interessanter die Geschichten werden, desto wahrscheinlicher scheitert man. Der VW-Ingenieur, der die Abschaltvorrichtung programmiert hat, redet nicht, genauso wenig wie der Beamte, der gesehen hat, wie sein Kollege Geld von einem Baulöwen angenommen hat. Die Absage, die Niederlage ist ständiger Begleiter in diesem Beruf.

Was kann man tun, um das zu verhindern? Man muss überzeugen, manchmal sogar flirten. Man schmeichelt, schreibt nette Briefe, es gibt auch Kollegen, die drohen.

Ich habe für dieses Buch natürlich den Eltern von Claas Relotius einen Brief geschrieben. Ich fragte sie darin, ob sie mir ihre Sicht der Dinge darlegen wollen. Natürlich musste ich das tun, sie um ein Gespräch bitten, das ist Teil meiner Arbeit, weil Leser, die sich für den größten journalistischen Fälscherskandal der letzten Jahrzehnte interessieren, gerne wissen wollen, was sie zu sagen haben. Aber glaubt irgendjemand, dass ich die Eltern gern mit meinen Fragen konfrontiere? Nein, ich habe selber Kinder, ich würde einen Teufel tun und mit einem Reporter über meine Gefühle sprechen. Es gibt in diesem Beruf eine große Binsenweisheit, sie ist aus irgendeinem Film: Die meisten Journalisten wissen, wie man die Wahrheit schreibt. Sie wissen auch, wie man so schreibt, dass Menschen sich nicht angegriffen fühlen. Nur scheitern wir immer daran, beides zur selben Zeit zu tun.

Die Eltern haben mir abgesagt und ließen über einen Anwalt antworten, ebenso Claas Relotius selber.

Das Scheitern wie das Überzeugen kostet Kraft, Überwindung, Mut. Relotius hat sich das gespart. Er hörte meist bei der Vorrecherche auf, also nach dem ersten Zusammentragen der Informationen aus dem Archiv oder dem Internet. Mehr noch: In der gefälschten Reportage über die amerikanische Kleinstadt Fergus Falls berichtet die Bewohnerin Michele Anderson, die später zusammen mit ihrem Bekannten Jake Krohn sämtliche Faktenfehler zusammentrug, dass Relotius ihr den Rücken zugedreht habe, als sie ihm im Rathaus begegnete und anbot, über Fergus Falls zu reden. «Er war damit beschäftigt, die amerikanische Flagge im Rathaus zu fotografieren. An dem Tag waren ungefähr fünfzig bis sechzig Gemeindemitglieder dort, die gern mit ihm geredet, ihm ihre Geschichten erzählt hätten. Aber er war sehr auf seine Fotos konzentriert», sagte Anderson später.

Ein Interviewpartner, der von sich aus das Interview sucht, ist ein Traum. Es sei denn, man hat die fertige Geschichte bereits im Kopf. Relotius wollte seine fertigen Geschichten offenbar nicht durch die Wahrheit ruiniert – in seinen Augen wohl «verfälscht» – sehen.

Eine andere typische Schwierigkeit in diesem Beruf, die Relotius gemieden hat, ist die Geduld, die abverlangt wird. Seit Reportage-Großmeister Egon Erwin Kisch und seiner Vorliebe für Alliterationen «rast» man als Reporter angeblich bei der Recherche. «Der rasende Reporter», so hieß seine berühmte Artikelsammlung. Jeder, der schon mal ernsthaft recherchiert hat, weiß, dass «rasen» so ziemlich das Letzte ist, was man tut. Vor allem wartet

man. Man verbringt Stunden damit, einfach zu beobachten, abzu-
warten, dass etwas passiert, von dem man seinen Lesern berichten
will. Manchmal dauert es Stunden, oft Tage oder sogar Wochen,
nicht immer passiert etwas. «The fine art of hanging around»
nannte das Reporterlegende Gay Talese.

Das Warten endet nicht. Er geht so weit, dass sogar in Interviews, wenn man also vermeintlich am Ziel ist, der Gesprächspartner endlich redet, man weiter wartet. Nachdem man seinen
Protagonisten nämlich erst davon überzeugt hat, wie wichtig es
ist, überhaupt zu sprechen, soll er sofort wieder vergessen, dass
er es tut. Der Interviewte soll nicht ein Interview geben, er soll
plaudern. Er soll vertrauen. Also fragt man anfangs nicht, sondern
redet selbst. Verplempert Zeit und schafft ein wohliges Gefühl des
Vertrauens, das den anderen umgibt wie ein bequemer Ledersessel
und die Zunge löst. Das beste Interview ist keines, ebenso wie das
beste Verkaufsgespräch keines ist. Gute Verkäufer und gute Inter-
viewer ähneln sich. Sie haben Geduld, reden von sich, schaffen
Vertrauen. Nur dass der Reporter, anders als ein Verkäufer, nicht
das Geld des Gegenübers will. Er möchte mehr. Seine Geschichte,
sein Geheimnis.

Dieser Beruf ist grau, die Reportagen, die wir schreiben, sind es
auch. Die Texte tragen den Widerspruch, das Scheitern, das Unge-
nügende, die Uneindeutigkeit in sich. Nach der Recherche entsteht
eine auf Fakten basierende Erzählung, die immer nur eine Annä-
herung sein wird, die den Menschen, dem Sachverhalt, der Wirklichkeit nie ganz gerecht wird. Ich blicke als Reporter auf ein Leben,
bilde mir ein Urteil und schreibe das auf. Natürlich ist das anma-
ßend, natürlich werde ich scheitern. Schon allein deswegen, weil
die Wirklichkeit nie eindeutig ist: Die Dinge sind nie schwarz oder
weiß. Sie sind grau, und das muss die Reportage abbilden.

Menschen, Leser, Redaktionen und Verleger aber, sie lieben Schwarz oder Weiß. Starke Kontraste, gute Gute und böse
Böse. Geschichten, wie Relotius sie schrieb. Sie glänzen. Solche

Geschichten sind leichter zu verstehen, leichter zu verdauen, sie fesseln. Heldenreisen in Hollywood sind schattenarm. Relotius hat sie am Fließband geliefert. Ein Kind löst den Syrienkrieg aus: mit einer Schmiererei, die den Herrscher beleidigt. Er ist empört, reagiert zornig, es gibt Proteste, dann einen Aufstand, am Ende Krieg. So simpel. Man muss sich nicht mit Assads Innenpolitik, den Minderheiten im Land, der langen Entstehungsgeschichte des IS auseinandersetzen, mit amerikanischer Außenpolitik. Ein Kinderstreich. Nichts weiter.

Und warum wird ein amerikanischer Arzt in einer seiner Geschichten plötzlich vom totalen Abtreibungsgegner zum absoluten Abtreibungsbefürworter? Auch das kann Relotius einfach erklären, plausibel und nachvollziehbar, wie in einem Film. Der Arzt hatte einen guten Freund, dieser war Abtreibungsarzt und wurde von einem christlichen Fundamentalisten ermordet. Das hat ihn für immer verändert. Mit einem Schlag.

Natürlich stimmt das nicht. Relotius hat sich all die einfachen Erklärungen für das Verhalten der Menschen oder das Wesen ganzer Landstriche ausgedacht. Aber es hatte seinen Reiz, denn es war einfach, es war plausibel. Die Dinge sind nicht kompliziert im Relotius-Universum. Ein Reporter-Populist, es ist alles immer ganz leicht. Das ist der ganze Trick.

Die graue Wirklichkeit aber, auch das wissen die Menschen, ist vieles, aber sicher nicht einfach, darum tun sich so viele auch so schwer mit ihr. Die Wirklichkeit strahlt für den Reporter, der sie beschreiben soll, nur selten. Sie macht es ihm schwer. Meist ist die Wahrheit nicht richtig zu fassen. Die Debatten über ihren Kern, die Frage, ob es sie überhaupt gibt, sind so alt wie die Philosophie. Es gibt einen ewigen Kampf um den Wahrheitsbegriff, Idealismus und Materialismus stehen sich unversöhnlich gegenüber.

Eine veröffentlichte Reportage beschreibt die Wirklichkeit des Reporters. Eine komponierte, aus möglichst vielen Eindrücken, Gesprächen, Recherche-Ergebnissen und Fakten zusammengebaute Wirklichkeit, die dennoch ein Stück weit subjektiv bleibt. Jeder Mensch hat eine eigene Wahrheit, und gerade diejenigen, die sich zur Niederschrift wütender Online-Kommentare berufen fühlen, nachdem sie eine Reportage gelesen haben, erwecken den Eindruck, privilegierten Zugang zur einzigen Wahrheit zu haben. Haben sie nicht, sie haben aber einen Punkt: Alle Reportagen sind mangelhaft. Die schönsten unter ihnen, die wahrhaftigsten, die akribischsten, sie alle sind nur gedruckte Annäherungen, in denen viel Arbeit steckt.

Der aufrechte Versuch, ein guter, möglichst wahrhafter Reporter zu sein, ist ein zäher Kampf. Ich kann verstehen, dass Relotius keine Lust darauf hatte. Es ist ermüdend. Man verletzt Leute, die einem vertrauen. Auf Dauer verletzt es sogar einen selbst. Auch das ahnt Relotius wohl nicht. Er war nicht lange genug dabei, um das zu verstehen.


Reporter ist ein wunderbarer Beruf. Vor allem in den Anfangsjahren, man ist wie verliebt. Praktisch alle älteren Reporter wissen, wovon ich spreche. Man ist wie verzaubert, meist weil einem zum ersten Mal die Wirkung der eigenen Worte bewusst wird. Jedem passiert es. Vermutlich auch Relotius, der nie über diese Phase hinauskam.

Jemandem die soeben beendete Geschichte zu geben und dabei ins Gesicht dieses Menschen zu blicken, während das Aufgeschriebene seine Komik, seine Tragik entfaltet, es muss das sein, was Schauspieler auf der Bühne fühlen. Oder Magier. Es ist eine Befriedigung, ein Stolz, ein Gefühl, das man kaum beschreiben kann. Es erklärt, warum Reporter nach guten Texten euphorisch sind. Natürlich neigen sie in solchen Momenten zum Größenwahn, halten sich für Genies, weil sie davon überzeugt sind, dass große Geschichten nur denjenigen widerfahren, die sie aufschreiben können. Diesen Rausch kennen die meisten Schreiber. Ich würde sagen, es wäre die viel zutreffendere Beschreibung für

«Reporterglück», das ja gemeinhin nur meint, dass der Zufall bei der Recherche hilft.

Diese Phase hält eine Weile an, meist Jahre, selten länger als ein Jahrzehnt. Mit der Zeit, mit der Erfahrung verflacht diese Liebe. Die Leidenschaft, die Intensität des Rauschs, sie wird kleiner. Man ist mit weniger Herz dabei, dafür mit mehr Verstand. Viele Reporter kennen das. Jeder gibt ihm einen anderen Namen, «Reporterdepression» habe ich gehört, «Schreiberblues». Mit den Jahren entstehen dann andere Texte. Die Reportagen werden gedankenlastiger, sind abwägender, vorsichtiger, komplexer. Sie tasten mehr, behaupten weniger, es gibt weniger effektvolles Aneinanderschneiden von Zitaten, weniger szenische, actionbasierte Beschreibungen. Diese Texte sind nicht unbedingt besser, sie sind besonnener, fairer, weil man sich mit der Zeit bewusst wird, wie sehr die Reportage der ersten Jahre die Leser beglückt, aber die Menschen, die in ihnen vorkommen, verletzt hat.

Es gibt Reporter, es sind nicht die dümmsten, die sich mit der neuen Situation arrangieren. Sie leben mehr oder weniger glücklich eine friedliche Koexistenz mit der erloschenen Liebe. Sie werden zu routinierten, unaufgeregten Schreibexperten. Zwar fängt kaum ein Reporter an, um «solide Reportagen» zu schreiben, so wie kein Regisseur «solide Filme» als Berufsziel angibt. Das Ziel ist immer die Meisterschaft, die Bewunderung der Menge. Man wird aber mit den Jahren gelassener, merkt, dass einem das ganz große Talent fehlt oder der nötige, abriebfeste Biss, man könnte sagen, man wird Profi. Es ist nichts verkehrt an verlässlicher Solidität. Viele erreichen nicht mal das.

Wieder andere Reporter hören ganz auf mit der Reportage. Machen Karriere und werden Ressortleiter, Chefredakteure oder, überraschend oft, mäßig erfolgreiche Schriftsteller. Sie neigen in der Regel zur Nostalgie und zur Verklärung ihrer Reporterjahre.

Eine andere Gruppe wiederum hadert mit der Reportage, kommt aber nicht von ihr los. Zu dieser Gruppe gehöre ich. Ich habe das Schreiben nie gemocht. Kein ernstzunehmender Schreiber tut das. Jeder Autor, der sagt, dass ihm das Schreiben «Spaß» mache und «wirklich leicht von der Hand gehe», macht mir ein wenig Angst. Niemand schreibt gerne. Alle haben gerne geschrieben, und dafür muss man sich anstrengen. Es ist wie Putzen. «Ich putze gerne» hat etwas Pathologisches, «ich habe gern geputzt» macht Sinn. Aber sogar das Schreiben, selbst das schöne Gefühl des «Geschriebenhabens», verliert an Reiz. Dafür nimmt aber etwas anderes die Stelle ein. Was ich – und viele ältere Reporter, die ich kenne – wie am ersten Tag liebe, ist die Recherche. Das Einlesen in ein Thema, die Gespräche mit Experten, die wie kleine Privatvorlesungen sind, die Nachmittage mit Menschen, die einem das Herz wärmen, selbst wenn man nach drei Minuten weiß, dass sie nie in der Reportage landen werden. Es ist ein unbezahlbarer Luxus, irgendwohin gehen zu dürfen, drei lächerliche Worte zu sagen, nämlich «Ich bin Reporter», und darauf zu warten, dass sich eine Welt auftut. Das ist es, was mich, was viele ältere Reporter antreibt. Nicht Ruhm, nicht Reporterpreise, es ist das, was uns ganz am Anfang antrieb: eine sehr egoistische Neugier auf die Welt. Peter Sartorius, der wunderbare Seite-Drei-Reporter der «Süddeutschen Zeitung», sagte mir mal kurz vor seiner Pensionierung: «Dieses Schreiben nach der Recherche, das ist mittlerweile wirklich lästig.»

Relotius wurde mal von einem Magazin gefragt, welche seine Lieblingsreportagen seien. Er nannte an erster Stelle einen Text von Tom Wolfe, «Radial chic: That party at Lenny's», erschienen 1970 im «New York Magazine», was natürlich eine perfekte Antwort für einen Reporter ist, weil man bei so einer Frage auf keinen Fall eines sein will – erwartbar. Das Stück handelt von einer Geburtstagsfeier bei der Komponistenlegende Leonard Bernstein. Es wimmelt von Exzentrikern der New Yorker Künstlerszene. Dazu wurden, eher so als Dekoration, auch ein paar Aktivisten der Black Panther eingeladen. Vor allem, weil man dann behaupten kann, nicht nur die hübschesten Frauen und schrillsten Vögel zu kennen, sondern so ganz nebenbei auch noch zeigt, ganz grundsätzlich auf der «richtigen» Seite zu stehen, nicht zuletzt, weil man mit den richtigen Leuten gekokst hat. Es gibt Veranstaltungen in Berlin, die bis heute nach einem ähnlichen Prinzip funktionieren. In Amerika hatte man sich für solche Menschen den tollen Begriff der «limousine liberals» einfallen lassen. Die spaßbefreiten «Black Panther» haben aber in dem Tom-Wolfe-Text keine Lust auf eine wilde Party, sondern suchen die ernsthafte politische Auseinandersetzung, womit die anwesende New Yorker Chi-Chi-Meute vollumfänglich überfordert ist. Es ist ein geniales Stück. Relotius schreibt: «Man stellt sich den Reporter als Filou im Maßanzug vor, der sich schwebend durch den Abend bewegt, mal hier, mal dort, der beobachtet, zuhört, seine Gedanken immer wieder schweifen lässt und die Bigotterie um ihn herum zu einer entlarvenden Satire komponiert.»

Der Filou im Maßanzug, eine seltsame Beschreibung für einen Reporter.

Am Ende bleibt für den Leser von Reportagen letztlich immer nur eine Erkenntnis: Er muss akzeptieren, dass der Reporter sein Filter ist, durch den er vom Geschehenen erfährt. Die Stimmung, das Weltbild des Reporters, vor allem aber sein Anstand, entscheiden am Ende darüber, was er oder sie erfährt. Der Leser ist dem Reporter ausgeliefert. In der schönen BBC-Serie «Press» sagt eine Chefredakteurin: «Alles, was uns geblieben ist, ist Vertrauen. Wenn die Leute Gerüchte oder Meinungen wollen, können sie die überall bekommen.» Vertrauen und Geld gegen Wahrheitsannäherung. Das ist der Deal.

Wie Claas Relotius diesen Deal brach, wie er ihn pervertierte, liest man auf den kommenden Seiten.

«Man glaubt, woran man kann, nicht, woran man will. Außer man ist ein Idiot, dann ist es umgekehrt.»

Carlos Ruiz Zafón

## 2. Kapitel

# Zwei Reporter und eine Geschichte
### *Wie alles anfing*

Die Entstehung von «Jaegers Grenze» begann wie so oft bei
Reportage-Aufträgen mit einer E-Mail. Ich befand mich
in dem winzigen mexikanischen Nest mit dem putzigen Namen
Pijijiapan und in ernsthaften Verhandlungen mit einem mexikanischen Taxifahrer. Es war ein heißer Vormittag, Ende Oktober.
Ich wollte, dass mich der Taxifahrer mit seinem wenig vertrauens-
würdig aussehenden Toyota in die nächste Stadt fährt. Er wollte
offenbar vorgezogene Weihnachten feiern. Ein japanischer Journalist vor mir hatte 100 Dollar für seine letzte Fahrt bezahlt. Der
Taxifahrer war in einer guten Position. Ich war nicht der Einzige,
der Pijijiapan so schnell wie möglich Richtung Norden verlassen
wollte. Horden von Kollegen waren in das Städtchen eingefallen.
Fotografen, Reporter, ganze Filmteams, alle brauchten Taxis, alle
reisten der Flüchtlingskarawane hinterher, alle hatten Dollars.
Ich versuchte meinem neuen Freund zu erklären, dass Japaner
grundsätzlich immer mehr zahlen würden, das sei ihre Mentalität.
Meine hingegen sei es, jetzt gleich zum Bürgermeister des Dorfes
zu gehen, mit ihm ein Interview zu führen und ihm am Ende zu
sagen, dass das größte Nachrichtenmagazin Europas schreiben
werde, dass Pijijiapan einen Besuch wert sei, leider aber die orts-
ansässigen Taxifahrer Halsabschneider seien. Ich schaute auf das
Kennzeichen und tat so, als würde ich es mir einprägen. Der Taxifahrer dimmte sein Lächeln herunter. In dem Moment bekam ich
eine Nachricht. Sie war von Özlem Gezer, der stellvertretenden
Leiterin des Gesellschaftsressorts beim «Spiegel».

(...) Matthias wünscht sich eine Geschichte von dir und Claas vom Treck (...), Claas meldet sich später bei dir.
Güllegülle
Özlem

Ich antwortete sofort.

Kannst du mich anrufen?

Özlem Gezer ist ein Geschenk als Kollegin. Kompetent, direkt und lustig. Unter Reportern wird sie respektiert, weil sie ein sensationelles Porträt über den Kunstsammler Cornelius Gurlitt geschrieben hat. Vier Tage verbrachte Gezer im Herbst 2013 mit dem Mann, den jeder Journalist in Deutschland jagte. Gurlitt stand im Mittelpunkt des «Schwabinger Kunstfundes». Über 1200 Bilder aus dem Nachlass seines Vaters hatte er über Jahrzehnte in seiner Schwabinger Wohnung aufbewahrt. Viele der Werke galten seit 1945 als verschollen, einige waren unbekannt. Darunter Arbeiten von Chagall, Picasso, Dix, Matisse, Beckmann, Liebermann.
Gezer rief zurück.
«Alles klar, Moreno?», fragte sie.
«70 Dollar», sagte der Taxifahrer.
Ich hielt die Hand auf das Handymikrophon. «Das Rathaus ist in dieser Richtung, richtig?», fragte ich und lief los.
Özlem kam sofort zum Punkt. «Moreno, so von Kanake zu Kanake. Du bist doch gerade in Mexiko? Kannst du dir vorstellen länger zu bleiben und auch für uns eine Geschichte zu schreiben?»
Gezers Eltern sind Türken, meine kommen aus Spanien; so absurd das klingen mag, in der Redaktion verbindet uns das. In der Vergangenheit wurde ich häufiger losgeschickt, wenn es um Themen wie AKP wählende Türken in NRW, Berlusconi-Fans in Norditalien, Maradona oder Zlatan Ibrahimovic ging. In der Redaktion hieß es dann: Ach, der Moreno, der kann mit solchen

Leuten, Südländer unter sich gewissermaßen. So bescheuert es klingt, ich kann wirklich mit solchen Leuten, mit Südländern. Das können Spanier, Türken, Portugiesen, Rumänen, Griechen, Argentinier, Mexikaner, Chilenen sein. Südländer ist ein weiter Begriff. Ich würde sagen, dass ich in der «Spiegel»-Redaktion so ganz grundsätzlich eine Art Experte für Menschen mit schwarzen Haaren bin.

«So von Kanake zu Kanake», sagte ich zu Gezer, «klar schreibe ich eine Geschichte für euch.»

Gezer erzählte mir von der Idee: Ich sollte die Karawane noch eine Weile begleiten, die schon seit ein paar Wochen durch Südamerika und die Weltnachrichten geisterte. Mein Kollege Claas Relotius würde auf der US-Seite eine Bürgerwehr ausfindig machen, die davon überzeugt sei, dass das bessere Leben in den USA nur ohne Immigranten zu haben sei.

Ich war zu dem Zeitpunkt schon ein paar Wochen in Mexiko unterwegs, für ein anderes Ressort im «Spiegel», das Ausland. Die letzten Tage waren hart gewesen. Ich war in Chiapas, Mexiko, der südlichsten Provinz des Landes. Ich stand jeden Morgen um drei, vielleicht vier Uhr morgens auf und latschte in einer großen, schweigenden Masse Richtung Norden. Mexikaner, Guatemalteken, Honduraner, ein paar Journalisten, nicht viele. Washingtons Chefagitator Trump sprach von fast nichts anderem. Lumpeninvasion, Nationalnotstand, Heimatangriff. Soziale Medien fluteten das Netz mit Trumps Hasspredigten, sein Twitterkeifen war längst digitale Hysterie.

Meine Aufgabe war es, mit den Menschen in der Karawane zu sprechen. Herausfinden, warum sie sich durch ihr Land quälen, um nach dem amerikanischen Traum zu suchen. Böden wischen, Kinder wickeln, Orangen pflücken, Gläser spülen, Wände spachteln. Das ist es, was die meisten in Städten wie Houston, Phoenix oder Miami tun werden, wenn sie es in die USA schaffen. Das ist das große Ziel, dafür der ganze Schmerz, die Lebensgefahr, das Geld, die Plackerei, all die langen Kilometer. Die Leser sollten verstehen, wer dieser «Feind» war, dem die 5200 US-Soldaten entgegentreten sollten, die Trump an die südliche Grenze abkommandiert hatte, um einen Angriff zu stoppen, den nur er sah. Es waren schrille Wochen, selbst für Trump. Die Midterm-Wahlen 2018 standen an, die Umfragen sahen aus Präsidentensicht nicht gut aus. Im Internet wurde diskutiert, ob die entsandten Soldaten nicht schießen sollten. Trump hatte das ins Gespräch gebracht. Im Falle eines Falles. Die nationale Sicherheit. Natürlich.

Jeder wusste, auch die Schießbefehlfreunde, dass die Supermacht nicht wirklich Heimatsorgen plagten. Niemand hatte Angst vor den Flüchtlingen. Es war nur Lärm. Nicht ganz billiger Lärm, denn der kleine Grenzausflug der 5200 Marines dauerte nur ein paar Wochen und kostete 200 Millionen Dollar. Washington spielte Hollywood. Nichts mobilisiert Trump-Wähler mehr als Latinos, die am südlichen Grenzzaun rütteln. Nichts mobilisiert Demokraten mehr als der Gedanke, Trump käme damit durch. Am Ende, nach vielen breaking news, sollte der wütende Mann in Washington die Midterm-Wahlen verlieren. Allerdings, nicht zuletzt dank der Karawane, weniger eindeutig als gedacht.

Özlem Gezers neuer Auftrag in Mexiko war einfach. Herausfinden, warum Lateinamerika voller Sehnsucht nach Norden blickt und bereit ist, zu Fuß in die USA zu laufen.

«Schau mal, wen du da findest», sagte Gezer.

Ich hätte auch Schiffbrüchige fragen können, weshalb sie ihre Koje verließen. Honduras, dort waren die meisten in der Karawane vor einigen Wochen gestartet, hat eine der höchsten Mordraten der Welt, das Schulsystem ist ein Witz, und als junger Mann, der in einem Slum aufwächst, kann man entweder fliehen oder auf den frühen Tod als Mitglied einer «Mara», einer kriminellen Bande, warten.

Zwischenzeitlich waren über 10 000 Menschen unterwegs nach Norden. Von einer Gruppe guatemaltekischer Drag-Queens in silbernen Paillettensensationen über einen 20-köpfigen, dauerstreitenden Drei-Generationen-Haushalt aus Tegucigalpa bis hin zu Dutzenden Typen, die so bekifft waren, dass einige von ihnen über Stunden auf der mexikanischen Landstraße in die falsche Richtung liefen und sich wunderten, dass ihnen ständig Leute entgegenkamen. Da war ganz sicher jemand dabei, dem ich die Geschichte erzählen konnte.

Claas Relotius würde unterdessen irgendwohin an die südliche Grenze der USA fahren, sagte Gezer. Nach San Diego, Kalifornien. El Paso, New Mexiko. Brownsville, Texas. Wohin genau, war egal. Wichtig war nur, dass er US-Amerikaner auftreibt, die nicht nur auf Flüchtlinge schimpfen. Sie sollten die Karawane persönlich nehmen, etwas gegen sie unternehmen. In der Ressortkonferenz war man sich einig, dass eine der militarisierten Bürgerwehren ideal sei.

Die Geschichte kann man machen, dachte ich. Ein klassischer Konflikt, Protagonist und Antagonist, um anhand von ihnen den großen Zusammenhang zu verdeutlichen. Mir gefiel gerade, dass sie erwartbar klang. Ich hatte die Erfahrung gemacht, dass solche Schreibtischplots meist in einem vollen Notizblock enden, in dem die anfangs zurechtgelegten Klischees implodieren. Zwar kann man sich am Schreibtisch die Welt zusammenphantasieren, wie man will, doch irgendwann fährt man los und stellt fest, dass es ganz anders ist. Es ist unmöglich, zwei Wochen ernsthaft zu recherchieren und nichts Neues zu lernen.

Claas Relotius war für mich zu diesem Zeitpunkt in erster Linie ein Name. Jemand, den ich las, aber nicht wirklich kannte. Es waren zwei, höchstens drei Treffen. Einmal in der Redaktion bei einer Konferenz, in der er nichts sagte. Ein weiteres Mal bei einer Weihnachtsfeier. Auch da wirkte er zurückhaltend, unscheinbar, fast scheu. Aber ich dachte damals nicht viel über ihn nach. Relotius war unauffällig, einer dieser Typen, die bis Mitternacht auf einer Betriebsfeier rumsitzen und am Tag darauf von den verkaterten Kollegen gefragt werden, warum sie eigentlich nicht zum Fest gekommen seien.

Ein einziges Mal hatten Relotius und ich wegen eines Artikels telefoniert. Er hatte ihn redigiert, sehr gelobt, was mir schmeichelte, und unverändert veröffentlicht.

Gezer erklärte mir, was die Redaktion erwarte: nämlich einen langen, ausgeruhten Text, dem man anmerkte, dass ich viel Zeit mit den Protagonisten verbracht hatte. Also genau die Art Reportage, die kaum ein anderes Medium in Deutschland finanziert. Während sie sprach, dachte ich an Relotius. Im Kern waren es zwei Dinge, die ich mit seinen Texten verband. Spektakuläre Reportagen, die immer so verflucht ernst waren. Und ein fünf Jahre alter Text, der mir nicht gefallen hatte.

Der Artikel war im «Cicero» erschienen, einem konservativen Magazin, dem ich in ablehnender Bewunderung verbunden bin, da ich meist komplett anderer Meinung bin als die teilweise sehr guten Autoren, die dort schreiben. Relotius' Text handelte von einem Mann, der sich auf Kuba als Steuerberater selbständig gemacht hatte. Angeblich der erste echte Steuerberater der Insel. Er sei mit seinem Geschäft so erfolgreich, dass er zu den gefragtesten und erfolgreichsten Unternehmern Havannas gehöre. Schuhputzer würden Schlange stehen, um sich von diesem Mann in Steuerfragen beraten zu lassen. Ich wunderte mich damals. Schuhputzer, die einen Steuerberater brauchen – auf Kuba? Wirklich? Ich dachte damals nicht lange darüber nach.

Natürlich sagte ich nichts, zu niemandem. Was auch? So richtig viele kubanische Schuhputzer kannte ich persönlich auch wieder nicht, und wenn dieser Relotius unsauber recherchierte, war es seine Karriere, die er ruinierte. Aber ich weiß auch, was ich dachte, als Relotius beim «Spiegel» anfing: nämlich, dass ich mit ihm keinen Text schreiben wollte. Ich war Freier, leicht kündbar, brauchte Aufträge von anderen. Irgendwas war komisch. Es war nur ein Gefühl.

Jetzt war aber meine Chefin in der Leitung, Özlem Gezer, und wollte genau das. Einen Text von mir und Relotius.

«30 Dollar», sagte der Taxifahrer, was natürlich zu viel war, aber ich hatte keine Lust, weiter durch die Hitze zu laufen. Ich hob meinen Daumen, stieg ein. Gezer redete immer noch.

«Geplant ist er für die übernächste Ausgabe, Moreno.»

Ich suchte nach Gründen, warum es besser sei, wenn nur ich den Text schreibe. Gründe, die es nicht gab.

Der Fotograf, mit dem ich hier in Mexiko unterwegs sei, Scott Dalton, hätte Kontakte, sagte ich. Das stimmte auch. Scott hatte oft an der mexikanisch-amerikanischen Grenze gearbeitet, er würde mir bei der Suche helfen und hatte in der Vergangenheit schon mal Bürgerwehren kontaktiert. Erfolglos allerdings. Daltons Kontakte könnte ja auch Relotius nutzen, meinte Gezer und legte auf. Sie war nicht zu überzeugen.

Mein Ressortleiter, Matthias Geyer, rief mich am nächsten Tag an. Ich war gerade in Tonal, Chiapas.

Auch ihm gegenüber versuchte ich objektiv zu begründen, was nur subjektiv fundiert war. Ich sei fast fertig in Mexiko, der Text würde mit einem einzigen Ton, einer Stimme gewinnen, ich hätte bereits angefangen, auch in den USA zu recherchieren. Geyer hörte sich das eine Weile an, dann unterbrach er mich. Er habe keine Zeit für solche «Eitelkeiten», sagte er schließlich und beendete die Diskussion mit den Worten: «Relotius fliegt in die USA, das ist meiner Meinung nach entschieden.»

Natürlich hätte ich in diesem Moment die Sache eskalieren lassen können. Zwei Dinge sprachen dagegen. Geyer hatte nicht unrecht. Aus seiner Sicht schien da wirklich ein alter Gockel ein Problem mit einem jungen Herausforderer zu haben. Was sonst sprach gegen eine Zusammenarbeit? Den einzigen guten Grund konnte ich nicht nennen, nämlich, dass ich da ein ungutes Gefühl bei Relotius hatte.

Der zweite Grund lag darin, dass ich kein sonderlich großer Freund von Konflikten mit meinem Chef bin. Wenn er mich irgendwohin schickte, widersprach ich nicht. Ich fragte, wann es losgehen solle. Es gibt viele Reporter, die da anders sind. Gerade beim «Spiegel». Manchmal, weil sie die Geschichte nicht überzeugend finden, weil sie das Thema nicht interessiert, weil sie an einem anderen Text arbeiten, vor allem aber, weil sie es können, da sie fest angestellt sind. Ich war freier Reporter mit einem jederzeit kündbaren Vertrag. Das Ressort kann ohne Angabe von Gründen beschließen, mich loszuwerden. Man ahnt nicht, wie disziplinierend so ein Vertrag ist, wenn man vier Kinder hat.

Ich zückte mein Handy, tippte den Namen «Relotius» in die Internet-Suchmaske. Einer der ersten Treffer war die Relotius-Reportage, die 2017 den Europäischen Presse-Preis gewonnen hatte. Sie heißt «Königskinder», ein sagenhaftes Stück über zwei syrische Geschwister, die als Flüchtlingskinder in der Türkei gestrandet waren und dort schufteten, während sie von Deutschland im Allgemeinen und Angela Merkel im Speziellen träumten. Die ältere Schwester, Alin, nähte 14 Stunden am Tag in einem winzigen Textilbetrieb. Ihr Chef Nasser hielt sie und die anderen Kinder wie Tiere. Ahmed, der jüngere Bruder, arbeitete in einer Werkstatt und lebte auf einem Schrottplatz.

Das Ding war eine Sensation. Die blanke Masse an Details war umwerfend. Jede Zeile strotzte vor Nähe und Genauigkeit, mit anderen Worten: vor Arbeit. Einen anderen Weg, um an so viele Informationen zu gelangen, gibt es als Reporter nicht. Der Text war ein Monument des Fleißes. Fragen über Fragen musste Relotius gestellt haben. Ahmed, der Junge, beschrieb seine Flucht, die Jahre zurücklag. Er sei damals «zwei Stunden in einem fensterlosen Viehtransporter» gefahren. Welche Frage stellt man einem Kind, Ahmed war zu der Zeit acht, vielleicht neun, damit man sauber recherchiert bekommt, dass es ein fensterloser Viehtransporter war, in dem er kam? Nicht ein Tieflader mit, sagen wir, einer Plane? Keine Sekunde dachte ich, dass Relotius das erfunden hatte. Ich war überzeugt, dass der Typ so ein Hochleistungsteutone war, der mich in Grund und Boden recherchieren würde. Mir gefiel nicht unbedingt, wie er die Dinge aufschrieb. Etwas melodramatisch, etwas hölzern, zu viel Nicholas Sparks, zu viel «Geh, wohin dein Herz dich trägt». Auch der Erkenntnisgewinn war letztlich gering. Der Text war auf Effekt geschrieben, aber das ist legitim, finde ich, außerdem Geschmacksache und vor allem völlig irrelevant, wenn man solches Material ranschafft. Syrische Kinder, die in türkischen Sweat Shops malochen und von Angela Merkel und den Deutschen träumen? Und die Eigentümer der Nähereien sprechen mit dem Journalisten? Selbst wenn der Text von einem Legastheniker geschrieben worden wäre: Das war fantastisch.

Ich fragte mich in diesem Moment, ob ich diesem Relotius vielleicht unrecht tat. Vielleicht hatte Geyer ja recht. Relotius war fünfzehn Jahre jünger und, wie ich lesen konnte, schlichtweg brillanter als ich. Dieser Text war der Beweis, die beste Reportage Europas des Jahres 2017.

War es in Wirklichkeit vielleicht nur Neid?, fragte ich mich. Womöglich war ich ein neidischer Gockel. Ich fand jedenfalls, ich sollte mich entschuldigen. Mir hätte es sicher nicht gefallen, wenn ein anderer Reporter zum Chef gesagt hätte, dass er nicht mit mir arbeiten will. Ich schickte eine SMS an Matthias Geyer.

«Finde, man sollte sagen, wenn man sich verrannt hat. Du hast recht. Es ist Eitelkeit. Ich will die Geschichte alleine machen, weil ich glaube, dass es eine geile Geschichte werden kann, und ich mir ziemlich genau zurechtgelegt hatte, wie sie laufen könnte. Aber ehrlich gesagt, gibt es keinen vernünftigen Grund, warum sie nicht auch zwei Leute schreiben könnten. Also sieh es mir nach: Ich bin in den letzten Tagen stundenlang in der Sonne marschiert, ist auf Dauer vermutlich nicht gesund. (...)»

Geyer antwortete:

«Ok, ist vergessen. Ich rede jetzt noch mal mit Claas und schreib euch dann eine Mail mit inhaltlichen und zeitlichen Ansagen. Bis dann.»

Es waren zwei seltsame Nachrichten. Beide wahr, beide irgendwie auch nicht. Ich wollte die Geschichte alleine machen, und ja, vielleicht war da auch Eitelkeit, aber komplett überzeugt, dass ich mich verrannt hatte, war ich nicht. Und mein Chef, so viel ist sicher, hatte es nicht vergessen, wie sich später herausstellen sollte. Seine E-Mail kam ein paar Stunden später. Noch nie hatte ich eine vergleichbare erhalten.

Liebe Leute,
nach unseren Gesprächen heute möchte ich jetzt noch mal festhalten, worum es bei dieser Geschichte geht.
Wir wollen an zwei Personen die großen Konflikte erzählen, die es im Moment in dieser Welt gibt. Der eine Konflikt ist die große Flucht, der andere Konflikt ist die Abkehr der USA von dem, was wir unter Demokratie verstehen.
Die Figur für den ersten Konflikt beschreibt Juan in dem großen Treck. Wir suchen nach einer Frau mit einem Kind. Sie kommt idealerweise aus einem absolut verschissenen Land, in dem ihr das Leben unmöglich geworden ist. Sie sieht in diesem Treck die einzige Hoffnung, ihrem Leben zu entfliehen. Sie setzt ihre Hoffnung auf ein neues, freies, gutes Leben in den USA. Wir wollen alles von ihr wissen. Jedes Detail ihrer Biographie, ihre Lebensumstände, ihre Ängste. Den Moment, in dem sie sich entschlossen hat, sich diesem Treck anzuschließen. Was sie bei sich trägt, was ihr wichtig ist, wie viel Geld sie dabei hat. Alles über ihre Vorstellungen davon, was die Vereinigten Staaten von Amerika sind. Was sie von dem Geist dieses Landes weiß, was sie sich davon erhofft, wie sie dort leben will. Was sie über die Politik von Donald Trump weiß, ob sie darüber nachdenkt, inwiefern diese Politik Auswirkungen auf sie selber hat. Wie sie sich ihren Übertritt in dieses Land vorstellt. Ob sie Angst vor dieser Grenze hat. Ob sie weiß, wer da auf sie wartet.

Es muss eine Frau sein, die sich nicht offiziell den amerikanischen Behörden bei der Einreise stellen will. Es muss eine sein, die mit Hilfe eines Kojoten über die Grenze will. Idealerweise hat sie schon einen Plan, wo sie die Grenze überschreiten will.

Die Figur für den zweiten Konflikt beschreibt Claas. Das ist einer dieser Ranger, die es sich zur Aufgabe gemacht haben, die Grenze zu Mexiko in eigener Regie zu sichern. In Bezug auf das, was wir von dem wissen wollen, gilt das Gleiche wie für die erste Figur. Also alles. Dieser Typ hat selbstverständlich Trump gewählt, ist schon heiß gelaufen, als Trump den Mauerbau an der Grenze angekündigt hat, und freut sich jetzt auf die Leute dieses Trecks, so wie Obelix sich auf die Ankunft einer neuen Legion von Römern freut. Wo Claas nach dem sucht, wird er nach einem Telefonat mit dem Fotografen von Juan entscheiden, das morgen stattfinden muss. (...)

Wir haben uns das ehrgeizige Ziel gesetzt, diesen Text in der Ausgabe vom 10. November im Heft zu haben. Die Gefahr, dass dieser Treck auseinanderfliegt, ist relativ groß, deswegen die Eile. Das bedeutet, dass die Recherche am Sonntag, 4. November, abgeschlossen sein sollte.

Claas wird den Text dann in der übernächsten Woche zusammenschreiben, und ich möchte euch darum bitten, euch möglichst täglich auszutauschen, um darüber zu reden, was ihr noch braucht, wie sich die Dinge verändern, was noch fehlt. (...)

So, und jetzt wünsche ich euch viel Glück. Es ist ein großartiger Stoff, den ihr da bearbeitet. Juan, auch wenn du sicher schon erschöpft bist von der ersten Recherche, gib jetzt bitte noch mal richtig Gas. Wenn ihr die richtigen Leute findet, wird das die Geschichte des Jahres.

Matthias

Ich fand die E-Mail aus verschiedenen Gründen befremdlich. Nicht ungewöhnlich war, dass man uns sagte, wovon die Geschichte handeln sollte. Aber das war hier nicht der Fall. Das war kein übliches Vorgespräch zu einer Recherche. Die Nachricht liest sich wie das Treatment zu einem Drehbuch. Diese E-Mail ist so ungewöhnlich, so unfassbar, dass viele Reporter beim «Spiegel», gerade im Gesellschaftsressort, nicht geglaubt hätten, dass Matthias Geyer sie geschrieben hat.

Es war das erste Mal, dass mir jemand so detailliert mitteilte, was er von einem Text erwartete, was die Protagonisten tun sollten, wen sie gewählt haben sollten, wie sie emotional auf ein bestimmtes Ereignis blicken sollten – zum Beispiel voller Vorfreude auf den Flüchtlingstreck. Noch nie hatte mir jemand gesagt, was ich für Antworten mitbringen sollte. Es ist üblich, dass man über Geschichten im Vorfeld redet, wie man sie anlegt, was ein idealer Verlauf wäre, aber es ist genauso üblich, dass Geschichten ganz anders laufen als geplant. In all den Jahren beim «Spiegel» hatte mir noch nie jemand so eine E-Mail geschrieben. Auch nicht Matthias Geyer.

Diese E-Mail machte in meinen Augen klar, dass er seine Geschichte bereits gefunden hatte. Ich verstand sie nicht. Noch weniger verstand ich aber eine Passage, die Nichtjournalisten vermutlich nicht aufgefallen ist. Geyer wollte, dass Relotius «zusammenschreibt». Das ist Reportersprech und bedeutete, dass Relotius den Text verantwortete. Relotius konnte also bestimmen, was für eine Geschichte es letztlich wird.

Die Frage, wer «zusammenschreibt», gilt gemeinhin auch als subtiler Hinweis, wen von zwei oder mehreren Reportern der Chef für den besseren hält. Nur, dass es nicht subtil ist. Es ist damit sonnenklar. Der bessere Schreiber entscheidet, wie das Recherchierte verfasst und der Text gebaut wird. Welche Szenen, welche Dramaturgie, welcher Ton. Viele lange Reportagen, die von mehreren Autoren erarbeitet wurden, entstehen so. Die Kollegen recherchieren, ein anderer – manchmal mit dem schwer erträglichen

Wort «Edelfeder» tituliert – schreibt zusammen. Oder formuliert um oder kürzt oder macht in Wahrheit, was immer er will mit den Textbausteinen der anderen. Vereinfacht ausgedrückt: Die einen schaffen die Fakten und Zitate ran, der andere macht eine schöne Schleife darum. Der mit der Schleife ist gemeinhin der tolle Hecht. Nicht ganz überraschend haben wenige Dinge im deutschen Journalismus für mehr Zwietracht gesorgt. Allerdings kenne ich auch Kollegen, die Reporterpreise für große Gemeinschaftstexte bekommen haben, in denen sich kein Wort ihrer Zulieferung mehr in der Endfassung fand und die im Anschluss in langen Interviews erklärten, wie es war, so einen preiswürdigen Text zu verfassen.

Ich verstand diese E-Mail von Matthias Geyer eher als klaren Hinweis, dass er noch immer sauer auf mich war und mich bestrafen wollte. Sie sollte mir klarmachen, wo ich stand in seiner Wahrnehmung, nämlich unter Relotius. Die erhoffte Wirkung blieb nicht aus: Natürlich war ich getroffen, natürlich störte mich, dass Relotius der Häuptling sein sollte. Zuallererst, weil ich gern der Häuptling gewesen wäre, aber auch, weil es unnötig war, überhaupt einen zu bestimmen. Bei einem größeren Rechercheteam macht es Sinn, dass bei jemandem die Zulieferungen zusammenlaufen. Aber wir waren zwei. Wir sollten jeden Tag telefonieren. Ich hatte schon oft Texte mit «Spiegel»-Kollegen geschrieben und nie wurde vorher geklärt, wer der Chef ist. Es war letztlich egal. Man sprach sich eben ab, und wenn die Reportage glänzte, interessierte es ohnehin niemanden. Funktionierte sie nicht, hatten beide Schreiber ein Problem.

Einige Stunden später, ich hatte ein paar Texte von Relotius gelesen, bei denen mir auffiel, dass Hunde grundsätzlich «wie tot» auf der Straße lagen und auffällig oft Musik in seinen Stücken vorkam, traf ich Scott Dalton. Dalton war mein Fotograf für die nächsten Tage. Er sollte erst mit mir die Karawane fotografieren, im Anschluss Relotius nachreisen und sich die Bürgerwehr vornehmen. Ich freute mich, ihn zu sehen. Wir haben schon oft zusammengearbeitet.

Scott ist ein großer, schlaksiger Mann mit ergrauten Haaren und hellblauen Augen. Er ist 50, ein ruhiger, herzlicher Texaner, der viele Jahre in Südamerika gearbeitet hat. Scott erzählt gerne die Geschichte, wie an allen vier Ecken seines Wohnblocks in Bogotá Autobomben hochgingen. Pablo Escobar terrorisierte damals Kolumbien. Nicht so gern redet er über die zwei Wochen, die er von kommunistischen FARC-Rebellen entführt wurde. Sie forderten Lösegeld, und erst als einige von Scotts Freunden und Kollegen in Bogotá auf die Straße gingen und demonstrierten, wurde er zur Überraschung vieler freigelassen. Anders ausgedrückt: Es ist nicht leicht, Scott zu beeindrucken. Er hat viel gesehen.

Als wir über Relotius und die Bürgerwehr sprachen, merkte ich, wie sehr er sich auf den Auftrag freute. Nach seiner Zeit in Kolumbien hatte er jahrelang illegale Einwanderer im Grenzgebiet der USA fotografiert. Er hatte Kojoten getroffen, wie die Menschenschmuggler in Lateinamerika heißen, und war mit der Border Patrol unterwegs und in nordmexikanischen Städtchen gewesen, die schon lange kein Journalist mehr betrat. Auf eine Bürgerwehr, die Jagd auf Latinos macht, war er in all den Jahren nicht gestoßen. Er hatte von ihnen gehört, aber den Zugang stellte er sich schwer vor. «Wenn es die echten Jungs sind, dann hassen sie Presse. Ich bin gespannt, wie dein Kollege das machen will. Ist aber auch egal, ich find's super», sagte Scott.

Ein paar Tage später erreichte Scott eine E-Mail von Relotius. Es war der 30. Oktober 2018.

«Hallo Scott, ich bin jetzt in Phoenix … Die Recherche und den Zugang zu bekommen, wird einige Zeit dauern, und leider können wir dich nicht für die ganze Woche bezahlen. Das ist der Grund, warum du vielleicht erst anreisen solltest, wenn ich die richtigen Jungs habe, und wir verbringen dann zwei, drei Tage mit ihnen? Wäre das in Ordnung für dich?»

Natürlich war es das. Scott war bester Laune in Mexiko. Er ist ohnehin einer der fleißigsten Fotografen, die ich kenne. In diesen Tagen aber übertraf er sich selbst. Ganz gleich wie früh die Karawane loslief, wie schlecht oder gut die Lichtverhältnisse waren, Scott machte Bilder. Viele Redaktionen sparen sich in letzter Zeit den Fotografen und verlassen sich darauf, irgendwoher im Nachhinein Bilder günstig einkaufen zu können. Noch lieber ist es ihnen, wenn der Reporter selbst Fotos macht. Auch der «Spiegel» hat mich das in der Vergangenheit gefragt. Ich habe das immer abgelehnt, Relotius machte das sehr gern.

Am Ende waren es über 3000 Fotos, die Scott schoss. Hamburg sollte auf keinen Fall bereuen, ihn geschickt zu haben. Die Tage waren mörderisch. Für uns beide. Er schleppte mehrere Kameras, ich schob immer häufiger einen Kinderwagen mit drei schlafenden Kindern. Ich hatte eine junge Frau angesprochen, sie hieß Aleyda. Sie war 25, hatte dunkle, nackenlange Haare und war anfangs skeptisch, aber letztlich zu neugierig, um sich nicht auf meinen Vorschlag einzulassen, sie einige Tage auf ihrer Reise zu begleiten. Alice, die Fünfjährige im Kinderwagen, war ihre Tochter. Die beiden anderen gehörten Vicky, Aleydas Schwester. Die Frauen hatten im Radio von der Karawane gehört und waren, ohne viel darüber nachzudenken, Richtung Gelobtes Land aufgebrochen. Sie hatten entfernte Verwandte in Texas, etwa 200 Dollar und den festen Glauben an die Heilige Muttergottes.

Die Karawane samt meiner Protagonistin setzte sich morgens um drei, spätestens vier in Bewegung, um der Mittagshitze zu entgehen. Da Aleyda mit dem Kinderwagen viele Pausen machen musste, waren wir langsamer als die meisten anderen. Wir kamen oft erst am späteren Nachmittag am Zielort an. Dort warteten Hilfsorganisationen, die den Flüchtlingen Essen gaben und bei Bedarf mit Medikamenten versorgten. Während sich die Flüchtlinge einen Schlafplatz suchten, meist ein Pappkarton, den sie auf den Gehsteig legten, sortierte ich meine Notizen, und Scott ging die Fotos durch. Dann suchte ich Interviewpartner, um mir ein

Bild von der Stimmung in den Dörfern zu machen, durch die wir liefen. Scott und ich schliefen selten mehr als drei, vier Stunden.

Weder ich noch Claas hörten auf unseren Chef. Weder ich noch er riefen den jeweils anderen an. Ich, weil ich beleidigt war, dass er zusammenschreiben durfte, und er, weil er sich vermutlich so ersparen konnte, mir irgendeinen Unfug zu erzählen, während er in Phoenix im Hotel im Internet surfte. Scott und ich sprachen lange darüber, wie schwer es Relotius haben würde, jemanden zu finden, der offen darüber redet, dass er Jagd auf Migranten macht. Relotius hatte in einer E-Mail am 1. November geschrieben:

> Liebe Özlem,
> ich hatte jetzt anderthalb Tage und hab in der Zeit noch keinen geeigneten Protagonisten gefunden. Wenn man entlang der Grenze fährt, trifft man hier und da auf Opas, die in Klappstühlen sitzen und ihre Ranch bewachen, aber die Geschichten gibt es schon seit Jahren, und die interessieren uns ja nicht. Wie ich in Hamburg am Telefon sagte und wie auch unser Fotograf Scott meinte: Die harten Knochen, die sich hier organisieren, um die Grenze zu verteidigen, gibt es, aber es ist schwierig, so schnell an die heranzukommen. Man findet sie nicht einfach irgendwo, die haben ihre Lager oder Trailer in den Bergen, aber einige stellen immerhin Berichte und Bilder von dem, was sie so tun, recht regelmäßig ins Internet. Ich habe mehrere dieser Gruppen über Facebook und E-Mail angeschrieben, aber bisher noch keine Antwort. (...) Jetzt wird es hier gerade Morgen, also mal sehen, was der Tag so bringt, ich versuche alles, aber wenn du mich jetzt fragst, kann ich bei meinem Teil für Sonntag nichts versprechen. Das wird gar nicht machbar oder sehr, sehr eng. Ich melde mich am Abend wieder oder sobald irgendeine Tür aufgeht.
> Viele Grüße
> Claas

Für mich klang er wie jemand, der kurz davor war, zu scheitern. In Hamburg schien das niemand zu denken. Als ich nachfragte, ob ich mir Sorgen machen müsse, schrieb die stellvertretende Ressortleiterin Gezer:

«(...) Claas findet eh noch jemanden, sicher».

Özlem Gezer ist eine brillante Journalistin, die seit Jahren mit Relotius zusammenarbeitete und ihm vertraute. Sie war, anders als Scott und ich, nicht beunruhigt. Als Scott nach zwei Tagen noch immer nichts von ihm gehört hatte, fragte er nach. Es war der 3. November 2018.

Hi Claas,
wie läuft's in Arizona? Soll ich zu dir kommen, um Fotos zu machen?
Falls ja, sag mir, wann ich kommen soll.
Danke
Scott

Relotius antwortete umgehend.

Hallo Scott!
Ich stehe auf der Straße, die Verbindung ist schlecht. Ich habe Kontakt zu einer militanten Gruppe in der Nähe von Nogales. Die haben lustige Spitznamen, aber bis jetzt lassen sie weder mich noch jemand anderen Fotos machen. Letzte Nacht war das erste Mal, dass ich mit ihnen unterwegs war, und ich lerne sie gerade erst kennen. Ich bin nicht sicher, ob ich jetzt schon sagen sollte, ja Scott, komm vorbei, aber ich denke, dass ich es morgen wissen sollte. Entschuldige, dass ich dich im Ungewissen lasse. Braucht Juan dich noch?
Grüße
Claas

Scott war platt. Relotius hatte eine Bürgerwehr infiltriert. Ich dachte sofort, wie ich nur ansatzweise gegen so einen Knaller anschreiben sollte. Jeder würde sich fragen, was Aleyda im Text zu suchen habe. Ihr Schicksal war hart, aber in keiner Weise ungewöhnlich. Die Geschichte hatte man schon hundert Mal gelesen. Die Bürgerwehr dagegen, das war sensationell. Für Scott und mich stand fest, dass dieser Relotius es verdammt noch mal draufhatte.

Am letzten Tag der Recherche hatten wir Glück. Reporterglück gewissermaßen. Ein Lastwagenfahrer war bereit, hundertfünfzig Flüchtlinge bis nach Puebla zu bringen, also dreihundert Kilometer weiter Richtung Norden. Aleyda, ihre Schwester und die Kinder waren überglücklich. Scott und ich und eine vierköpfige Familie aus Guatemala durften in die Fahrerkabine. Scott nutzte die Fahrt nach Puebla, um noch mal Relotius zu schreiben. Es war Sonntagvormittag. Montag würden er nach Houston und ich nach Berlin fliegen. Scott musste also wissen, ob Claas ihn brauchte.

> Hi Claas,
> klingt, als sei das eine wirklich gute Geschichte dort. Juan und ich packen hier zusammen, ich könnte also am Montag bei dir sein, wenn du das möchtest.
> Danke
> Scott

Claas antwortete kurz darauf.

> Hallo Scott,
> bist du noch immer in Mexiko mit Juan? Leider von hier keine guten Nachrichten! Diese Jungs sind hier im Moment sehr vorsichtig. Sie fürchten sich vor Problemen mit der Border Patrol und der örtlichen Polizei. Sie sind noch immer gegen Bilder. (...) Ich werde weiterhin versuchen, diese Jungs zu überzeugen, und vielleicht kannst du

sie ja besuchen, nachdem ich sie verlassen habe. Wie sieht es bei dir aus, bist du sehr beschäftigt, oder könnte das ein Plan sein, der für dich funktioniert?

Nun sieht es so aus, als würden wir dieses Mal nicht gemeinsam arbeiten können. Ich hoffe wirklich, das nächste Mal klappt es.

Grüße

Claas

Scott war nicht überrascht, dass die Gruppe verschlossen und pressescheu war. Er war enttäuscht, vor allem aber beeindruckt. Claas Relotius hatte es geschafft, eine Bürgerwehr zu infiltrieren. In drei, vier Tagen. Ihm war gelungen, was er, Scott, ein wirklich alter Hase im Geschäft, für unmöglich gehalten hatte.

Zwanzig Stunden später landete ich in Deutschland und war froh, nach gut drei Wochen wieder bei meiner Familie zu sein. Kaum war ich aus dem Flugzeug gestiegen, erschien eine E-Mail. Sie war von Claas Relotius.

Hi Juan,

ich hab gerade von Özlem gehört, du hast einen Trip nach Puebla hinter dir, bist wahrscheinlich total fertig. (...) ruhe dich bitte, bitte erst mal aus, der Text hat Zeit. Fliegst du jetzt ab der Hauptstadt? Dann danke dir für deinen wahnsinnigen Einsatz und gute Reise!

Claas

Eigentlich doch sehr nett, dachte ich, konnte aber den Gedanken nicht unterdrücken, dass ich einem Kollegen, der 15 Jahre älter ist und mir formal gleichgestellt ist, nie für seinen «wahnsinnigen Einsatz» gedankt hätte. Aber zu dem Zeitpunkt wusste er vermutlich, dass er in ein paar Wochen zum Ressortleiter ernannt werden und somit bald mein Chef sein würde.

Ich machte das Handy aus. Es war jetzt egal. Ich hatte Feierabend, zum ersten Mal nach Wochen. Der wunderbare Autor Cees Nooteboom hat mal geschrieben, dass man sich nach einem langen Flug wie ein «Sack weißer Bohnen» fühlt. Nie eine passendere Beschreibung gelesen, gerade wenn man mehrere Wochen in Mexiko war. Genau so fühlte ich mich. Müde und voller Bohnen, aber ich war endlich in Deutschland. Es regnete, es war kalt, der Busfahrer hatte mich gerade angeblafft und hasste ganz offensichtlich jeden Einzelnen seiner Fahrgäste. Ich war daheim.

«All you have to do [to win a Pulitzer Prize] is spend your life running from one awful place to another, write about every horrible thing you see. The civilized world reads about it, then forgets it, but pats you on the head for doing it and gives you a reward as appreciation for changing nothing.»

David Baldacci, Bestsellerautor, davor Journalist

## 3. Kapitel

# Der Text, der alles veränderte

*«Jaegers Grenze»*
*von Juan Moreno und Claas Relotius,*
*erschienen im «Spiegel» am 27. 11. 2018*

In einer Nacht, in der Tausende Menschen durch das mexikanische Hochland marschieren, mit Rucksäcken oder kleinen Kindern auf dem Rücken, mit guten oder schlechten Absichten nordwärts zur großen Grenze, stehen 2000 Kilometer entfernt in Arizona, auf einem Berg, der die Wüste Mexikos von den Vereinigten Staaten trennt, sechs Männer in Uniform und warten auf die Invasion.

Sie tragen Munitionsgürtel, automatische Gewehre, schusssichere Westen und ausgedachte Namen. Einer nennt sich Pain, Schmerz, er raucht Zigarre und sagt, er wolle den Teufeln, die auf Amerika zuliefen, in den Arsch treten, genau wie Donald Trump. Einer heißt Luger, so wie die Pistole, er hat Tarnfarbe im Gesicht und steuert eine Drohne Richtung Süden, zur Aufklärung über Bewegungen der Feinde. Drei andere, sie nennen sich Spartan, Nailer und Ghost, haben das Sternenbanner falsch herum gehisst, das Zeichen für den nationalen Notstand. Der Sechste, ein bärenhafter Mann mit Militärhelm, Kampfstiefeln und dunkelbraunem Vollbart, 40 Jahre alt, sein Kampfname ist Jaeger, späht durch sein Nachtsichtgerät hinab ins Altar Valley, ein stockdunkles Tal, und spricht von einem Krieg.

Das grünschwarze Infrarotbild, das Jaegers Augen sehen, geht weit über die Sonora-Wüste, eine sandige Landschaft fast so groß wie Deutschland. Sie ist voll mit Klapperschlangen, Geiern, Skorpionen «und in jeder verdammten Nacht», sagt Jaeger, «ein paar tausend Kojoten». Er meint nicht die Wölfe der Prärie, er meint Menschenschlepper, die Verbrecher, Drogen und Illegale ins Land brächten wie Krankheiten.

Jaeger und die fünf anderen sind hier, um alles, was die Fremden mit sich führen, zu stoppen. Sie sind keine Soldaten, jedenfalls nicht mehr, und kommen eigentlich auch nicht aus Arizona. Pain, 50, ist ein Rapsfarmer aus Kansas, Luger, 44, ein Fondshändler aus Michigan. Nailer, 57, war mal Vorarbeiter auf Baustellen in Utah. Spartan, 64, und Ghost, 48, sind Brüder, der ältere ist im Ölgeschäft in Louisiana, der jüngere arbeitet als Hilfssheriff in Colorado. Nur Jaeger, der aus Kalifornien stammt, hat keinen Job.

Sie haben sich den Namen, der auf ihrer Armeeuniform eingenäht ist, selbst gegeben, weil sie für das, was sie hier vorhaben, keinen Auftrag und keine Erlaubnis haben, aber das ist ihnen egal.

Ein paar hundert Mal, sagt Jaeger, hätten sie schon Fremde, die in der Nacht von Süden her auf sie zugeschlichen kamen, gefangen, gefesselt oder mit Warnschüssen vertrieben. Einmal, sagt Jaeger, hätten sie drüben in El Paso neun Männer aus Guatemala, die Bandentattoos auf ihrem Arm hatten, durch die Dunkelheit gejagt, bis die zusammenbrachen. Einmal, sagt Jaeger, hätten sie unten bei Brownsville, Texas, drei Frauen aus Mexiko, die Rucksäcke voll Kokain auf ihren Schultern trugen, zwei Nächte lang in den Bergen frieren lassen und erst dann der Grenzpolizei übergeben. Und einmal, als sie hier in Arizona einen Teenager aus El Salvador erwischten, ließen sie den Jungen zur Strafe einfach wieder zurücklaufen, ohne Schuhe und ohne Wasser durch die Wüste.

«Wir beschützen unser Land, wir bringen niemanden um», sagt Jaeger. Aber nun, da ganze Karawanen auf dem Weg zu ihnen seien, da Tausende auf die USA zurennten, müssten sie sich verteidigen.

Die Linie, die Jaeger halten will um jeden Preis, ist 3144 Kilometer lang. Sie erstreckt sich vom Pazifischen Ozean im Westen bis zum Atlantischen Ozean im Osten; vom Strand Kaliforniens über die Canyons Arizonas und New Mexicos bis zu den Sümpfen in Texas, von Tijuana, dem größten Grenzübergang der Welt, über den Rio Grande bis zum Golf von Mexiko. Auf etwa einem Drittel jener Grenze steht eine meterhohe Befestigung aus Stahl oder Beton. An den meisten Stellen ist die Grenze offen. Jaeger nennt das, was Amerika an diesen Koordinaten bevorsteht, «a battle for survive», eine Schlacht ums Überleben. Er schiebt ein Magazin in sein Scharfschützengewehr.

Nur ein paar Stunden später, gut 2000 Kilometer südlich, auf einem Tankstellenparkplatz am Ortsausgang von Isla, einem verlorenen Kaff im mexikanischen Bundesstaat Veracruz, geht eine junge Frau mit Kinderwagen auf einen fremden Mann in einem Lkw zu, um ihm ein Angebot zu machen.

Die Frau, sie ist 25 Jahre alt, ihr Name ist Aleyda Milla, trägt gefälschte Plastik-Crocs, eine graue Leggins und ein T-Shirt mit der Aufschrift «Friends». An der Hand hält sie ihre fünfjährige Tochter, Alice.

«Sofort», sagt der Mann, sein Atem riecht nach Tequila.

Er öffnet die hintere Tür des Lkw, als wäre es die Tür zum Paradies. Es dauert nur Minuten, dann nähern sich Gestalten vom ganzen Parkplatz, junge Männer in schmutzigem Hemd, Familien mit noch mehr Kindern auf dem Arm, erschöpfte Menschen. 150 von ihnen steigen in den Laderaum, setzen sich dicht gedrängt auf den Boden, immer fünf in einer Reihe. Die Luft ist heiß und stickig. Ein Mann mit einer Mütze der L. A. Lakers fragt, ob er ein kaltes Bier haben und Fox Sports schauen könne. Die Leute lachen.

Sie werden in diesem Lkw, einem Obsttransporter, in dem es dunkel ist und es keine Kühlung gibt, 350 Kilometer, gute zehn Stunden, zurücklegen. Sie werden während der Fahrt eine Tür offen lassen und alle 40 Minuten eine Pause einlegen, weil die Luft brennt. Am Anfang werden die Kinder schreien, nach zehn Minuten werden sie ganz still sein. Diese Fahrt, sie wird vielen im Laderaum vorkommen wie Luxus.

Sie sind in den vergangenen fünf Wochen, bepackt mit Rucksäcken oder Plastiktüten, mehr als 1500 Kilometer marschiert, hunderte Stunden. Sie sind, manchmal barfuß, meist schweigend, über zwei Ländergrenzen gekommen, von Honduras nach Guatemala, von Guatemala weiter nach Mexiko, auf Landstraßen durch tropische Hitze, über Zäune, steile Hügel, durch einsame Täler und breite Flüsse. Sie haben nachts in Parks oder in Busstationen geschlafen, wo immer es ihnen in dem Land, in das sie kamen, befohlen wurde. Sie haben Reis und Bohnen gegessen, viele von ihnen sind darüber krank geworden, und doch haben sie sich, irgendwo in diesem Menschenstrom aus Tausenden, die in einer Karawane und vor Fernsehkameras aus aller Welt immer weiter Richtung Norden zogen, Kilometer um Kilometer vorgekämpft.

Jetzt, nach wochenlangem Marschieren, in der Dunkelheit des Laderaums, hören sie den Motor des Lkw, der sie in nur einem Tag bis in die Stadt Puebla, kurz vor Mexiko-Stadt, näher an ihr Ziel, die US-amerikanische Grenze, bringt.

Aleyda Milla, die Frau, die diesen Deal mit dem Fahrer ausgehandelt hat, die junge Mutter mit ihrer kleinen Tochter, sitzt ganz am Rand, an der rechten Kabinenwand. Aleyda, die aus einem kleinen Städtchen in Honduras stammt, aus einem Ort namens Yoro, drückt ihr Kind fest an sich. Ihre jüngere Schwester Vicky und deren Söhne Manuel, 4, und Dylan, 1, sitzen neben ihr. Aleyda hat sich mit ihnen auf den Weg gemacht. Sie hat die drei Kinder, ihre Schwester und sich selbst bis hierhin beschützt vor fremden Männern. Männer, die sich näherten, wenn Aleyda den Kinderwagen einen steilen Hang hinaufschob, und nach dem Vater fragten. Die Männer schoben dann den Kinderwagen, und nachts, wenn Aleyda in dem blauen Zelt schlief, das sie seit Wochen mitschleppt, öffneten die Männer den Reißverschluss und verlangten «Bezahlung». Dreimal ist das passiert, dreimal konnte sich Aleyda die Typen irgendwie vom Hals schaffen. Sie weiß aber, dass der gefährlichste Teil, der ohne die Karawane, erst noch kommt.

Sie weiß, dass im Norden, an der Stelle, an der sie die Grenze überschreiten wird, Drogenkartelle regieren. Sie weiß, dass diese ihr «derecho de paso», ihr Passierrecht, Geld oder noch viel mehr von ihr verlangen werden. Aleyda weiß auch, dass an der Grenze mehr als 5000 US-amerikanische Soldaten warten. Auch von bewaffneten Bürgern, Männern mit Gewehren, hat sie gehört, die irgendwo hinter der Wüste lauern, um Menschen wie sie zu jagen.

Es ist nicht klar, ob sich die Wege von Aleyda, die mit ihrer kleinen Tochter nach Norden zieht, und Jaeger, der mit den Männern in Arizona auf Eindringlinge aus dem Süden wartet, jemals kreuzen werden. Wahrscheinlich ist aber, dass viele, die wie Aleyda mit der Karawane laufen, ihr Glück in Arizona versuchen und auf Jaegers Männer zukommen werden. Sicher ist auch, dass in Texas, Kalifornien und New Mexico andere Bürgerwehren warten; dass auch diese bewaffnet und entschlossen sind, niemanden an sich vorbeizulassen.

Aleyda und Jaeger, von denen dieser Text handelt, sind nur zwei Menschen auf beiden Seiten. Sie wurden auf demselben Kontinent, aber nicht im selben Land geboren, der eine im reichen Norden, die andere im armen Süden. Ihre Leben, die nie etwas miteinander zu tun hatten, stoßen nun, physisch oder auch nicht, an der Grenze zweier Staaten zusammen; der eine schottet sich ab, der andere lässt Migranten einfach durch. Es könnte, auf den ersten Blick, nur eine Erzählung über Oben und Unten sein, aber es geht um Menschen, die an nichts mehr glauben, außer an sich selbst. Es geht, auf beiden Seiten, um Wut, Verzweiflung, Angst.

Über Arizona graut der Morgen, langsam wird es hell über der Wüste. Die Männer vom Altar Valley haben unter freiem Himmel geschlafen, mit dem Gewehr auf ihrer Brust, nur Spartan und Jaeger haben Wache gehalten, die ganze Nacht. Sie haben nichts Verdächtiges gehört, die Wärmebildkamera der Drohne hat ein paar Bewegungen in der Wüste angezeigt, aber das, sagt Jaeger, sei wohl nur ein Hirsch gewesen.

Spartan, ein grauhaariger Mann mit trainierten Oberarmen, schenkt Kaffee aus, der einem die Augen aufreißt, er spricht von seinem «Vietnamrezept». Er hat Amerika im Krieg gedient, wie alle hier, die anderen waren in Afghanistan, Irak. Sie haben auf dem Berg ein Lager aus Armeezelten, Feldbetten und Funkantennen aufgebaut, als wären sie noch immer irgendwo dort.

Hundert Meter hinter ihrer Front stehen zwei Pick-ups neben einem kleinen, unbewohnten Haus, das früher mal zu einer Ranch gehörte. Es ist die Kommandozentrale, in der sie ihren Kampf gegen die Invasoren steuern, mit Einsatzkarten, Überwachungsbildschirmen, Computern. Sie haben am Fuße des Berges, in der mexikanischen Wüste, durch die seit Jahren Einwanderer und mit ihnen manchmal auch Drogen kommen, Bodenkameras installiert, in einem Radius von 40 Kilometern. Sie bekämen sogar mit, sagt Jaeger, wenn eine Schildkröte dort niese.

Er ruft zwei Männer zur Morgenpatrouille. Luger und Ghost schließen sich an, zu dritt steigen sie den Berg hinab, um die Videoaufzeichnungen der Nacht aus den Kameras zu holen. Sobald die Sonne am Himmel steht, kann sich die Wüste im Winter auf bis zu 40 Grad aufheizen. Sie klettern über Felsen, laufen durch verdorrtes Gras, vorbei an Kakteen, die wie riesige Mittelfinger in der Landschaft stehen. Nach fast einer Stunde passieren die Männer einen mannshohen Stein, darauf steht: «End of country», Ende des Landes, und auf der anderen Seite «Límite del patio», Ende des Gartens. Sie beachten ihn gar nicht. Sie betreten einfach mexikanischen Boden. Sie tun das, so oft sie wollen, während jeder, der den umgekehrten Weg geht, sein Leben riskiert.

Es gebe hier draußen niemanden, der US-Amerikaner kontrolliere, sagt Ghost. Die nächste Stadt liegt anderthalb Autostunden entfernt, der nächste Posten der Border Patrol fast zwei. Ein paar Ranger, die für Sicherheit im angrenzenden Naturpark sorgen, fahren tagsüber hinter der Grenze in weißen Elektrowagen auf und ab wie Busfahrer, aber die, sagt Luger, erwischten ja nicht mal Mexikaner.

«Da», ruft Jaeger. Er geht ein paar Meter voraus und hält plötzlich den Arm nach Süden, es ist jetzt hell, und in der Ferne liegt ein sandfarbener Hügel mit drei Zacken. Es sei der Ausguck eines mexikanischen Kartells, sagt er. Sie könnten manchmal, wenn es ganz dunkel sei, mit dem Fernglas die Lichter der Smartphones sehen. Für Jaeger sind die Drogenkartelle, die längst nicht mehr nur mit Drogen, sondern auch mit geflüchteten Menschen handeln, die Frauen und Kinder kurz vor der Grenze entweder töteten oder ihnen Rucksäcke mit Fracht aufschnallten, die schlimmsten Teufel. Jaeger will aber auch nicht noch mehr Frauen und Kinder aus dem Süden, er sagt Illegale oder Bohnenfresser, im Land haben.

Er hat in der Nacht, während die anderen Männer schliefen, ein Facebook-Video von Donald Trump auf seinem Handy angeschaut. Das Video dauerte gut eine Minute. Zuerst zeigte es einen glatzköpfigen Mexikaner, der zwei US-Polizisten ermordet hatte und vor Gericht darüber lachte; dann zeigte es gewalttätige Horden, brennende Autos, Menschen mit dunkelbrauner Haut, die Zäune niederreißen. Jaeger sagt, er spüre sein Blut kochen, aber dann musste er selbst laut lachen. Über dem Post von Trump stand: «Jobs not Mobs».

Jaeger krempelt die Ärmel seiner Uniform hoch, auf seinen tätowierten Handrücken stehen die Worte «Strength» und «Pride», Stärke und Stolz. Er marschiert immer weiter hinein in die mexikanische Wüste und sagt, jeder, der seine Heimat verlasse und in einem anderen Land um Hilfe bettele, statt die Dinge im eigenen Land zu regeln, sei eine «Pussy». Er sehe das genau wie der Präsident, der gesagt habe, in den Karawanen seien keine Engel, sondern viele üble Kerle, nicht nur Drogenhändler, Killer, «wahrscheinlich sogar Leute aus dem Mittleren Osten».

Er hält an und spielt ein zweites Video auf seinem Handy ab, einen Wahlkampfauftritt des Präsidenten. Auf diesem Video steht der Präsident auf einer Bühne und warnt vor den Karawanen wie vor einem Rudel Wölfe. Er verspricht, sie diesmal zu «fangen» und «zurückzuschlagen», er spricht von einer «großen Show».

Jaeger sagt, er habe auf Fox News gehört, dass Trump die Nationalgarde und 5200 Soldaten hier runtergeschickt habe. Er hat aber noch keinen einzigen Soldaten gesehen. Es mache ihn fertig, sagt er, dass nicht jeder anständige Amerikaner, der sein Land liebe, mit ihnen hier draußen sei, um die Armee gegen den Ansturm zu unterstützen, um zurückzuschlagen, wie es der Präsident verlange.

Vor ihnen, im Sand zwischen Ziegenskeletten und einem trockenen Flussbett, liegen Kleider. Ein zerrissenes, rotes T-Shirt, eine Jogginghose, eine glitzernde Jeans. Luger bleibt stehen und hebt eine Unterhose mit seinem Gewehrlauf an. «Die meisten danken Gott, wenn sie es angezogen bis hierhin schaffen», sagt er, «glaubt ihr, das waren Kojoten?» – «Sind die Clintons kriminell?», antwortet Ghost. Das soll heißen: ja. Er sei sich sicher, dass die Kleider zwei Frauen oder Mädchen gehört haben, die von den Schleppern, die sie bezahlt hatten, vergewaltigt wurden.

Jaeger kaut auf seinem Kaugummi wie auf einer Beißschiene. Er nimmt seinen Helm ab und sagt: «Was sind das für Menschen?»

Der Lkw, der Aleyda Milla, ihre Schwester Vicky, die drei Kinder und 145 andere Menschen am frühen Morgen auf einem Parkplatz in Veracruz aufgeladen und nach Puebla gefahren hat, lässt sie am nächsten Abend irgendwo am Rand der Großstadt raus. Das Erste, was Aleyda sieht, sind blaue Streifenwagen, eine Straßensperre der Policía Federal.

Die Polizei nimmt die Geflüchteten nicht fest, sondern lässt sie mit Bussen in ein Flüchtlingslager bringen. Dort warten Hilfsorganisationen mit Abendessen. Es gibt Reis und Bohnen, wie jeden Abend.

Für Jaeger und für Donald Trump, das sagen beide deutlich,

sind Menschen wie Aleyda Eindringlinge, Verbrecher, auf jeden Fall Leute, die kein Anrecht haben, in den USA zu leben. Für viele Mexikaner, die den Menschen der Karawane während all der Wochen Kleider und Wasser spendeten, sind es Habenichtse aus dem Süden, die sich durch ihr Land quälen, um nach dem amerikanischen Traum zu suchen. Böden wischen, Kinder wickeln, Orangen pflücken, Gläser spülen, Wände spachteln. Das ist es, was die meisten in Städten wie Houston, Phoenix oder Miami tun werden, wenn sie es in die USA schaffen. Das ist das große Ziel, dafür der ganze Schmerz, die Lebensgefahr, das Geld, die Plackerei, all die langen Kilometer.

In dem Flüchtlingslager in Puebla, gleich neben einem Fußballstadion, begrüßt eine Gruppe katholischer Schwestern Aleyda und die anderen. Die Schwestern umarmen die Menschen, und die meisten sind froh darüber. Es bildet sich sogar eine kleine Schlange, um umarmt zu werden. Die Schwestern zeigen in Richtung einer großen Halle, die ziemlich gut gefüllt ist. Überall liegen Körper, viele schlafen, einige schauen auf ihr Handy, andere essen noch ihre Bohnen.

Aleyda sagt, sie sei froh, wie der Tag gelaufen sei. Alice, ihre Tochter, schläft neben ihr. Am Morgen waren es noch 3200 Kilometer nach Tijuana. Jetzt sind es keine 3000 mehr. Sie weiß nicht, wohin genau sie muss, der Schlepper wird sie noch anrufen, aber es ist ihr egal. Sie ist der Grenze wieder ein Stück näher, nur das zählt.

«Ich wollte nie nach Amerika», erzählt Aleyda. Sie hat das blaue Faltzelt im Schatten des Stadions aufgeschlagen, den Kinderwagen so danebengeschoben, dass sie ihn immer im Blick hat. An den Tag, an dem Aleyda zum ersten Mal über ein Leben in Amerika nachdachte, kann sie sich nicht mehr erinnern. Es ist ein Gedanke, den die meisten Armen in Honduras haben. Amerika ist für so ziemlich jedes Problem die Lösung. Ihr selbst kam dieser Gedanke in einer Nacht, in der sie mit Alice im Bett lag und hoffte, dass Juan, ihr Mann, nie mehr nach Hause kommen würde. Er hatte sie aus einem Grund verprügelt, an den sich später weder er noch sie erinnern konnten, vermutlich weil es keinen gab.

Sie hatte Juan kennengelernt, als sie 16 war. Er arbeitete auf einer Baustelle, das war ungewöhnlich. Die meisten jungen Männer, die Aleyda kannte, waren entweder in einer Gang oder hatten sich nach Amerika aufgemacht. Kriminelle sind die Einzigen in Honduras mit guten Berufsaussichten. In der Regel verlassen sie das Land nicht. Es sind viel häufiger die Ehrlichen, die gehen.

Juan hatte mit dem Material, das er an Baustellen klaute, ein Häuschen gebaut. Aleyda zog wenige Wochen nach ihrem ersten Kuss bei Juan ein, und für ein gutes Jahr, so erzählt sie jetzt, sei sie der glücklichste Mensch in ganz Honduras gewesen, auch weil ihr Mann erlaubte, ihre Schwester Vicky bei sich aufzunehmen.

Aleyda und sie waren bei ihren Großeltern aufgewachsen. Ihre Eltern waren 15, als sie Aleyda bekamen. Dreimal in ihrem ganzen Leben habe sie die Mutter und den Vater gesehen. Jedes Mal, wenn sie ein Kind bekamen, brachten sie es zu den Großeltern und verschwanden wieder.

Juan war Trinker und Schläger, erzählt Aleyda, immer in der Reihenfolge. Wenn er betrunken nach Hause kam, dauerte es nicht lange, bis er sich ärgerte und zuschlug. Vier Jahre habe sie das ausgehalten. Vier Jahre, in denen sich der nüchterne Juan immer wieder für den erbärmlichen Juan entschuldigte und Besserung gelobte. Irgendwann, als wieder ihr ganzer Körper von seinen Schlägen schmerzte, wusste Aleyda, dass sie wegmusste. Sie dachte kurz daran, ihn umbringen zu lassen. San Pedro Sula, die nächstgrößere Stadt, galt viele Jahre als die gefährlichste Stadt der Welt. In der Gegend, in der sie wohnte, kannte sie genügend junge Männer, die in einer Gang waren. Für ein paar Dollar hätten sie das übernommen.

Aleyda entschied sich dagegen, ihren Mann zu töten, und

dafür, ihre Tochter zu retten. Sie begann, Geld zu sparen, fragte Freundinnen, wie man in die USA gelange. Irgendwann rief sie eine ihrer Tanten an, die schon vor Jahren dorthin geflohen war, die bis heute dort lebt und eine Wäscherei in San Antonio, Texas, besitzt. Auch sie kam als Illegale. Die Tante versprach, ihr und auch ihrer Schwester Vicky zu helfen, sie versprach, den Kojoten für sie beide und die drei Kinder zu bezahlen, sollten sie es zu Hause nicht mehr aushalten und sich auf den Weg machen. Dann, vor fast einem Monat, hörte Aleyda von einer Karawane.

Die Männer vom Altar Valley, Jaeger und seine Truppe, glauben genau zu wissen, was für Menschen in diesen Karawanen kommen. Sie wissen aber, wenn man sie fragt, nichts darüber, warum junge Frauen aus Yoro fliehen oder warum junge Männer aus San Pedro Sula entweder zum Flüchtling oder zum Mörder werden.

Sie waren in ihrem ganzen Leben noch nicht einmal in Mexiko, noch nie südlich von Arizona, außer auf ihrer täglichen Patrouille. Ghost verwechselt Honduras ständig mit Hungary, Ungarn. Luger kennt Honduras nur, weil Donald Trump das Land im Fernsehen mal als «shithole», Scheißloch, bezeichnet hat.

Es ist Nachmittag, die Berge werfen fast keine Schatten, und Jaeger schwitzt als Einziger in seinem Zelt. Er überprüft die Kamerabänder, die sie an Kakteen in der Wüste eingesammelt haben. Nach einer Stunde ruft er: «Fuck!»

Der Hirsch, dessen Bewegungen sie in der Nacht hinter den Wärmebildern der Drohnenkamera vermutet hatten, ist eine Gestalt mit Rucksack gewesen.

Jaeger beugt sich seinem Laptop entgegen und hämmert in die Tastatur, spult vor, spult zurück. Die Gestalt, nur in Umrissen zu erkennen, flitzt auf dem Bildschirm durch die Dunkelheit. Sie ist für Jaeger nicht mehr einzuholen.

«Fuck! Fuck! Fuck!» Jaeger bleibt jetzt, während die anderen

Männer draußen selbst gebrautes Bier trinken, ein Lagerfeuer machen und Rinderrippchen grillen, den Rest des Tages in seinem Zelt. Als Jaeger sich zwei Stunden später wieder beruhigt hat, klappt er den Laptop zu. Verwechslungen mit Tieren kämen vor, sagt er, aber er könne gut schlafen, wenn er daran denke, wie viele Kilogramm Kokain sie hier schon beschlagnahmt, im Klo runtergespült oder im Sand versenkt hätten. «Wie viele Leben», sagt Jaeger, «haben wir gerettet?»

Er selbst habe in seinem Leben einmal viele gute Freunde gehabt, so erzählt er, die heute aber nicht mehr seine Freunde seien. Sie behaupteten, er sei ein Extremist, sagt er, weil er 300 Tage im Jahr hier oben sei und Menschen, die nur ein besseres Leben wollten, jage. «Wenn extrem bedeutet, nicht auf der Couch sitzen zu bleiben und dabei zuzusehen, wie dieses Land kaputtgeht», sagt Jaeger, «ja, dann bin ich Extremist.»

Ist er ein Rassist?

«Schwachsinn», sagt Jaeger. Er habe nichts gegen Menschen mit anderer Hautfarbe, er trage auch kein verfluchtes Bettlaken über dem Kopf.

Er scheint etwas in der Brusttasche seiner Uniform zu suchen. Dann, irgendwann, sagt er, sein richtiger Vorname sei Chris und sein richtiger Nachname, «no bullshit», Jaeger. Sein Großvater sei einst aus Deutschland in die USA eingewandert, erzählt er, der Großvater hieß Hans und stammte aus einem kleinen Dorf in Bayern.

Er selbst sei nie in Deutschland gewesen, sagt Jaeger, aber er verfolge sehr genau, was dort passiere, seitdem Flüchtlinge ins Land gelassen wurden. «Vergewaltigungen, Morde, Terror», Jaegers Finger springen auf wie Klappmesser. «Das Schlimmste ist, dass wir ihnen helfen, und zum Dank», sagt er, «brechen sie uns das Genick.»

Chris Jaeger zieht immer noch an seiner Brusttasche, als verberge sich darin irgendein Geheimnis, eine Erklärung für seinen Zorn. Er spricht jetzt mit leiser Stimme. Er will erzählen, wie aus ihm der wurde, der er heute ist. Er habe eigentlich nie etwas gegen Fremde gehabt, sagt er, er habe drüben in Kalifornien seine halbe Jugend mit ihnen verbracht. Er wuchs auf in Fresno, zwischen San Francisco und Los Angeles. Sein Vater betrieb eine Schreinerei, seine Mutter war Hausfrau. Beide wählten die Republikaner, und beide zogen Sonntagskleider an, fuhren hunderte Kilometer Richtung Süden, als Ronald Reagan im Wahlkampf 1984 nach San Diego kam und dort vor Tausenden erklärte: «Die einfache Wahrheit ist, dass wir die Kontrolle über unsere Grenzen verloren haben, und keine Nation, die das zulässt, kann überleben.»

Jaeger sagt, er sei damals sechs Jahre alt gewesen, und er hätte sich diesen Satz wahrscheinlich nie gemerkt, wenn sein Vater ihn nicht immer wiederholt hätte. Sein Vater, erzählt er, glaubte an Regeln, an das Recht zur Selbstverteidigung und an das Gesetz «stand your ground», das Amerikanern erlaubt, unrechtmäßige Eindringlinge auf ihrem Grundstück zu erschießen. Er selbst, sagt Jaeger, glaubte immer an Nächstenliebe und daran, Schwächeren zu helfen.

Er war 15 Jahre alt, da kaufte er Essensmarken für mexikanische Mitschüler auf seiner Highschool, jeden Tag. Er war 20, da heiratete er ein Mädchen namens Andrea und bekam mit ihr eine Tochter, sie gaben ihr den Namen Paula. Er war 26, da starb sein Vater und hinterließ die Schreinerei. Er übernahm sie und stellte drei junge Männer ein, sie stammten aus einem Dorf nahe Medellín, Kolumbien, und waren vor dem Drogenkrieg geflohen. Es war die Zeit nach dem 11. September, die Männer sprachen kaum Englisch, er habe fast nichts über sie gewusst, sagt Jaeger, aber er fand, sie verdienten eine Chance.

Sie schienen ihn nicht zu enttäuschen, sie machten ihre Arbeit gut. Seine Frau und er luden sie jede Woche zum Essen zu sich nach Hause ein. Dann, eines Tages, kam der Crash. Amerikas Banken kollabierten, und ein Hauskredit, den Jaeger aufgenommen hatte, platzte. Er verlor von einem Tag zum nächsten alles: das Haus, den Betrieb, vielleicht, sagt Jaeger, sogar seine Familie.

Es war vor neun Jahren, erzählt er, als er sich der US-Armee verpflichtete, um die Schulden wenigstens zur Hälfte abzuzahlen. Er flog gemeinsam mit anderen Schuldnern nach Afghanistan, um Amerika vor Terroristen zu beschützen. Er saß seine Zeit ab auf dem Stützpunkt der US-Streitkräfte in Bagram, während zu Hause in Fresno alles zerbrach. Er flog jedes Jahr zweimal zurück, um sich mit seiner Frau wegen Geld zu streiten. Er träumte von McDonald's und den Taliban, die sich nie zeigten, während seine Tochter Paula, die noch keine 13 war, süchtig nach Drogen wurde.

Am Anfang rauchte sie nur Marihuana. Dann Crack. Dann Crystal Meth. Seine Tochter sei heute 20 Jahre alt und abhängig von Heroin, sagt Jaeger. Aus seiner Brusttasche zieht er nun ein kleines Foto. Darauf ist eine Frau mit zerfurchter Haut und aufgerissenen Augen, wie eine Grimasse. Seine Tochter sei erst halb so alt wie er, sagt Jaeger, «manchmal sieht sie aus wie meine Mutter». Er besuche sie einmal im Monat in einer Klinik. Seine Frau habe sich scheiden lassen, er sei nur wegen seiner Tochter aus Afghanistan zurückgekehrt. Und als er sie gefragt habe, wer ihr die Drogen verkauft, von wem sie als Teenager den ganzen Stoff bekommen habe, da habe sie ihm verraten: von den drei Männern, denen er Arbeit und eine Chance gegeben hatte, die immer zu ihnen zum Essen gekommen waren, den jungen Männern aus Kolumbien.

Jaeger sagt, er habe jetzt einiges begriffen. Er hat nicht auf Fox News, sondern auf CNN gehört, dass allein dieses Jahr 400 000 Immigranten illegal über die Grenze gekommen seien; dass mit ihnen jedes Jahr Drogen im Wert von über 60 Milliarden Dollar ins Land gelangten und dass im vergangenen Jahr mehr als 70 000 Menschen in den USA an Überdosis gestorben seien, so viele wie nie.

Er habe nun verstanden, dass man nicht alle Menschen, bloß

weil sie arm sind, in sein Haus lassen dürfe. Er sei heute selbst arm, und ihm helfe keiner. Er habe Nailer, Pain, Ghost, Luger und Spartan zufällig auf Waffenausstellungen oder im Internet, in Facebook-Gruppen der Republikaner kennengelernt. Sie alle spürten die gleiche Wut, und Männer wie sie, die bereit seien zu kämpfen, seien jetzt überall entlang der Grenze. Sie wollten ihr Land nicht länger zwischen Ziegenhirten am Hindukusch verteidigen, sondern an den eigenen Mauern. Sie glaubten an Donald Trump, und sie wollten, dass Amerika nicht länger von Fremden vergiftet werde, deshalb hielten sie hier die Stellung. Deswegen, sagt Jaeger, «werden jetzt alle Einbrecher dran glauben».

Im Flüchtlingslager in Puebla, die Kinder schlafen, öffnet Vicky, Aleydas Schwester, den Reißverschluss des blauen Zeltes.

«Ich habe mit San Antonio telefoniert. Es geht los», sagt sie. Die Tante habe sich gemeldet. Sie bezahlt den Kojoten und hat endlich Anweisungen gegeben, wie es weitergehen soll. Aleyda ist sofort hellwach. «Wohin?», fragt sie.

«Matamoros», antwortet Vicky.

Aleyda weiß alles über Matamoros. Der Name klingt für sie wie ein Versprechen, ein Ort direkt an der Grenze, um den sich Legenden ranken. Ihre Freundinnen in Honduras hatten davon erzählt, in der Karawane hört sie ständig davon. Brownsville, Texas, liegt direkt auf der anderen Seite. Die meisten Einwanderer versuchen, die Grenze dort zu überqueren. Der Rio Grande, so hat Aleyda gehört, sei dort flach, am anderen Ufer erhebe sich eine Böschung. Zwar wimmle es von Grenzbeamten, aber wenn man als Gruppe von 10, 20 übersetze, gebe es eine Chance.

Die Tante hat mit den Schleppern abgemacht, dass sie immer nur Teilbeträge anweist. Die Gesamtzahlung, 30000 Dollar für fünf Köpfe, ist erst fällig, wenn Aleyda und Vicky eine Nachricht mit Beweisfoto schicken, dass sie am Ziel angekommen sind.

Am nächsten Morgen brechen Aleyda und Vicky nach Mexiko-Stadt auf. Die drei Kinder sitzen im Kinderwagen, auf

ihren Schultern haben sie ihren kleinen Rucksack. Das blaue
Zelt, das Aleyda über 1600 Kilometer durch Honduras, Guatemala und Mexiko getragen hat, lassen sie in Puebla zurück,
genau wie die Karawane. Der Weg, den sie in den nächsten zehn
Tagen nehmen werden, ist jetzt klar. Drei Städte liegen noch vor
ihnen. Sie werden auf Lkw oder in kleinen Bussen zuerst nach
Monterrey fahren, einer Großstadt im Nordosten. Dann weiter durch den Bundesstaat Nuevo León, in dem das Kartell Los
Zetas das Sagen hat, und über die Schnellstraße 40, auf der an
manchen Tagen geköpfte Leichen liegen, nach Reynosa. Dann,
vielleicht am achten oder am neunten Tag, werden sie Matamoros erreichen.

Es ist der Abend des 13. November, zehn Tage nachdem sie
Puebla, die Karawane und ihr Zelt verlassen haben, schickt
Aleyda eine SMS. Sie schreibt nur ein Wort: «Estoy», ich bin da.

Es ist eine kalte Nacht in Arizona, die ersten Karawanen in
Mexiko lösen sich langsam auf, der Wahlkampf in Amerika ist
bereits zu Ende, und Chris Jaeger liegt auf dem Berg über der
Wüste und zielt mit seinem Scharfschützengewehr auf etwas, das
sich schleichend in der Dunkelheit bewegt. Er kann durch sein
Zielfernrohr nicht erkennen, was es ist, vielleicht nur ein Hirsch
oder ein Puma, vielleicht wieder eine Gestalt mit Rucksack.

Die Männer spähen mit Nachtsichtgeräten ins Tal. Jaeger hat
sie alle aufgeweckt und alarmiert, er will, dass ihnen nicht noch
ein Einbrecher entwischt.

Es ist die Nacht nach den Kongresswahlen in Amerika, und
er hat tagsüber im Radio gehört, dass die 5200 Soldaten, die
Trump vor den Wahlen an die Grenze beordert hat, gar keine
Waffen einsetzen, auf niemanden schießen dürften, wenn die
Karawanen kämen. Er hat auch gehört, dass die Nationalgarde
hinter der Grenze in Wahrheit keine Mauern oder Gefängnisse
für Schwerverbrecher baue, sondern Zeltlager für die Erschöpf-
ten.

Jaeger muss jetzt an Trumps Worte denken. «Fangen und zurückschlagen», sagt er und legt in Ruhe sein Gewehr an. Er weiß nicht, was da unten im Tal ist, ein Tier oder ein Mensch.

Vielleicht glaubt er, er müsse das, was Trumps Soldaten nicht tun dürfen, nun selbst tun. Vielleicht will er nicht wahrhaben, dass Trumps Worte die ganze Zeit nur Wahlkampf waren, nur eine Show.

Jaeger blinzelt in die Dunkelheit, das Gewehr liegt auf seiner Schulter. Er hat kein Ziel. Er kann nichts sehen. Und irgendwann drückt er ab.

«Gut schreiben heißt die Wahrheit schreiben.»

Ernest Hemingway

4. Kapitel

# Showtime

*Die Grenze zwischen Wahrheit und Lüge*

Claas Relotius macht mich fertig, dachte ich.

Hi Juan,
ich hoffe, du bist gut gelandet. Ich bin noch in Arizona,
habe aber schon mal etwas von dem, was ich im Block
habe, aufgeschrieben. Im Anhang sende ich dir ein erstes Manuskript, damit du dir ein Bild machen kannst, wie
die Geschichte in etwa aussehen könnte, was wo in etwa
stehen sollte und wo die Nahtstellen liegen. Ich stelle mir
diesen Bauplan vor, Gringos – Karawane – Gringos – Karawane – Gringos – Karawane – also insgesamt drei Schwenks
nach Mexiko. Schau doch mal drüber, ich denke das würde
gut aufgehen.
Grüße
Claas

Die E-Mail erreichte mich einen halben Tag nach meiner Ankunft
in Berlin. Ich hatte nicht mal ausgepackt und er hatte den Text
schon fast fertig? Dabei war er noch vor Ort! Eine Woche vor dem
vereinbarten Abgabetermin? Welcher Reporter gibt eine Woche
vor der Frist ab? Wer gibt in irgendeinem Beruf eine Woche vor
der Frist ab? Relotius war also nicht nur brillant, beliebt und
erfolgreich, er war auch noch unfassbar schnell. Ich klickte auf
die angehängte Datei. Der Text erschien. Anders als ich, der das
nie macht, hatte sich Relotius auch eine Überschrift überlegt:
«Showtime».
Es war ungewöhnlich, dass zwei Reporter, die gemeinsam an

einem Text schreiben, nicht telefonieren, um wenigstens den groben Ablauf abzusprechen. Er konnte nicht wissen, was ich recherchiert hatte. Die Namen der Protagonistin hatte er vermutlich von der Redaktion gehört, Details kannte er nicht. Die Formulierung «Schau doch mal drüber» war kein Angebot, über die Struktur zu reden. Wir wussten beide, dass die Struktur jetzt stand, denn er hatte sie festgelegt. Relotius «schrieb zusammen». Unser Chef hatte das sehr klar gemacht.

Ich entschied mich, «Showtime» erst mal nicht zu lesen. Es war mein erster freier Tag. Die Karawane hatte mich fast einen Monat beschäftigt, und wenn ich seinen Teil sofort lesen würde, hätte ich sofort damit begonnen, mir meine Textbausteine zu überlegen. Dafür musste ich aber zunächst einen Überblick über mein Material haben. Das allein dauert ein paar Tage. Auch da schien Relotius schneller zu sein als ich.

Am nächsten Morgen setzte ich mich an meinen Schreibtisch, der in unserem Wohnzimmer steht. Ich packte meine Notizen aus und hörte die Interviews ab.

Lange Recherchen sind wie Beutezüge. Während man unterwegs ist, versucht man alles zu kriegen. Man schafft alles ran, das im Entferntesten interessant sein könnte. Mehr noch, man führt Interviews, von denen man ahnt, dass sie nicht im Text vorkommen werden. Doch man weiß nie, wohin sie einen führen. Meist ins Nirgendwo, doch ganz sicher weiß man das erst danach. Auf Recherche hat man immer Angst, etwas zu verpassen, etwas zu übersehen. Selbst wenn man mit den Jahren gelassener wird und darauf vertraut, fehlende Szenen mit vermeintlich klugen Gedanken kompensieren zu können. Das Gefühl, es sei nicht genug, geht nie weg.

Zu Hause, am Schreibtisch, ist es genau umgekehrt. Schreiben ist Weglassen, hat mir irgendjemand mal gesagt. Man geht sein Material durch, die Interviewbänder, die ausgerissenen Artikel, und schmeißt weg. Manchmal kostet es Überwindung, weil einiges davon wirklich mühsam zu beschaffen war. Es gibt immer verschiedene Geschichten, die man erzählen kann, verschiedene Perspektiven, verschiedene Szenen, für die man sich entscheidet. Aus dem Jäger und Sammler der Recherche wird am Schreibtisch ein Diamantsammler, der nur die schönsten Steine sucht. Manchmal weiß man bei der Recherche gar nicht, was sich Wochen später als Diamant und was als wertloses Glas herausstellen wird.

Hat man die Teile, muss man sich die Form überlegen. Szene, Protagonisten, Dramaturgie. Es ist auch der Moment, in dem man sich regelmäßig für einen kompletten Idioten hält, weil man bei der Recherche die Fragen nicht gestellt hat, die man jetzt wunderbar gebrauchen könnte, um den Erzählfluss zu verbessern. Relotius hatte dieses Problem natürlich nicht. Er konnte Diamanten nach Bedarf herstellen.

Weder Scott noch ich ahnten damals, dass Relotius die Hamburger Kollegen nicht nur mit einer Geschichte versorgt hatte, sondern mit zwei: mit einer Reportage fürs Heft und einem «Making-of» für den Tratsch im Büro.

Relotius' Texte waren spektakulär, voller unglaublicher Schicksale und Protagonisten, aber seine «Making-ofs» waren nicht viel schlechter. Im Kern war es immer die gleiche Geschichte, die Variation des immer gleichen Sujets: Wie er mit Ausdauer, Hartnäckigkeit und Klugheit unglaubliches Reporterglück gehabt hatte. Mal erzählte Relotius, dass er über zehn Tage vor dem Haus einer deutschen FBI-Agentin gewartet hatte, die einen IS-Mann ehelichte. Relotius' Ausdauer hatte ihn schließlich als einzigen Journalisten weltweit in die Wohnung der Agentin gebracht. Anderthalb Jahre und mehrere Recherchereisen brauchte er, um den Jungen zu finden, der ganz allein den Syrienkrieg ausgelöst hatte. Die Amerikanerin in «Die letzte Zeugin», die freiwillig Exekutionen von Todeskandidaten besucht, fand er angeblich nach einer langen Reihe von nervenaufreibenden Sackgassen-Recherchen zufällig vor einem Gefängniseingang in Huntsville, Texas.

Aus Sicht der Redaktion nahm Relotius dem Reporterglück die Unzuverlässigkeit. Das erklärt, warum Özlem Gezer nicht in den Sinn kam, dass er daran scheitern könnte, Migrantenjäger an der Grenze zu finden. Relotius verwies zwar immer auf Glück, machte aber durch die vielen E-Mails, vor allem aber durch die Gespräche beim Mittagessen oder in Konferenzen klar, dass es eben doch mit harter Arbeit, mit Einsatz, mit Geduld möglich war, Unglaubliches aufzuspüren. Immer und immer wieder. Glück schien ein Gegner, den man bezwingen konnte, es gab ein Ursache-Wirkungs-Muster.

Als ihn zum Beispiel ein neuer Kollege nach seiner Rückkehr aus Arizona fragte, ob er zu einer Einweihungsparty kommen wolle, sagte er ab. «Ich habe mich während der Recherche bei der Bürgerwehr erkältet. Nachts ist es verdammt kalt in der Wüste», erklärte Relotius. Die Nächte, in denen er an der mexikanisch-amerikanischen Grenze gewesen war.

Da Kollegen nach spektakulären Recherchen häufig fragen, was man erlebt habe, und damit immer meinen, dass man Dinge erzählen soll, die nicht im Text stehen, erfand Relotius auch da Geschichten. Nach «Jaegers Grenze» erzählte er von einem «Kaktus, der Stacheln verschießt». Der Fotograf, mit dem er in Arizona gewesen sei, habe sich dem Kaktus genähert. Da habe dieser seine Stacheln verschossen und den Fotografen so sehr verletzt, dass der nicht weiterarbeiten konnte und Relotius einen Parkranger rufen musste. Sie hätten dann mit einer speziellen Zange dem armen Mann die Stacheln aus der Haut gezogen.

Super Geschichte. Leider erfunden. Es gibt in der Sonora-Wüste, in der Tim Foleys «Arizona Border Recon» unterwegs ist, eine Kaktusart, die «Jumping Cholla» genannt wird. Von ihr heißt es, dass sie Dornen «schießen» könne. Es ist eine Legende. In Wahrheit brechen durch die zarteste Berührung Teile der Pflanze ab. Streift man also den Kaktus nur leicht, ist man in Sekunden von Dornen übersät, die wirklich kaum zu lösen sind. Aber es ist ein durch und durch pazifistischer Kaktus. Er schießt nicht, man muss ihn berühren. Relotius war ohne Fotograf in Arizona. Der Park Ranger musste niemanden retten. Es brauchte auch keine besondere Zange. Gute Lügner erkennt man daran, dass sie mit sehr wenigen Lügen auskommen. Aber selbst ein so guter wie Relotius musste ab und zu nachlegen. Man kann unmöglich zwei Wochen in einer Wüste mit bewaffneten Hillbillys rumrennen und in der Redaktion nichts zu erzählen haben.

Nachdem ich mein Material durchgegangen war und ein ziemlich genaues Bild meiner Protagonistin hatte, druckte ich Relotius' Manuskript aus. Noch bevor ich den Text gelesen hatte, fiel mir eine kursiv gesetzte Anweisung auf. Eine Art Regieanweisung:

Aleyda und Alice sind jetzt in Veracruz oder in Puebla oder schon in Mexico City. Sie haben sich von der Karawane gelöst und ihr Schicksal komplett ihrem Schlepper übergeben. Wahrscheinlich versuchen sie es in Brownsville, Texas, vielleicht aber auch ganz woanders, wo immer es sie hintreibt. Irgendwo da, mit dieser Ungewissheit, mit Angst oder mit Zuversicht, lässt du sie ziehen.

Claas Relotius hatte zu dem Zeitpunkt nicht den leisesten Schimmer, was ich erlebt hatte. Er kannte die Namen und ein paar Details, die ich in einer E-Mail an meine Chefs erwähnt hatte. Ich hatte ihnen geschrieben, dass meine Protagonisten vermutlich in Texas den Grenzübertritt versuchen würden. Relotius wollte aber, dass ich beschreibe, wie Aleyda und Alice «ihr Schicksal komplett ihrem Schlepper übergeben». Ja, was denn für ein Schlepper, dachte ich. Ich hatte mir zwar von Aleyda erklären lassen, wie der weitere Verlauf ihrer Reise bis zur Grenze sein würde, welche Stationen geplant waren, wo sie übersetzen wollte, aber ich kannte ihren Kojoten nicht und war natürlich auch nicht dabei, als sie ihn traf. Schmuggler leben gefährlich in Mexiko und den USA, natürlich reden sie nicht mit Journalisten. Die wenigsten Kriminellen tun das. Wovon spricht dieser Relotius, fragte ich mich und nahm mir sein Manuskript vor. Ich las von Chris Jaeger, seinem Großvater Hans aus Bayern, der rührseligen Erweckungsgeschichte, die ihn, den guten Chris, zum Latino-Jaeger gemacht hatte, weil er drei Kolumbianern Arbeit gegeben und ihnen vertraut hatte und die zum Dank dafür seine Tochter drogenabhängig gemacht hatten.

Ich legte das Stück weg und dachte: Diese Jungs liegen jetzt auf dem Wüstenboden Arizonas und kringeln sich vor Lachen. Seit Tagen. Sie sitzen am Lagerfeuer mit ihrem selbstgebrauten Bier, schauen sich schweigend an, und einer fragt: «Wie viele Millionen Leser hat das deutsche Magazin?» Und die anderen brechen zusammen.

Für mich hatten diese Typen mit den phantastischen Namen Jaeger, Luger, Pain, Spartan und Ghost drei Tage lang den ebenso phantastischen Märchenonkel gespielt, und der junge Kollege Claas Relotius war ihnen auf den Leim gegangen. Je mehr Quatsch er in seinen Block notierte, desto mehr Quatsch dachten sie sich aus. Anders konnte ich mir das nicht erklären.

Ich wusste gar nicht, wo ich anfangen sollte mit meiner Kritik. Mich störte so ziemlich alles an dieser Geschichte. Warum sollten die Typen reihenweise Straftaten einräumen? Konnte man wirklich glauben, dass sie berufstätig waren? Wieso hatten sie dann Zeit, an der Grenze abzuhängen, wo jeder doch weiß, wie wenig Urlaubstage Arbeitnehmer in den USA haben? Und sie schickten Leute wirklich einfach so in die Wüste zurück? Ich war mehrmals im Sommer im Süden der USA, das kann tödlich enden. Doch am meisten nervte mich die fehlende Einordnung dieser Angeber und ihrer zweifelhaften Geschichten.

Ich erwiderte erst mal nichts auf die E-Mail, behielt auch meine Vorbehalte vorläufig für mich. Wir hatten ja gerade angefangen. So ein Text entwickelt sich. Wir hatten noch genug Zeit, meine Einwände einzuarbeiten. Erst mal sollte Relotius meine Passagen bekommen. Dann hatten wir einen fertigen Text, eine Basis, über die man reden, im Zweifel auch streiten konnte.

Als ich schließlich zwei Nachtschichten später meinen Teil fertig und abgeschickt hatte, antwortete Relotius umgehend. Er mochte meinen Text nicht. Wenigstens sind wir uns da einig, dachte ich. Beide fanden wir die Reportage des jeweils anderen furchtbar.

> Lieber Juan,
> bitte geh da noch mal ordentlich ran, ich kann das nicht selbst machen. Die ganze Erzählung näher und vor allem als Erzählung, die Personenbeschreibungen nüchterner, die Verortung genauer, die Szenen eindrücklicher. Das Innenleben der Karawane wird gar nicht greifbar. Zu viele Report-Sätze, bitte all das konkreter (...) Im Anhang diverse Anmerkungen im Text.
> Grüße
> Claas

Ich las die Anmerkungen. Es waren viele, teilweise recht schroff im Ton. Relotius tat sich schwer mit meiner ganzen Anlage, der mangelnden Nähe meiner Beschreibungen, dem Abstand, den ich zu meiner Protagonistin hielt. Zu viele Report-Sätze, schrieb er, also Sätze, die Sachverhalte erklären, einordnen, natürlich leidet die Erzählung darunter. Er hätte gern alles glatter gehabt, zielstrebiger, dramatischer, einen Sog entwickelnd, weniger Überbau, Gedanken, Interpretation, dafür mehr Beschreibung. Das war alles verständlich, aber das gab meine Recherche nicht her. Er wollte, dass ich möglichst nah an meinen Charakteren bin. Der nächste Schritt, die maximale Dichte gewissermaßen, entsteht, wenn man schreibt, was Protagonisten denken oder fühlen, wenn das Innerste sichtbar wird. Man ist dann nicht mehr Reporter, man ist allwissender Erzähler, Deutungsbevollmächtigter. Genau an dem Punkt aber bin ich empfindlich, denn hier liegt meines Erachtens die Grenze zwischen Journalismus und Literatur. Es ist in Wahrheit ganz einfach. Hätte ich Aleyda gefragt, was sie in einem bestimmten Moment denkt, hätte ich es schreiben können. Ich tue das in Interviews, oft sogar. Aber erfahrungsgemäß verpasse ich meist die Momente, die ich Tage später, beim Schreiben der Reportage, gebrauchen kann. Im Falle von Aleyda hatte ich zum falschen Moment gefragt. Ich wusste oft nicht, was in ihr in einer bestimmten Szene vorging. Mir fehlten schlichtweg viele Details, die ich nicht notiert oder bemerkt hatte und die die Geschichte jetzt besser gemacht hätten.

Seit Jahren, seit Jahrzehnten tobt ein Geschwisterstreit in dieser Frage: Ist die erzählerische Reportage oder der literarische Journalismus noch Journalismus? Gibt es eine poetische Wahrheit, die wahrer ist als die nichtpoetische Wahrheit? Zur letzten Frage: Nein, gibt es nicht. Reporter schreiben die Wahrheit. Punkt. Zitate werden nicht erfunden, Interviewpartner nicht in einer Person zusammengefasst, wenn dreihundert Leute auf einer Demo waren, sind es im Text nicht dreitausend, weil das doch viel dramatischer klingt. Es ist wie bei kleinen Kindern. Sie wissen ab einem gewissen Alter ziemlich genau, was richtig und falsch ist. Reporter wissen das auch. Gerade Kollegen, die mit langen, akademischen Begründungen kommen, warum man doch etwas schreiben kann, was so nicht stattgefunden hat. Die passende Debatte und die dazu passenden Schlagworte sind alt. Mit Relotius flammte sie wieder auf. Journalismus fußt für mich auf einer nichtfiktionalen, empirisch überprüfbaren Faktizität. Oder auf «Spiegel»-Deutsch: Sagen, was ist. Literatur hingegen darf, was immer ihr in den Kram passt. Relotius schien den Unterschied nicht ganz verstehen zu wollen. Er kommentierte eine meiner Textstellen:

> «Lass sie einfach ziehen, in einen Bus steigen, bei einem Schlepper ins Auto steigen (...). Wie in einem guten Film, nicht wie in einem schlechten.»

Ich verstand, was er wollte. Erzählerische Agilität, Intensität, Emotionalität und all die anderen schönen Tom-Wolfe-Eigenschaften. Aber Wolfe und andere dieser Reportagegenies waren unfassbar gute Beobachter, akribische Rechercheure und von Gott geküsste Phänomene. Ich war das nicht. In Wahrheit wollte Relotius Action. Er wollte den Schlepper, dem Aleyda sich unter größten Gefahren würde aussetzen müssen. Natürlich wäre ich an diesem Punkt auch gern dabei gewesen, hätte den Schlepper und sie begleitet. Doch wie bereits erwähnt sind die ein wenig pressescheu. Es ist nicht unmöglich, aber das in derart knapper Zeit hinzubekommen, das wäre so, als könnte man, sagen wir, in wenigen Tagen eine ernstzunehmende amerikanische Bürgerwehr infiltrieren. Eins ist jedoch sicher: Hätte ich gesehen, wie meine Heldin in ein Auto gestiegen wäre, um mit einem Menschenschmuggler Richtung Grenze zu fahren, ich hätte dies in meinem Teil mit Sicherheit nicht vergessen zu erwähnen. Was sollte also diese Regieanweisung?

Ich las den von Relotius verfassten Teil der Reportage drei Mal, glich mehrmals anhand von E-Mails und SMS den zeitlichen Verlauf der Recherche ab. Relotius hatte zwei, höchstens drei Tage für den Zugang gehabt. Je häufiger ich die Zitate der Männer las, desto unglaublicher kam es mir vor, dass sie einem Journalisten solche Monstrositäten erzählten. Ich dachte an den «Cicero»-Text, an mein schlechtes Gefühl, und wusste, dass ich jetzt zwei Möglichkeiten hatte. Eine schlechte und eine ganz schlechte.

Entweder schrieb ich Relotius eine E-Mail, sagte ihm offen, was mich störte und was ich für unglaubwürdig hielt. Matthias Geyer musste ich sie dann in Kopie schicken, da er bestimmt hatte, dass Relotius «zusammenschreibt». Geyer musste also entscheiden, wem er glaubte, welche Argumente ihn mehr überzeugten. Das war die schlechte Variante. Die noch schlechtere Variante war, den Text nach Relotius' Wünschen anzupassen, meinen Mund zu halten und die nächsten Wochen damit zu verbringen, mein journalistisches Ethos zu suchen. Ebenso wie mein Rückgrat.

Ich entschied mich nach einer weiteren Nachtschicht für folgende lange E-Mail. Ich schrieb sie am 13. November 2018, vier Tage vor Veröffentlichung des Textes.

Lieber Claas,
vielen Dank für deine Anmerkungen.
Zum Einen, bevor ich es vergesse: Aufrichtige Gratulation. Scott Dalton, der Fotograf aus Houston, mit dem ich in Mexiko unterwegs war, ein erfahrener Mann, der seit über 20 Jahren die mexikanisch-amerikanische Grenze fotografiert und mehrere Ausstellungen zu dem Thema gemacht hat, hat es bis heute nicht geschafft, eine Bürgerwehr im Einsatz zu begleiten. Hut ab, dass du das in drei Tagen hinbekommen hast!
Zum Anderen: Da du deftig im Ton warst und sehr direkt, werde ich das auch sein, wenn das okay ist. (...)
Dein Part kommt, wenn ich das richtig sehe, komplett ohne eigene Einschätzung, ohne Gedanken, vor allem aber ohne kritische Einordnung aus. Zahlen, die der Protagonist nennt (und die objektiv falsch sind), übernimmst du, Ungereimtheiten in der Geschichte des Protagonisten werden nicht angezweifelt (schwer vorstellbar, dass jemand 2004 aus Medellín aufgrund der Drogengewalt flieht. Das Medellín-Kartell wurde Mitte der 90er zerschlagen. 2004 hatte die Stadt die niedrigste Mordrate seit Jahrzehnten). Dass die Frauenklamotten in der Wüste auf Vergewaltigungen hindeuten, ist Quatsch. Vergewaltigungen kommen immer wieder vor, vor allem in Mexiko, BEVOR der Kojote die Flüchtlinge über die Grenze bringt (häufiger sind allerdings Entführungen mit Lösegeldforderungen). Wenn sie im Grenzgebiet der USA sind, werden die einen Teufel tun und Zeit mit einer Ver-

gewaltigung vertrödeln, die im Zweifel von einer Drohne oder einer Wärmebildkamera der Border Patrol aufgezeichnet wird. Wenn eine Vergewaltigung auf US-Boden, dann meist in einem der Häuser, die die Schlepper haben. Nicht während sie vor der Grenzpolizei wegrennen in der Wüste.

Ich verstehe auch nicht, warum die Jungs sich ausgerechnet Tucson aussuchen, sie kommen ja offensichtlich nicht aus der Gegend. Vor zehn Jahren war die Gegend (Startpunkt war damals Nogales bzw. Sonora in Mexiko) ein heißer Ort für die Flüchtlingskarawane, aber mittlerweile meiden die meisten Flüchtlinge diese Route. Es gibt zwar immer wieder ein paar, die es da versuchen, aber schon seit Ende 2010 ist das kein wirklich heißer Spot mehr. Nicht zuletzt, weil die Border Patrol dort massiv aufgestockt wurde und in der Gegend gerade an einer Pipeline gebaut wird.

Dein Held erwähnt irgendwo, dass letztes Jahr 400 000 Illegale an der Grenze aufgeschnappt wurden. Hat CNN erzählt. Die offizielle Zahl laut Customs und Border Protection war zwar rund 303 000, aber das stört mich gar nicht. Auch nicht, dass der Typ von «tausenden Kojoten» pro Nacht alleine in diesem Tal schwadroniert, was völlig absurd ist. Ich verstehe zwar ja, dass Jaeger es nicht erwähnt, aber warum sagst du nicht in diesem Zusammenhang, dass dieser Wert (an der Grenze gestoppte Illegale) der niedrigste seit 15 Jahren ist? Die Zahl ist seit den Spitzenwerten Anfang des Jahrtausends um über 80 Prozent zurückgegangen. Sie steigt zwar in den letzten Monaten etwas, ist aber immer noch sehr, sehr niedrig im Vergleich zu früher. Die Typen sind 15 Jahre zu spät auf Streife. Und sie lügen. In Brownsville, Texas, werden rund die Hälfte aller Illegalen aufgegriffen (letztes Jahr knapp 150 000). Da wimmelt es von Grenzpolizei, der Boden ist mit Sensoren bestückt, überall sind

Drohnen und Kameras. Fünf Hillbillies können da unmöglich mehrere Tage irgendwelche Frauen mit Kokain vor der Grenzpolizei verstecken. Ich habe gerade mit Scott telefoniert. Er war mehrmals mit der Border Patrol unterwegs, er kennt Kojoten und Grenzbeamte. Mehrere Typen mit kiloweise Koks, mehrere Tage in der Wüste– no fucking way. Er wird's dir bestätigen.

Was mir dein Text vor allem sagt, ist, dass die Jungs auf ihrem Berg nicht den leisesten Schimmer haben, wie illegale Einwanderung läuft. Sie verstehen das Geschäft nicht, warten am falschen Ort und deuten Spuren, die keine sind. Ganz nebenbei, aber das ist nicht ihr Problem, glauben sie, dass fliehende Latinos sich vor fünf Flitzpiepen in Tarnhose fürchten. In Honduras werden Familien erschossen, weil Papa an der Ampel den falschen Typen zu lange angeschaut hat.

Ich hoffe, wir können uns darauf einigen, dass diese Typen Arschlöcher sind (Leute ohne Wasser in die Wüste zu schicken, ist versuchter Mord, sogar wenn es Latinos sind), und ich erkenne den Ansatz, dass der Leser darauf alleine kommen soll – aber das heißt nicht, dass wir deren objektiv falschen Scheiß einfach unkommentiert und ungecheckt übernehmen.

Genau das ist der Grund, warum ich mich NICHT an deine ausgesprochen präzisen Textwünsche halten werde. Sondern meinen – gedankenlastigeren – Part dazu nutzen werde, um einigen Mist zurechtzurücken, den deine Typen da von sich lassen.

Du kannst keine Regieanweisungen mit Zeilenangabe vorgeben für meine Szenen. Du weißt nicht, was ich gesehen habe, du kannst es dir vorstellen, aber wenn Texte so laufen, wie man sie sich vorstellt, sind sie Fiktion oder haben ein Problem. Ich kann auch leider nicht mit einem sensationellen, monokausalen Erweckungserlebnis in Form einer

Junkie-Tochter dienen wie dein Protagonist. Hammer, echt! Meine Protagonistin will in die USA, weil sie da nach einer besseren Zukunft sucht. Ihr Mann ist außerdem ein Schläger (sagt sie, und früher – unter Obama, nicht unter Sessions – war das zufälligerweise auch ein valider Asylgrund, um in den USA bleiben zu können. Auch das muss ich in meinem Part erwähnen). Ich kann und werde ihre Geschichte etwas dramatischer schreiben, aber die Wahrheit ist, ich war vier Tage mehr oder weniger rund um die Uhr bei ihr und bin mir noch immer nicht sicher, dass sie mir die Wahrheit gesagt hat. Sie ist definitiv kein Mäuschen und ich werde sie nicht zu einem machen, weil das dramaturgisch besser passt. Darum tue ich mich sehr schwer mit diesem Wunsch nach einfachen, klaren Erklärungen. Es ist nie klar und einfach.

Also: sei nicht sauer, wenn ich's ein bisschen anders mache, als das deine Regieanweisungen vorsehen. Also komplett anders, um genau zu sein.

Wir schauen einfach, was Matthias sagt.

Nochmals danke für deine sehr offenen Worte,

 Grüße

 Juan


Ich hängte meinen geänderten Text an, der jetzt weniger Beschreibungen enthielt und mehr Einordnungen, mehr nachprüfbare Fakten. Matthias Geyer setzte ich in «cc». Mir gefiel es nicht, einen festangestellten «Spiegel»-Reporter so anzugehen. Er war in der Redaktion, ich nicht. Jeden Tag ging Relotius mit den Kollegen zum Mittagessen, saß in Konferenzen, war beim kleinen Umtrunk, der sich bei Geburtstagen und Jubiläen ergibt, kannte den Tratsch, die Stimmung, die Gerüchte. Ich dagegen war 2018 in keiner einzigen Ressortkonferenz gewesen. Zwölf Jahre arbeitete ich nun für den «Spiegel» und hatte noch nie die große Redaktionskonferenz am Montag besucht.

Ich und mein Rückgrat schliefen nicht sehr gut in dieser Nacht. Relotius antwortete tags darauf, am 14. November, einen Tag vor Redaktionsschluss. Im Journalismus eine Ewigkeit.

Lieber Juan,
ich habe jetzt gestern und die halbe Nacht damit verbracht, aus deinen Teilen, die nun jeweils exakt doppelt so lang waren wie bestellt, irgendetwas zu bauen, szenischer, erzählerischer. Da sind jetzt ganz viele Fragezeichen im Text, weil ich ihn selbst anreichern musste, aber natürlich nicht selbst dabei war. Bitte schau dir das alles noch mal sehr genau an, ergänze, korrigiere, schleife. Weil ich so viel kürzen musste, könnte dazwischen auch irgendein wichtiges Detail verloren gegangen sein. (...). Regieanweisungen stehen, natürlich präzise, an den jeweiligen Stellen.

Grüße
Claas

Ich hatte ihm geschrieben, dass sein Text meines Erachtens vor Fehlern nur so strotzte, so ziemlich die schlimmste Anfeindung, die man gegenüber einem Kollegen formulieren kann. Und er erwiderte, dass ich seine «Anreicherungen» – in der journalistischen Textarbeit ein eher schwieriges Wort – überprüfen solle? Ich verstand überhaupt nichts mehr. Warum donnerte er mir nicht einfach ein paar seiner Fakten um die Ohren? Vermutlich, weil er laut Geyer der Chef war. Er musste sich nicht erklären. Der letzte Satz machte das noch mal klar, falls ich das vergessen hatte: «Regieanweisungen stehen, natürlich präzise, an den jeweiligen Stellen.» In meinem ganzen Leben, in keiner Textbearbeitung, hatte irgendjemand beim «Spiegel» oder irgendwo sonst das Wort «Regieanweisungen» benutzt. Ich könnte es nicht beschwören, aber alleine im Gesellschaftsressort des «Spiegel» würde ich mindestens auf fünf, sechs Reporter und Reporterinnen tippen, die mir in den Hintern treten würden, wenn ich ihnen mit «Regieanweisungen» in einer Reportage käme. Was ich zu dem Zeitpunkt nicht ahnte, war, dass Relotius dem Manuskript noch eine Szene angefügt hatte. Die Schlussszene, die mit dem Schuss.

«Fuck you», schrie ich im Wohnzimmer, so laut, dass meine Frau ins Zimmer gerannt kam und fragte, was los sei. «Schau dir das an», sagte ich und drehte meinen Laptop zu ihr hin.

Meine Frau las laut vor: «... Chris Jaeger liegt auf dem Berg über der Wüste und zielt mit seinem Scharfschützengewehr auf etwas, das sich schleichend in der Dunkelheit bewegt. Er kann durch sein Zielfernrohr nicht erkennen, was es ist, vielleicht nur ein Hirsch oder ein Puma, vielleicht wieder eine Gestalt mit Rucksack. (...) Vielleicht glaubt er, er müsse das, was Trumps Soldaten nicht tun dürfen, nun selbst tun. Vielleicht will er nicht wahrhaben, dass Trumps Worte die ganze Zeit nur Wahlkampf waren, nur eine Show. Jaeger blinzelt in die Dunkelheit, das Gewehr liegt auf seiner Schulter. Er hat kein Ziel. Er kann nichts sehen. Und irgendwann drückt er ab.»

«Der war dabei, als die geschossen haben? Und er guckt einfach so zu und tut nichts?», fragte meine Frau ungläubig.

«Sieht so aus, er hat gesehen, wie die auf Leute schießen.»

Auch ich konnte es nicht fassen. Auch nicht, dass Relotius es in seiner ersten Textversion nicht erwähnt hatte.

«Und die lassen ihn dabei zuschauen, als Journalist?», fragte meine Frau nochmals.

Was antwortet man darauf? Variante eins: Keine Ahnung, wer weiß schon, was in so einem Typen von der Bürgerwehr vorgeht, einem Fanatiker, Ex-Soldaten, womöglich mit posttraumatischer Belastungsstörung. Vielleicht war der Typ auch nur erschreckend dämlich. Relotius war Reporter, natürlich würde er darüber schreiben. Warum sollten die Männer das erlauben? Männer, die sich verständlicherweise presseskeptisch gaben, sodass sie den Besuch des Fotografen abgelehnt hatten? Und dann ballern sie in Relotius' Anwesenheit herum? Auf nicht identifizierte Ziele? Polizisten, Soldaten und andere berufsbedingt Bewaffnete wissen, wie ungewöhnlich Jaegers Schuss ist. Profis drücken nicht ab, wenn sie nicht genau wissen, worauf sie schießen. Schon gar nicht, wenn sie potenziell auf Menschen schießen könnten. Ein Amateur tut das vielleicht. Ein wahnsinniger Killer. Chris Jaeger schien im Text aber weder das eine noch das andere zu sein.

Variante zwei: Es war nicht passiert. Und das konnte nicht sein. Niemand denkt sich eine solche Szene aus. Jaeger beging eine Straftat vor einem Journalisten, der darüber schreiben würde. Das ist etwas komplett anderes, als ein Zitat aufzuhübschen oder eine Szene ein wenig zu raffen und sie ein bisschen dramatischer zu beschreiben. Das ist schlichtweg unmöglich, dachte ich. Dachte auch meine Frau, die es zudem moralisch höchst fragwürdig fand, wenn man so etwas drucken würde. Ein Journalist, der einem potenziellen Mord beiwohnt und nichts unternimmt?

Rein handwerklich störte mich noch etwas: Welcher Reporter, der so eine Szene beobachtet, liefert die erst in einer zweiten Fassung? Wie kann man so was beim ersten Mal vergessen?

Natürlich hatte Relotius in der zweiten Fassung meine überarbeiteten Textpassagen gestrichen, die Erklärungen, die Zweifel, die Fakten. Das Stück war jetzt wieder eine Kurzgeschichte, die fast ohne journalistische Einordnungen auskam. Aleyda war wieder einfach ein Opfer, Jaeger und die anderen Typen hirnlose Karikaturen. Einen Vorteil hatte das Stück natürlich jetzt.

Es las sich besser.

«Das Leben ist gar nicht so, es ist ganz anders.»

Mary Tucholsky

## 5. Kapitel

# «Wir glauben erst mal gar nichts»
### *Über den Umgang mit Fakten*

Die Produktion nahm ihren üblichen Lauf. In dem Fall hieß es, dass der Dokumentar anrief, der die Fakten checkte. Formal gehörte er nicht dem Gesellschaftsressort an, auch wenn er auf demselben Flur saß, bei jeder Weihnachtsfeier und jedem Ressortausflug dabei war. Ressortleiter Matthias Geyer war dennoch nicht sein Chef. Gerade weil die Eigentums- und somit Machtverhältnisse beim «Spiegel» kompliziert sind, unterstehen die Redakteure dem Chefredakteur, die Dokumentare dem Geschäftsführer. Sie gehören nicht zur Redaktion. Auf diese Art können die Faktenchecker als Kontrollinstanz möglichst neutral und nüchtern die Artikel der Schreiber überprüfen.

Das Gesellschaftsressort ist ein besonderes Ressort im «Spiegel». Es wurde 2001 vom damaligen Chefredakteur Stefan Aust eingerichtet, nicht zuletzt als Reaktion auf die schwindende Auflage. Aust ist ein großer Freund der «Augenzeugenschaft». Journalisten sollen gesehen haben, worüber sie berichten. Im «Spiegel»-Statut von 1949 steht: «Die Form, in der der Spiegel seinen Nachrichten-(Neuigkeits-)Gehalt interessant an den Leser heranträgt, ist die Story. Damit ist gemeint, dass der Bericht über ein aktuelles Geschehen in Aktion (Handlung) umgesetzt werden sollte. Der Leser soll dadurch den Eindruck gewinnen, dass er selbst bei dem Geschehen dabei ist.»

Das Hauptunterscheidungsmerkmal zwischen dem Gesellschaftsressort und allen anderen «Spiegel»-Ressorts ist somit stilistisch, nicht thematisch, ein sogenanntes Querschnittsressort. Dieselben Themen werden anders erzählt. Nämlich meist in Form einer Reportage, laut «Spiegel»-Statut nämlich so, dass der Leser «den Eindruck gewinnt, dass er selbst bei dem Geschehen dabei ist». Somit ist im Grundsatz jedes Thema, das als Reportage möglich ist, für das Gesellschaftsressort geeignet. Artikel, die hier stehen, könnten auch an anderer Stelle im Heft erscheinen. «Jaegers Grenze» beispielsweise hätte auch das Auslandsressort drucken können. Einen langen Text über den Fußballer Ronaldinho, in dem ich hauptsächlich beschrieb, wie er mich versetzte, hätte auch der Sportteil veröffentlichen können.

Der Dokumentar, der unsere Geschichte bearbeiten sollte, war also nicht Fachexperte auf einem Gebiet wie andere Kollegen in der Dokumentation. Er war, wie die Reporter, die er überprüfen sollte, Generalist. Es ist viel über diesen Mann geschrieben worden, viele haben ihn kritisiert. Ich kenne ihn seit Jahren und finde ebenfalls, dass er Fehler gemacht hat. Man wird kaum einen gebildeteren Menschen finden.

Zur Wahrheit gehört auch, dass das Werbemotto der «Spiegel»-Dokumentation «Wir glauben erst mal nichts» bei ihm nicht zutraf. Bei anderen Dokumentaren, mit denen ich zu tun hatte, übrigens auch nicht. Natürlich nicht. Die Dokumentation ist keine Ermittlungsbehörde, sie soll Fehler finden, die jeder Journalist unweigerlich und unabsichtlich in jedem Text macht. Faktenfehler. Wenn der Reporter aber dem Dokumentar erzählt, dass ein Mädchen in einem marokkanischen Bazar eine rote Bluse trug, dann muss der das glauben. Er kann es unmöglich überprüfen. Das Verhältnis zwischen Reporter und Dokumentar ist nicht von Misstrauen geprägt. Ganz im Gegenteil. Vertrauen ist die Basis. Journalist und Dokumentar sind ein Team, die daran arbeiten, einen möglichst fehlerfreien Text zu liefern.

Ich tue mich schwer mit der Grundsatzkritik an den Dokumentaren, ich werde später darauf zu sprechen kommen. Hier vielleicht nur so viel: Der «Spiegel» leistet sich eine Dokumentation.

Viele andere Medienhäuser haben sie abgeschafft, weil sie zu teuer wurden. Dafür investierte man in die Rechtsabteilung. Die entwarf dann Verträge, in denen sinngemäß stand, dass Autoren künftig für die Verifizierung der Fakten selbst zuständig seien. Es ist, als würde ein Autohersteller das Qualitätsmanagement abschaffen und stattdessen eine E-Mail an die Ingenieure schicken mit der Bitte, doch künftig Fehler zu unterlassen. Bevor man sich jetzt aber empört fragt, wie das sein kann: Meines Wissens gibt es keine einzige Online-Nachrichtenseite oder Tageszeitung in Deutschland, die systematisch jeden einzelnen veröffentlichten Text von einem Faktenchecker überprüfen lässt. Es scheint aber auch Lesern nicht so wichtig zu sein, dass Texte fehlerfrei sind – wenn sie nur kostenlos sind.

Ich freute mich, die Stimme des Kollegen aus der Dokumentation zu hören. «Ist ja nicht viel, was ich hier überprüfen kann», sagte er. Das war richtig. Durch Relotius' Wunsch, ich solle möglichst viel beschreiben, möglichst dicht an Aleyda bleiben, hatte der Dokumentar kaum Fakten, die er verifizieren konnte. Er ließ sich noch mal erklären, wie Flüchtlinge ihren «Kojoten» bezahlten, und wollte wissen, woher ich die Beträge kannte, die ich im Text erwähnte. Über die Preise der Menschenschmuggler hatte ich mit Aleyda und anderen in der Karawane gesprochen, sie waren kein Geheimnis. Ich erwähnte auch einen «New York Times»-Artikel, in dem ähnliche Beträge wie meine genannt wurden. Der Dokumentar überprüfte das später. Es war kein langes Telefonat. Ich nehme an, auch sein Gespräch mit Relotius zu dessen Teil des Artikels war nicht sehr lang. Im Grunde gab es wenig überprüfbare Fakten.

In den nächsten zwei Stunden passierten zwei entscheidende Dinge, deren Bedeutung man allerdings erst im Nachhinein erkennt. Erst später, wenn, wie Ronan Farrow am 3. Dezember schrieb, «die Story ordentlich verpackt und mit einer Schleife verziert» daherkommt. Mein Chef Matthias Geyer rief mich an, und das Sekretariat schickte mir das fertige Layout, also eine Datei, in der ich sehen konnte, wie die Geschichte im Heft erscheinen würde, einschließlich Fotos.

Geyer war verärgert. Daraus machte er kein Geheimnis. Der Inhalt meiner E-Mail an Relotius hatte ihm nicht gefallen, der Ton noch viel weniger und die anfängliche Weigerung, überhaupt mit Relotius zu arbeiten, am allerwenigsten. Er hatte es nicht vergessen. Geyer ging mit mir einige meiner Textpassagen durch. An einer Stelle schien ihm die zeitliche Abfolge nicht einzuleuchten, da der Treck frühmorgens losging, einige Stunden lief und dann bei Sonnenuntergang ankam. Das machte keinen Sinn. Ich sagte ihm nicht, dass Relotius ganze Absätze rausgekürzt hatte und darum in meiner Zulieferung die Tage in Chiapas jetzt fünf Stunden hatten. «Wir können uns hier keine Fehler erlauben», sagte Geyer, der mich ausgerechnet jetzt, zum ersten Mal in all den Jahren, daran erinnerte, dass ein Reporter sauber recherchieren muss, um in diesem Ressort zu arbeiten. Im Nachhinein durchaus ironisch, dass er es ausgerechnet bei diesem Text tat. In diesem Moment war es aber alles andere als lustig.

Nach ein paar Minuten mit Geyer am Telefon waren sowohl das Gespräch wie auch meine Rehabilitierungshoffnungen am Ende. Bis dahin hatte er mit keinem Wort meine inhaltlichen Einwände gegen Relotius' Text aufgegriffen – er tat es auch jetzt nicht. Er sagte nur: «Und was dein Verhalten gegenüber Claas angeht, darüber sprechen wir morgen.»

Morgen, am Donnerstag, habe er mehr Zeit. Ich wusste, dass damit klar war, dass der Text so erscheinen würde. In den übrigen Redaktionen würde am Donnerstag die übliche Schlussspurt-Aufgeregtheit herrschen. Aber für das Gesellschaftsressort – im sogenannten Vorprodukt – war das Feld bereits am Mittwoch bestellt, der Sturm vorbei. Theoretisch hätte man auch noch am Donnerstag eine Reportage hinauswerfen und ersetzen können, aber theoretisch nur im Sinne von «Bist du jetzt komplett verrückt geworden?».

Kaum war das Gespräch mit meinem höchst verärgerten Chef beendet, bekam ich das Layout. Ich sah zum ersten Mal, wie die Geschichte im Heft stehen sollte. Seite 54 bis Seite 60, im «Spiegel»-Heft 47, 17. 11. 2017. Die Titelgeschichte hieß «Leben ohne Schmerz – Rücken, Schulter, Knie – wie sich Operationen vermeiden lassen». Diese Versehrtentitel verkaufen sich in der Regel ganz ordentlich.

Das Aufmacherbild der Reportage zeigte vier bewaffnete Männer in Tarnkleidung. Das Licht ist schummrig, vermutlich Sonnenauf- oder Sonnenuntergang. Einer der Männer hat zur Tarnung einen Strauch an den Hut geklemmt. Ich glaube, es war Rosmarin, konnte es aber nicht genau erkennen. Er hält ein Gewehr und scheint in ein Mikrophon zu sprechen. Gleich neben ihm, in leichter Unschärfe, steht ein zweiter Mann, ebenfalls schwer bewaffnet, ebenfalls in voller Kampfmontur, Oberlippenbart. Ein dritter lehnt an einem weißen Pick-up-Truck. Im Vordergrund kniet der Vierte, der etwas aus einer Tasche kramt. Überschrift und Unterzeile lauten: «Jaegers Grenze. Die Honduranerin Aleyda marschiert mit ihrer Tochter Alice, 5, im großen Treck durch Mexiko, um in die USA zu fliehen. Der Amerikaner Jaeger wartet mit bewaffneten Bürgern in Arizona, um das zu verhindern. Für beide gibt es kein Zurück. Von Juan Moreno und Claas Relotius.»

Meist ist es ein gutes Gefühl, das Layout zu sehen. Man ist auf der Zielgeraden, fast fertig nach all der Arbeit. Diesmal nicht. Ich scrollte die Datei nach unten, um die anderen Bilder zu sehen. Seite 56 war Aleyda, sie schob den Kinderwagen mit Alice, in eine dunkle Decke gewickelt. Seite 57 war ein bärtiger Mann, ebenfalls in Tarnkleidung, der durch ein Fernglas schaut und darum nicht zu erkennen ist. Unterzeile: «Arbeitsloser Jaeger im Einsatz im Grenzgebiet: ‹Fuck! Fuck! Fuck!›» Das sagt Chris Jaeger im Text, als sich herausstellt, dass das, was er bei der Überprüfung der Überwachungskameras anfangs für einen Hirsch gehalten hatte, ein Flüchtling war. Auf Seite 58 sieht man einen Mann in einem Auto. Man erkennt das Gesicht, sieht, dass er lange Koteletten und Tattoos an den Händen hat. Die Unterzeile: «Bauarbeiter Nailer im Pick-up der Bürgerwehr in Arizona: Fangen und zurückschlagen.» Dann, auf Seite 59, wieder Aleyda, im Lkw, und zuletzt, auf Seite 60, Chris Jaeger, der Held der Geschichte. Ein kräftiger Bartträger, in Tarnausrüstung samt Gewehr, mitten in einem Feld, umgeben von blühenden Sträuchern. Darunter steht: «Veteran Jaeger auf Patrouille im Altar Valley: ‹Jetzt werden alle Einbrecher dran glauben.›»

Ich fahre die Datei wieder hoch. Auf Seite 58, der Mann im Pick-up und mit den Koteletten. Wieso kommt mir der Typ bekannt vor? Er trägt ein grünes T-Shirt, eine Schirmmütze im Militärlook und scheint mit dem Beifahrer zu sprechen. Er sieht verwegen aus, helle Augen, braune Haare, unrasiert. Ich hatte dieses Gesicht schon mal gesehen, aber ich hatte nicht die geringste Ahnung, wo.

Ich blätterte zurück zur Titelseite. Der kniende Mann, der in der Tasche kramte, war derselbe Kerl. Man sah das Gesicht kaum, aber es bestand kein Zweifel, auch das war der Kotelettenträger. Ein ehemaliger Bauarbeiter namens Nailer, stand da.

Ich machte den Computer aus. Die Nächte zuvor hatte ich wenig geschlafen. Erst hatte ich die erste Fassung des Textes geschrieben, dann die zweite, zuletzt spielte ich im Kopf die möglichen Konsequenzen meiner E-Mail an Relotius durch. Das Gespräch mit Geyer hatte zumindest in dieser Beziehung etwas Klarheit geschaffen. Es würden keine guten Konsequenzen sein.

Ich schickte das Layout an Scott Dalton, den Fotografen, der mich in den letzten Tagen begleitet hatte. Ich hatte mit Scott häufiger telefoniert und ihm von meinen Schwierigkeiten mit dem Text erzählt. Ich wollte seine Meinung dazu wissen.

Hey Scott,
that's the layout. Still having my doubts, though ... These
pictures were taken a couple of days ago in Altar Valley ...
nice flowers ...
Saludos
J

Hallo Scott,
das ist das Layout. Obwohl ich noch immer meine Zwei-
fel habe ... Diese Bilder wurden vor ein paar Tagen im Altar
Valley aufgenommen ... Schöne Blumen ...
Grüße
J

Nachdem Relotius Scott abgesagt hatte, sagte man mir, dass ein
anderer Fotograf gefunden wurde, den die Jungs kannten und
akzeptierten. Später stellte sich das als Falschinformation heraus.
Die Bilder waren nicht aktuell. Scott war vor allem enttäuscht,
dass er den Auftrag nicht bekommen hatte:

Shit, that sucks I didn't get to go there. Do you know who
they used?
The layout looks pretty good, but seems they should use
more of our girl. Whatever.

Scheiße, es nervt, dass ich nicht da hindurfte. Weißt du,
wen sie gebucht haben? Das Layout sieht ziemlich gut aus,
sie hätten ruhig mehr von unserem Mädchen nutzen sollen.
Aber was soll's.

Ich schrieb sofort zurück.

Don't know the photographer, I'll find out ...
Claas actually got the guy in the last picture trying to
shoot an immigrant ... it's the last scene in the piece ...
Fucking unbelievable ... imagine law enforcement reads
that ...

   Cheers!
   J


Ich kenne den Fotografen nicht, ich finde es heraus ... Claas
hat sogar den Typen auf dem letzten Bild, der versucht
einen Migranten zu erschießen ... es ist die letzte Szene im
Stück ... unglaublich ... stell dir vor, Strafverfolgungsbehör-
den lesen das ...

   Bis dahin!
   J


Die Antwort, die ein, zwei Minuten später folgte, haute mich um.


The dude in the last photo driving the car is the same guy in
the doc film I told you about, «Cartel Land».


Der Typ auf dem letzten Foto, der das Auto fährt, ist derselbe Typ aus dem Dokumentarfilm, von dem ich sprach,
«Cartel Land».


Na klar! Das war's! Daher kannte ich das Gesicht. Scott hatte
mir in Mexiko von einem sensationellen Dokumentarfilm
erzählt, den ich mir unbedingt anschauen sollte, falls ich doch
über die Bürgerwehren schreiben sollte. Der Amerikaner
Matthew Heineman hatte den Film 2015 gemacht und dafür
eine Oscar-Nominierung erhalten. Ich hatte mir den Trailer
von «Cartel Land» noch am Flughafen in Mexiko anschauen
wollen, war aber letztlich an einer miserablen WiFi-Verbindung
gescheitert.

In den wenigen Momenten, die ich den Trailer gesehen hatte, ziemlich am Anfang, war der Mann aus unserer Reportage zu sehen. Laut Trailer wachten er und ein paar Männer über die mexikanisch-amerikanische Grenze. Genauso wie in unserem Text, nur dass er im Film der Chef der Gruppe zu sein schien. Bei uns war er eine kleine Nebenfigur, er hieß Nailer, war siebenundfünfzig Jahre alt und «mal Bauarbeiter auf Baustellen in Utah».

Warum um alles in der Welt sollte dieser Mann, der in einem weltbekannten Dokumentarfilm zu sehen war, sich jetzt weigern, von Scott fotografiert zu werden? Relotius hatte Scott ja geschrieben, dass er sich weiterhin um den Zugang bemühe. Und warum nannte Relotius nicht seinen wahren Namen Tim Foley und den seiner Organisation, der «Arizona Border Recon»?

Hier passierte etwas, was in den nächsten Wochen immer wieder passieren sollte. Ich fragte mich nicht, ob ich mich irrte. Ich war überzeugt davon. Ich musste mich irren. Der Berg an Indizien, an Ungereimtheiten wuchs. Die Gedankenspiele, die immer häufiger in dieselbe Richtung zeigten, endeten stets in einer Sackgasse. Wann immer ich dachte, okay, Relotius lügt, folgte sofort: Das kann aber nicht sein. Es ist schlichtweg unmöglich. Niemand denkt sich so etwas aus! Das traut sich niemand. Jetzt, mit heutigem Wissen, klingt die Indizienkette logisch, der Verlauf zwangsläufig. Damals war das anders.

Ich bin nicht naiv. Ich konnte mir vorstellen, dass Journalisten Dinge aufhübschen, übertreiben, lügen. Man kann Beobachtungen, die nicht in die Geschichte passen, weglassen. Jede Situation kann man unterschiedlich deuten. Fakten und Studien, die der eigenen Meinung entgegenstehen, können ignoriert oder falsch interpretiert werden. Es gibt viele Graubereiche, viele Spielräume, viele Wahrheiten, und wer das wider besseres Wissen ausnutzt, ist ein schlechter Journalist. Natürlich ist es verlockend, das zu tun. Die ein oder andere Übertreibung lässt die Geschichte ein bisschen mehr strahlen. Und mit ihr strahlt man auch selbst ein wenig mehr.

Aber das hier war nicht grau. Was ich bisher zusammengetragen hatte, waren nicht mehr Unschärfen, Interpretationstoleranzen. Ich bezweifelte, dass Foley sich geweigert hatte, von Scott fotografiert zu werden. Ich dachte also, dass Relotius lügt, und das konnte nicht sein. Warum? Weil die Gefahr, aufzufliegen, enorm war. So dreist, so monströs konnte niemand lügen. Ich habe mir irgendwann eine Formulierung von Gabriel García Márquez gemerkt, «los cojones de díos», «Herrgotts Eier», genau die musste jemand haben, um sich solche Geschichten auszudenken. Relotius habe ich sie nicht zugetraut.

Für mich musste es eine Erklärung geben, und zwar eine logische, und die einzige, die mir einfiel, war, dass ich etwas übersah. Eine Information, die alles erklären konnte. Oder, dazu neigte ich im späteren Verlauf immer häufiger, Relotius hatte «angereichert», wie er das in einer seiner E-Mails genannt hatte. Sein Material in «Jaegers Grenze» war nicht so gut wie in der Vergangenheit, also dramatisierte er. Vielleicht wollte er alles nur ein wenig spannender machen. Oder die Männer hatten Relotius angelogen, dann hatte er es gemerkt und wollte es dem Ressort und mir gegenüber nicht zugeben. Vielleicht hatte dieser Jaeger wirklich geschossen, aber vermutlich ganz eindeutig nicht auf einen Menschen. Darum endete unser Stück ja mit einem Konjunktivfeuerwerk. Ich dachte zu dem Zeitpunkt nicht an einen großen, systematischen Betrug. Relotius hatte einfach übertrieben.

Wenigstens war jetzt klar, was ich tun musste: alles über diesen Nailer herausfinden. Ich setzte mich an den Computer. Es war leichter, als ich gedacht hatte. Sein richtiger Name war Tim Foley, und es gab viel über ihn. Dutzende Artikel und YouTube-Filmchen. Wenn man «Bürgerwehr» und «Arizona» eingab, war Foley so ziemlich der erste Treffer. Die Organisation, die er gegründet hatte, die «Arizona Border Recon», fand ich ebenfalls sofort. Schwer war nur eines: zu verstehen, warum wir Tim Foleys echten Namen im «Spiegel» nicht genannt hatten. Der

Name war überall, Magazine und Zeitungen hatten ihn gedruckt. Sogar «Spiegel TV» hatte ihn schon interviewt. Relotius und mein Ressort taten aber so, als sei er so geheimnisumwoben, dass er nur seinen Tarnnamen herausgab. Auch die Bürgerwehr wurde nicht genannt.

Auch für meinen nächsten Schritt muss man kein Genie sein. Was passiert, wenn man Chris Jaeger und Bürgerwehr eingibt? Man stößt auf einen Artikel des amerikanischen Undercover-Journalisten Shane Bauer. Der Titel lautet: «Ich infiltrierte eine Grenzmiliz. Hier ist, was ich sah.» Der Bericht war im sehr bekannten amerikanischen Magazin «Mother Jones» erschienen. Es war ein langes, detailliertes Stück über das Innenleben einer geheimen Bürgermiliz. Bauer beschreibt, wie er sich über Monate der Gruppe nähert, seine Facebookseite zu Beginn mit rechtem Verschwörungsunfug zukleistert, einschlägige Seiten mit euphorischen Kommentaren überschüttet, so lange, so ausdauernd, bis er irgendwann eine Einladung in eine andere Facebookgruppe bekommt. Hier tummeln sich die richtigen Jungs. Bauer ist am Ziel. Er wird zu einem Treffen eingeladen, kauft sich eine Tarnausrüstung, macht einen Schießkurs, um seine Waffen benutzen zu können, und ist drin. Toller Journalismus. Nüchtern, präzise, aufwühlend. Shane Bauer ist sachlich im Ton, was alles nur spektakulärer macht. Er hat ein paar Passagen eingebaut, die Gesprächsprotokolle enthalten. Das Ganze ist deshalb so beeindruckend, weil er auch die passenden Videos dazustellt. Bauer hat alle Gespräche gefilmt. Man kann das Video sehen und die Zitate mitlesen. Ziemlich schnell taucht ein Mann auf, der Chris Jaeger heißt, deutsche Vorfahren hat und gegen Flüchtlinge hetzt. Das Problem: Dieser Chris Jaeger sieht völlig anders aus als der Chris Jaeger im «Spiegel». Er ist jung, um die zwanzig und schlank. Im «Spiegel» ist Jaeger über vierzig, hat einen Bart und ist eher füllig. Auch ein paar andere Männer aus dem Relotius-Text kommen vor, Details stimmen ebenfalls nicht.

Als Nächstes griff ich zum Telefon und rief in Amerika an, beim Magazin «Mother Jones». Ich ließ mir die Nummer von Shane Bauer geben. Da er nicht abhob, schickte ich eine SMS und eine E-Mail hinterher. Kurz darauf hatte ich ihn am Telefon.

Bauer kannte sich erwartungsgemäß phantastisch mit amerikanischen Bürgerwehren aus. Er erklärte mir, dass die allermeisten sehr verschlossen seien. Es gebe eigentlich nur eine Ausnahme, die «Arizona Border Recon», die ein gewisser Tim Foley gegründet habe. Die könne man leicht kontaktieren. Sie würde in der Szene nicht ernst genommen. Ich fragte ihn, wie es sein kann, dass er die Leute aufnehmen konnte und Videomaterial hatte. Bauer sagte mir, dass die von ihm infiltrierte Miliz, die «United Three Percenters», ihre Mitglieder verpflichte, stets Minikameras am Körper zu tragen. Wenn Menschenrechtsorganisationen behaupten würden, die Männer hätten Flüchtlinge bei einer Festnahme misshandelt, könnten sie so ihre Unschuld beweisen. Alle Bürgerwehren stünden unter extremer Beobachtung. Sie würden peinlich genau darauf achten, sich an die Gesetze zu halten. Jedenfalls in der öffentlichen Wahrnehmung.

«Wie oft haben die ‹Three Percenters› auf Leute geschossen?», fragte ich.

Bauer verstand die Frage nicht.

«Jaeger und die anderen? Wie oft haben die geschossen? Unser Kollege schreibt, dass seine Bürgerwehr geschossen habe.»

«Du meinst Schießübungen, am Schießstand?»

«Ich meine, in der Dunkelheit bewegt sich etwas während einer Wache, und einer der Jungs schießt deshalb.»

«Das steht im Artikel?»

«Ja.»

«Wow.»

«Wow, wie unglaublich? Oder wow, das ist völlig unmöglich?»

«Ich war lange mit ihnen unterwegs. Da wurde nicht ein einziges Mal geschossen. Mehr noch, es war strengstens untersagt. Und die wussten ja nicht mal, dass ich Reporter war. Aber man kann natürlich nicht ausschließen, dass sie vielleicht bei anderen Treffen schießen. Allerdings unwahrscheinlich», sagte Bauer.

«Also nicht unmöglich?»

«Das sind zum Teil Leute, die die Regierung stürzen wollen. Unmöglich ist da nichts, aber sehr, sehr ungewöhnlich.»

Bauer erklärte mir, dass die «Three Percenters» sich nach einer angeblichen historischen Begebenheit benannt hatten. Angeblich hätten sich nur drei Prozent der US-Amerikaner damals gegen die Briten aufgelehnt. Drei Prozent an Patrioten hätten damals ausgereicht, um die Unabhängigkeit der Vereinigten Staaten zu erreichen.

«Was ist mit dem Chris Jaeger aus dem Text, was ist das für ein Typ?», fragte ich Bauer.

«Junger Kerl, Anfang zwanzig, mit rechtsextremer Einstellung, er hat deutsche Vorfahren und ist sehr stolz darauf.»

Das wollte ich noch mal hören. «Chris Jaeger ist nicht über vierzig und hat eine Tochter?»

«Nein, sicher nicht. Mein Chris Jaeger ist jung, meines Wissens hat er keine Kinder.»

Wir sprachen noch eine Weile. Bauer ist ein freundlicher Mann. Er legte sich nicht fest, sagte mir aber, dass es ihn sehr wundern würde, wenn Männer, die bei den «Three Percenters» wären, auch zu Foleys «Arizona Border Recon» gehen würden. Die Gruppen würden sich nicht sonderlich mögen. Ich schrieb mit, während er redete. Wir sprachen eine gute Stunde. Irgendwann legte ein etwas irritierter Shane Bauer auf.

Nachdem ich meine Notizen mehrmals gelesen und einiges im Netz nachgeprüft hatte, entschied ich mich, den Dokumentar zu informieren. Ich wollte nicht als derjenige dastehen, der seinen Kollegen noch weiter anschwärzt. Geyer war schon verärgert genug. Die Dokumentation musste davon erfahren. Es war mittlerweile spät geworden.

Von: Juan Moreno
Datum: 14. November 2018 um 23:08:39 MEZ
Lieber (...),
bitte behandle diese E-Mail vertraulich!
Ich habe das Layout gesehen und wäre fast vom Stuhl gefallen.
Der Mann im Auto heißt Tim Foley, Gründer der «Arizona Border Recon». Protagonist im 2015 mehrfach prämierten Dokumentarfilm Cartel Land. Der Typ war mit Klarnamen u. a. in SpiegelTV, Tagesspiegel Berlin, N-TV, Washington Post, ABC, HuffPost, Wired, etc. Alle erwähnen den Namen der Arizona Border Recon, der Organisation, die er gegründet hat. Wir nicht.
Von den anderen fünf Protagonisten kommen vier in einem Ende 2016 erschienenen Text vor. Der Text wurde für das Magazin «Mother Jones» von Shane Bauer geschrieben, einem bekannten Undercover-Journalisten. Er handelt u. a. davon, wie verdammt schwer es ist, in die Gruppe zu kommen. Wir haben das in zwei Tagen geschafft.
Die anderen Protagonisten, Ghost, Pain, Spartan und der Hauptprotagonist Chris Jaeger sind alle Mitglieder der Three Percent United Patriots. (...)
Jaeger wird laut diesem Text in Colorado verortet, bei uns ist er aus Kalifornien, Pain kommt in diesem Text ebenfalls aus Colorado, in unserem Text aus Kansas.
Jaeger spricht laut dem Journalisten Shane Bauer etwas deutsch und ist stolz auf seine deutsche Herkunft. Er wird bewundernd von anderen Nazi genannt und macht Auschwitz- und Judenwitze. Wir erwähnen das nicht, sondern sagen, dass er eine Schreinerei in Kalifornien bis 2009 hatte, dort Latinos beschäftigte, die er über Jahre jedes Wochenende zum Essen nach Hause eingeladen hat. Er wurde zum Militia-Soldaten, nachdem er erfahren hatte, dass seine

12-jährige Tochter von genau diesen drei Latinos über Jahre mit Drogen versorgt wurde.

Und noch etwas: Tim Foley sagt in JEDEM Interview – und in den Leitlinien seiner Organisation steht das ebenfalls –, dass sie nicht auf Menschen ihr Gewehr richten. Im Vergleich: unsere Schlussszene. Sowohl Autor wie auch Protagonist sind sich nicht sicher, was sich da im Dunkeln bewegt hat. (...)

Ruf mich doch bitte an, beste Grüße

    Juan

Das, was ich da schickte, waren keine Beweise, genau genommen nicht mal konkrete Fragen. Man konnte ein Nazi sein, stolz auf seine deutschen Eltern und trotzdem eine Schreinerei gehabt haben, in der man kriminelle Kolumbianer beschäftigte. Aber es war zumindest auffällig. Warum nannten wir nicht den echten Namen von Foley? Meine E-Mail war eine eigenartige Mischung aus Anklage, Hilferuf und ultimativer Eskalation. Vielleicht konnte der Dokumentar ja Relotius fragen, ihn mit meinen Recherchen konfrontieren und der Sache auf den Grund gehen. Ich bat natürlich um Vertraulichkeit, weil ich nicht derjenige sein wollte, der nach dem Streit mit seinem Chef den Coautor diffamierte. Der Dokumentar hätte ja auch durch seine eigenen Recherchen auf die Ungereimtheiten stoßen können. Was das aber auf jeden Fall bedeutete, war, dass ich dem Text «Jaegers Grenze» offiziell den Krieg erklärt hatte.

Kaum hatte ich die E-Mail gesendet, surfte ich weiter. Wenn der Mann mit dem Bart im «Spiegel» nicht Chris Jaeger war – wer war er dann? Da ich keinen Zugang zu einer Bilddatenbank habe, blieb mir genau eine Möglichkeit, um nach dem Bild im Netz zu suchen: Suchbegriff eingeben, alle Ergebnisse durchschauen, nächsten Suchbegriff eingeben, alle Ergebnisse durchschauen. Ich hatte keinen Namen, dafür einen Ort: Altar Valley, ein Tal in Arizona. Allerdings musste die Angabe ja nicht korrekt sein.

Ich merkte schnell, dass das kein Heuhaufen war, in dem womöglich eine Nadel versteckt war, es war eine verdammte Scheune. Ich verbrachte Stunden vor dem Computer. Meine Suchbegriffe wurden immer wirrer. Anfangs lauteten sie noch «Soldat in Arizona» (es gibt dort sieben US-Militärstützpunkte, und jeder Einzelne dieser Soldaten scheint wie verrückt Bilder von sich zu posten). Da das nirgendwohin führte, versuchte ich es mit «militia, Arizona, Altar Valley». Ohne Erfolg. Irgendwann war ich so verzweifelt, dass ich einfach das eingab, was auf dem Bild zu sehen war: «Fat guy with beard, hat and weapon surrounded by flowers», also «dicker Kerl mit Bart, Hut und Waffe umgeben von Blumen».

Irgendwann fand ich tatsächlich einen Chris Jaeger beim US-Militär, der davon erzählte, was er im Herbst 2008 als Unteroffizier in Bagdad erlebt hatte. Er sah nur komplett anders aus als unser Chris Jaeger. Sogar ein wörtliches Zitat aus der Reportage fand ich in einem YouTube-Video: «Wenn Extremist bedeutet, dass man von der Couch aufsteht und etwas tut, dann bin ich Extremist.» Tim Foley sagt das in einem Interview mit einem Fernsehsender. In Relotius' Reportage benutzt jedoch Chris Jaeger die exakt gleichen Worte. Hatte Relotius das Zitat also geklaut? Nein, dachte ich, das musste nichts bedeuten. Vielleicht war das ein geflügeltes Wort unter Rechten. So wie die Aufkleberweisheit «Erst wenn der letzte Baum gerodet, der letzte Fluss vergiftet ...». Was wusste ich schon?

Es dauerte bis zum nächsten Morgen. Es war acht oder neun, ich klickte wie ein Geist durch die Internetseiten, und plötzlich tauchte das Bild auf. Ich fixierte es eine gute Minute. Es war das Bild. Es war ein anderer Ausschnitt, aber zweifelsohne dasselbe Bild. Ich hatte den «dicken Kerl mit Waffe und Hut umgeben von Blumen» gefunden. Sein Name war Chris Maloof, und die Quelle hätte kaum besser sein können. Das Bild war Ende 2016 in der «New York Times» erschienen. Der Bericht beschrieb die Arbeit der «Arizona Border Recon». Er endete mit einem Zitat von Foley:

«Because people think we're militia, they think we're running around pointing weapons at people, shooting at people,» he said. «Six years and we've never fired a shot.»

«Weil Leute glauben, dass wir eine Bürgerwehr sind, glauben sie, dass wir rumlaufen und Waffen auf Leute richten, auf Leute schießen», sagte er. «Sechs Jahre und wir haben nicht einen Schuss abgefeuert.»

Foley hatte also der «New York Times» nicht nur seinen Namen gesagt, sondern auch, dass sie nie schießen. Dem «Spiegel» aber verschwieg er den Namen, ließ ihn aber zuschauen, wie seine Gruppe auf Menschen ballert. Die «Times» hat eine rigorose Dokumentation, auch für Bildunterschriften. Und die vom Foto besagte eindeutig, dass der dicke Kerl Chris Maloof hieß. Einer musste sich also irren.

Der Fotograf, der das Bild für die «Times» gemacht hatte, hieß Johnny Milano und lebte in New York. So gut wie alle Reportage-Fotografen stellen eine Auswahl ihrer Arbeiten ins Netz. Auftraggeber können sich so schnell einen Überblick verschaffen. Eines von Milanos Projekten hieß «Arizona Border Recon», war aber gesperrt, man konnte die dazugehörigen Bilder nicht sehen. Ich rief ihn an, mehrmals. Johnny Milano hob nicht ab.

Mir blieb also nur ein Name: Chris Maloof, der Mann auf dem «NYT»-Foto. Ich suchte auf einer Seite in den USA, die whitepages.com heißt, eine Art amerikanisches Personenregister. Es ist relativ einfach, dort nach Personen zu recherchieren. Um den vollen Zugang zu bekommen, muss man allerdings in den USA leben. Ich fand aber recht schnell einen Chris Maloof, der um die dreißig war und in Sahuarita, Arizona, lebte. Nicht weit von Foleys «Arizona Border Recon». Er schien keine sonderlich große Familie zu haben. Ein Onkel war wohl Stuntman in Hollywood, die anderen lebten alle in der Nähe. Chris Maloof schien nicht der Mitteilungsbedürftigste. Offensichtlich denselben Maloof fand ich auch auf Facebook, hier gab es zum Glück ein Foto: Er sah dem Chris Jaeger aus dem «Spiegel»-Artikel ähnlich, aber der Facebook-Maloof interessierte sich nicht für die Jagd auf Flüchtlinge, sondern hauptsächlich für Motorsport. Der Typ hatte es geschafft, reihenweise Bilder von sich auf Facebook zu veröffentlichen und immer einen verfluchten Helm aufzuhaben. Auf Instagram fand ich ihn allerdings, ohne Helm, in Militärkleidung.

Kurz darauf schickte mir Mirco Taliercio, mein bester Freund, ein Bild aus einer Fotodatenbank. Auch da war derselbe bärtige, füllige Mann zu sehen, das Bild war von 2016. Leider war in der Bildbeschreibung nicht der Nachname aufgeführt, sondern nur, dass der Mann auf dem Foto Chris hieß und dreißig Jahre alt war.

Irgendwann war es früher Nachmittag. Ich hatte den Tag in Jogginghose vor dem Rechner verbracht. Eigentlich hätte sich so etwas wie Jagdgefühl einstellen müssen. Das hat man manchmal bei Recherchen. Man ist einer Sache auf der Spur und wird von einer Art Ermittlungsfieber gepackt. Aus Filmen kennt man das. Der Held frisst sich langsam durch einen Berg von Akten, gern in einer alten Bibliothek, Essensreste am Mund, dabei notiert er Dinge in einem Block und unterstreicht viel. Am Ende hängt an der Wand ein Kunstwerk aus Pfeilen, Fotos und Papierschnipseln, das nur er versteht. Bei mir war das anders. Ich sah mir einfach nur über Stunden bekloppte Bilder von Männern in Tarnklamotten an.

Der Dokumentar rief an. Er sagte mir, dass er leider zu den Bildern nichts sagen könne, da er nur Texte verifiziere, und was die Fakten angehe, müsse er dem Reporter vertrauen. Claas Relotius sei in seinen Augen ein sehr zuverlässiger Autor. Er könne ja unmöglich mitreisen, müsse also glauben, was Relotius schreibe. Der Kollege aus der Dokumentation klang nicht erregt oder verärgert. Er war freundlich wie immer. Ich bin sicher, dass er keinen

Moment lang dachte, ich sei mit dieser E-Mail auf irgendeiner Spur. In seinen Augen machte ich mich einfach nur lächerlich. Er sagte das nicht, dafür war er ein zu freundlicher Mann. Es war ein kurzes Gespräch. Nach dem Auflegen wurde mir schlecht. Ich glaube, dass seine Gelassenheit mich am meisten erschütterte. Der Dokumentar war die Ruhe selbst. Er war überzeugt, mehr noch, durch diese Überzeugung spürte ich sogar etwas Mitleid. Als hätte ich nicht gewusst, was ich da tat: Claas Relotius zu verdächtigen. Ausgerechnet.

Es ist im Nachhinein immer schwer zu sagen, welche Ereignisse entscheidend waren, wo die Sache zuungunsten von Relotius kippte, wo der Schmetterlingsschlag war, der den Sturm auslöste. Was ich sagen kann, ist, dass womöglich alles anders gelaufen wäre, wenn Relotius mich an diesem Tag nicht angerufen hätte.

Die Nummer war unterdrückt. Ich hob ab.

«Hier ist Claas.»

Noch bevor ich antworten konnte, sagte er: «Willst du mir etwas sagen, Juan?»

«Äh, du hast angerufen», sagte ich.

Relotius musste sich einen Augenblick fangen. Legte dann aber los und wiederholte fast im Wortlaut, was ich zuvor von Matthias Geyer gehört hatte. Den gleichen Einlauf, die fast identische Aufzählung meines Versagens. Er machte mir klar, dass es ein guter Text hätte sein können, dass ich ihn verbockt hätte, dass er nichts dafür könne, dass ich schreiberisch nicht mit ihm mithalten könne. Er habe da mehr erwartet. Der Text über rumänische Wanderarbeiter, der sei gut gewesen, aber das, mindestens enttäuschend. Der freundliche Claas war überhaupt nicht freundlich. Ich sagte nichts, was mir nicht ganz leichtfiel, bis er sich darüber beschwerte, dass ich in meiner Mail an ihn angedeutet hätte, er habe die Leute nicht getroffen. Er war unfassbar verärgert.

«Aber ich gratuliere dir doch in meiner E-Mail», sagte ich ein wenig verlogen.

Ich hatte wörtlich geschrieben: «Zum Einen, bevor ich es vergesse: Aufrichtige Gratulation. Scott Dalton, der Fotograf aus Houston, mit dem ich in Mexiko unterwegs war, ein erfahrener Mann, der seit über 20 Jahren die mexikanisch-amerikanische Grenze fotografiert und mehrere Ausstellungen zu dem Thema gemacht hat, hat es bis heute nicht geschafft, eine Bürgerwehr im Einsatz zu begleiten. Hut ab, dass du das in drei Tagen hinbekommen hast!»

Natürlich kann man diese Zeilen als Provokation verstehen. Als freundlich verpacktes Misstrauenspaket. Mich wunderte dennoch die Heftigkeit seiner Reaktion. Wenn er es wirklich geschafft hatte, konnte er gelassener sein. Wer war ich schon? Jemand, dem es nicht gelingt, einen Kojoten zu finden, bei dem die Protagonistin ins Auto steigt.

Ich sagte ihm, dass der Fotograf sich nun mal gut in der Szene auskenne und wirklich begeistert gewesen sei von seiner Leistung. Ich lenkte unser Gespräch auf seine Recherche. Relotius erzählte von sich aus von Foley, der «Arizona Border Recon» und davon, dass die Männer, die er getroffen habe, sich aus verschiedenen Gruppen zusammensetzten. Sie seien auch schon mal in dem US-Magazin «Mother Jones» vorgekommen.

«Mother Jane?», sagte ich. Ich wollte, dass er mich für einen kompletten Idioten hielt und ins Reden kam. Das gelang mir, glaube ich.

«Oh Mann, ‹Mother Jones›, das ist ein Magazin aus den USA.» Relotius konnte nicht fassen, dass ich das nicht wusste.

«Und die in ‹Mother Joe› waren dieselben Leute?», fragte ich.

«Mother Jones» heißen die!! Ja, das sind dieselben Leute. Aber nur zum Teil. Und noch eine andere Gruppe.»

«Das haben sie dir gesagt? Das ist ja wirklich ein Zufall. Und die verstehen sich, die verschiedenen Gruppen?»

«Ja.»

Ich dachte an Shane Bauer, den «Mother Jones»-Autor, der genau das für extrem unwahrscheinlich gehalten hatte.

Relotius schien mir unbedingt ein paar Dinge sagen zu wollen, Dinge, nach denen ich nicht gefragt hatte. Nämlich, dass es seiner Meinung nach eigentlich drei Gruppen seien. Foleys «Arizona Border Recon», die «Three Percenters» und noch eine dritte, die er getroffen habe, die so «halb radikal» war.

Ist ja für jeden was dabei, dachte ich.

Mir schwirrten Dutzende Fragen im Kopf herum. Zum Beispiel, wie er so schnell in die Gruppe gelangt war. Warum die ihm sagten, dass sie Straftaten begangen hatten? Ob er wirklich bei einem Mordversuch dabei gewesen war? Aber ich sagte nichts und ließ ihn reden. Recht schnell hatte ich das Gefühl, dass er mich anlog. Es war nicht wegen einer bestimmten Aussage, die er machte, es war eine Ahnung. Da war jemand am Telefon, der mir einerseits viel zu genau erklären wollte, wie sich die Dinge zugetragen hatten, anderseits aber seltsam vage blieb. Der Mann am Telefon war nicht entspannt. Er hatte eine angenehme, junge Stimme, in die sich aber ganz offensichtlich Nervosität gemischt hatte.

Ich weiß, wie ich, wie andere Kollegen darauf reagieren, wenn sie nichts zu verbergen haben. Meistens sehr gelassen. Wir alle kennen es, dass man einige Aussagen aus unseren Texten anzweifelt. «Ist das belegbar?», fragt der Dokumentar. «Wo ist die Quelle? Ich habe keine gefunden.»

Man ist fast froh über so eine inquisitorische Befragung, wenn man seine Fakten beisammenhat. Es ist eine wunderbare Gelegenheit, zu beweisen, wie toll man recherchiert hat. Man begegnet alldem mit einer gewissen Vorfreude auf den Triumph. Nichts Schöneres, als einem Kritiker zu beweisen, dass er mit seiner Kritik völlig danebenliegt. Warum also quasselte dieser Relotius so viel? Und warum war er so verdammt unsympathisch?

Mir war zu Beginn des Gesprächs der Gedanke gekommen,

Relotius mit meinen Recherchen zu konfrontieren. Kollegen machen das, so gehört es sich. Sie arbeiten zusammen, sollten Missverständnisse sofort aus dem Weg räumen. Aber je länger er sprach, desto klarer war mir, dass er irgendwas verbarg, dass der Text, über dem mein Name stand, höchst problematisch war.

«Du, Claas, ich war jetzt einige Wochen in Mexiko, habe dann gleich den Text geschrieben und bin wirklich müde. Es ist Freitagnachmittag, lass uns bei Gelegenheit in Hamburg darüber reden. Vielleicht bei einem Bier.»

Meine Worte kamen etwas unvermittelt. Ich glaube, dass sich Relotius auf ein längeres Gespräch eingestellt hatte und überrascht war vom abrupten Ende.

Ich hatte genug gehört. Etwas stimmte nicht, und ich hatte, noch während Relotius am Telefon war, beschlossen, dass ich mit jemandem darüber sprechen musste. Jemandem im «Spiegel».

Ich las noch mal die Reportage in «Mother Jones» und schrieb dann meinem Kollegen Maik Großekathöfer eine E-Mail, die ich aber erst später abschickte. Er hatte im Sportteil gearbeitet, wo wir ein paar Mal miteinander zu tun gehabt hatten. Er war gerade erst ins Gesellschaftsressort gewechselt. Ich kannte Maik nicht sonderlich gut, aber ich hatte das Gefühl, ihm vertrauen zu können. Lag vermutlich daran, dass er Sportjournalist war. Ich habe auch für das Sportressort geschrieben und eines gelernt: Sportreporter können verschwiegener sein als neapolitanische Auftragsmörder. Sie kennen mehr Geheimnisse und menschliche Abgründe als drei Investigativressorts. Daher hatte ich bereits als die Sache losging kurz mit ihm telefoniert und von meinen Problemen mit Relotius erzählt. Er musste mir versprechen zu schweigen. Natürlich hielt er sein Wort. Ich schrieb ihm eine E-Mail, schickte sie aber erst ein wenig später ab:

(...) Er begann das Telefonat mit einem langen Vortrag, dass ich eben akzeptieren müsse, dass er den Text zusammenschreibe, dass mein Verhalten nicht akzeptabel sei, unprofessionell, dass der Text deutlich besser hätte werden können, wenn meine Teile «nicht so abfallen würden», warum ich in meinen E-Mails so seltsame Andeutungen mache, dass es Ungereimtheiten gäbe. Das sei Rufmord – ich wusste, dass er lügt. Ich habe dann nichts gesagt, weil es bis dahin einfach nichts gab, was wirklich konkret war, es war nur ein wirklich schlechtes Gefühl, dass da etwas nicht stimmt. Dann recherchierte ich weiteres Zeug.

Weißt du, wenn du so einen Scheiß machst, dein Ding, dein Ethos, dein Problem. Ist mir egal, schäbig, aber dein Problem. Im Moment, in dem du mit jemandem zusammenschreibst, du also einen Coautor hast, ist es nicht mehr nur dein Problem. Das ist einfach nur niederträchtig. Du willst das Risiko eingehen für Ruhm und Preise – okay! Aber involviere mich doch nicht in so einem Mist. Hätte er das auch mit Osang gemacht, Fichtner oder Schnibben???

Das Komische ist, ich bin nicht mal wütend. Seine Texte gehen durch die Decke. Reihenweise Reporterpreis-Nominierungen dieses Jahr, und dann steht er auf einem Berg im amerikanischen Nichts und soll das bisherige Niveau halten. Alle erwarten das. Vor allem er selbst. Die auf dem Berg sind langweilig und außerdem durchinterviewt, also was tun? Vor allem, wenn man gerade die geile Undercover-Reportage im Netz gelesen hat (solltest du auch tun, glaub mir) und sieht, was möglich ist?

Ich glaube zu wissen, was er getan hat. Aber ganz ehrlich, ich kann noch immer nicht glauben, dass er das gemacht hat. So offensichtlich. Das kann doch nicht sein …

Grüße

Juan

Ich glaubte zu dem Zeitpunkt nicht, dass Relotius alles erfunden hatte, ich glaubte, dass er einfach maßlos übertrieben hatte. Er hatte einige Männer der «Arizona Border Recon» getroffen. Die hatten ihm das gesagt, was sie all den anderen Journalisten vor ihm gesagt hatten. Nur leider kann man das im «Spiegel» mit seinem erklärten Ziel, den Lesern nur Nachrichten und Informationen zu liefern, die sie nirgendwo sonst finden können, nicht verwenden. Der Anspruch ist Exklusivität in jeder Zeile. Man wird nicht eine noch so kleine Meldung im «Spiegel» finden, die vorher identisch über irgendeine Agentur lief. Relotius musste, wenn nicht Unbekanntes, doch wenigstens Ungewöhnliches liefern. Also übertrieb er. Reicherte an, kurzum: Er log.

Das war mein Verdacht und mein Problem, denn mein Name stand über dem Text. Ich fühlte mich wie ein Taxifahrer, der gebeten wird, kurz vor einer Bank auf einen Kunden zu warten, der sich dann als Bankräuber herausstellt und mich plötzlich zum Fluchtfahrer macht. Wenn ich die Sache mitbekommen hatte und nichts tat, hing ich mit drin.

Ich ahnte, dass Relotius als netter Kerl galt. Aber mir war völlig unklar, wie beliebt und wie wichtig er für das Ressort war. Ich hatte mir den denkbar schlechtesten Verdächtigen ausgesucht. Ein ehemaliger «Spiegel»-Chefredakteur erzählte später, dass Relotius im Gesellschaftsressort «vergöttert» wurde.

«Es gibt so viele Angeber, Blender und Arschlöcher im Journalismus. Sie sind immer am Verkaufen, immer dabei, Leute zu beeindrucken, immer dabei, sich besser zu machen, als sie sind. Die gute Nachricht, Reporter wie diese machen es einem leicht, sich von ihnen zu unterscheiden. Wenn du nur ein wenig bescheiden bist, ein wenig zurückhaltend, ein wenig fürsorglich – ragst du heraus ...»

Erste Worte im Film «Shattered Glass» aus dem Jahre 2003.
Er handelt vom Hochstapler Stephen Glass,
der Texte für das US-Magazin «New Republic» erfand.
Relotius wurde dieser Film in der Journalistenschule
als abschreckendes Beispiel gezeigt.

## 6. Kapitel

# Der treue Claas

*Wie das System Relotius entstand*

Ich habe Claas Relotius nicht interviewen dürfen. Ich hätte das gern gemacht. Jeder deutsche Reporter würde den Mann sprechen wollen, der ein nie dagewesenes Erdbeben im deutschen Journalismus ausgelöst hat. Relotius hat das Vertrauen vieler Leser in die Medien erschüttert, er wird noch lange jedes Journalistentreffen dominieren. Natürlich habe ich Relotius angeboten, seine Sicht der Dinge darzulegen. Ich schrieb seinem Anwalt und teilte ihm mit, dass ich eigentlich nur eine Frage hätte, eine Frage, die sich der gesamte Journalismus stellt. Die Frage lautet: Warum? Warum hat Claas Relotius Texte erfunden?

Er hätte alles Mögliche antworten können. Weil es Spaß macht. Weil die Realität dröge ist. Weil die interessantesten Menschen keine Interviews geben. Weil meine Antworten besser sind als die der Gesprächspartner. Weil der Druck so groß war. Weil ich meine Ressortkollegen nicht enttäuschen wollte. Weil ich süchtig nach Anerkennung war. Weil es mir gefiel, Vorbild für Legionen von Journalistenschülern zu sein.

Claas Relotius sehe sich dazu nicht in der Lage, schrieb mir sinngemäß sein Anwalt. Es ist nachvollziehbar, Relotius das zu empfehlen. Er hat seit der Aufdeckung – öffentlich – kaum etwas gesagt. Relotius hat einigen – nicht allen – Redaktionen Nachrichten geschickt, sich entschuldigt und teilweise erklärt, welche Geschichten stimmen, welche nicht. Auch das waren meist Lügen, wie sich herausstellte, als die vermeintlich korrekten Texte erneut verifiziert wurden. Relotius hat, auch nachdem er aufgeflogen war, gelogen. Immer und immer wieder. Er hat nicht damit aufgehört. Nachweislich.

Sein Mandant sehe sich «nicht in der Lage», den geprellten Kollegen, Lesern, Redaktionen, Jurys bei der Aufklärung zu helfen. Das war die Formulierung, die Relotius verbreiten ließ. Die auch ich bekam. Sein Anwalt – Grüße an dieser Stelle – fügte der E-Mail an mich noch eine lange juristische Ausführung bei. Eine Auflistung, was ich zu unterlassen hätte, andernfalls, so verstand ich es, werde das Konsequenzen haben. Es ist nicht so, dass mich das alles unbeeindruckt lässt. Es war eine Warnung. Gerade für dieses Kapitel. Natürlich wäge auch ich ab. Ich schreibe nicht alles, was ich gehört habe, auch nicht das, was Relotius kürzlich Vertrauten erzählt hat. Aber das, was ich verantworten und belegen kann, schreibe ich – möglichst sauber, möglichst gewissenhaft, möglichst aufrichtig. Ich glaube, dass es reicht, um sich ein Bild von Claas Relotius zu machen.

Tötensen, eine niedersächsische Ortschaft, etwa eine halbe Stunde südlich von Hamburg, hat jetzt zwei berühmte Söhne. Dieter Bohlen, wichtigster deutscher B-Promi, und Claas-Hendrik Relotius, geboren am 15. November 1985. Und ja, selbst der Name und das Geburtsdatum wurden vom «Spiegel» verifiziert, weil man ihm irgendwann nicht mal mehr das glaubte. Relotius' Vater ist Akademiker, Ingenieur für Wasserwirtschaft, leidenschaftlicher Turner, die Mutter Lehrerin, engagiert in der Flüchtlingshilfe. Im Hause Relotius ging es ordentlich, bürgerlich, nordisch zurückhaltend zu. Der ältere Bruder vertreibt Landmaschinen in Berlin-Kreuzberg. Eine Schwester hat Claas Relotius nicht.

Wenn man als Reporter Informationen über einen Menschen zusammenträgt und mit Freunden, Bekannten und Kollegen spricht, entsteht üblicherweise kein präzises Bild. Jeder hat seine eigenen Erinnerungen, alle reden anders über einen. Es bleibt ein Gefühl, eine Stimmung, meist etwas diffus, nie klar und eindeutig. Das Wackelbild eines Menschen. Wir haben nicht ein einziges Temperament, wir treten nicht immer gleich auf, wir sind eine

Sammlung von Charaktermasken, die jeder von uns anlassgebunden aufsetzt. Dem einen Lehrer gilt man als fleißig, dem anderen als ambitionslos, dem einen Freund scheinen wir zuverlässig, dem anderen vergesslich, die Ex-Freundin liebte den Humor, die andere fragte sich, warum man immerzu dumme Witze erzählen muss. Die Wirkung auf andere kann man sich wie die eigene Unterschrift vorstellen, meist ähnlich, nie identisch. Kein Fingerabdruck.

Claas Relotius ist auch hier sehr ungewöhnlich. Von den vielen Dingen, die ich im Laufe der Zeit über Claas Relotius gelernt habe, gehört zu den überraschendsten, dass praktisch alle Gesprächspartner immer dasselbe sagen. Teilweise wortgleich. Ganz gleich, ob sie Relotius vor Tagen, Wochen, Monaten oder Jahren das letzte Mal gesehen haben, ob sie ihn beruflich oder privat erlebt haben. Relotius ist immer gleich. Er scheint der am einfachsten zu porträtierende Mann des Planeten zu sein: ein stiller, zurückhaltender, teilweise sogar schüchterner Mensch, der stets freundlich, ausgeglichen und ruhig wirkt. Helle Augen, rotblond gescheitelte Haare, stilles Lächeln, ein sanfter, ruhiger Duktus in einer angenehmen Therapeutenstimme. Wenn man ihn etwas fragt, scheint er immer kurz zu überlegen, so als sei es ganz besonders wichtig, genau auf diese Frage korrekt und genau zu antworten. Relotius ist jemand, der nicht viel Aufhebens um sich macht, der lieber zuhört, als selbst zu reden. Er konnte durchaus geistreich und humorvoll sein, war aber weit davon entfernt, als Clown zu gelten. Er war hilfsbereit, kollegial, nicht faul, sehr an den anderen interessiert, verständnisvoll, nie urteilend. Solide, zuverlässig, ein bisschen gehemmt, wenn es gesellig werden sollte. Das Gegenteil eines Blenders, keiner dieser Testosteron-Gernegroße, die der Journalismus produziert, ein unprätentiöser, fast verhuschter Mensch, der authentisch, loyal und – über allem – extrem unauffällig war.

Das Verblüffendste ist, dass Relotius auch in seinen Texten so war. Reportagen transportieren immer etwas vom Autor, der sie geschrieben hat. Zwar nehmen sich Reporter meist zurück, beschreiben nüchtern das Erlebte, trotzdem schimmert immer eine persönliche Note durch, ein Ton, die sogenannte Stimme. Claas Relotius war auch in dieser Beziehung extrem. In seinen Texten taucht er als Autor, als Temperament praktisch nicht auf. Die Bühne überlässt er vollständig den Akteuren. Er ist ein allwissender, aber sehr bescheidener Erzähler.

Wie unauffällig Relotius war, zeigen Gespräche mit früheren Mitpraktikanten. Einige von ihnen sind heute Journalisten und haben den Fall Relotius nach der «Spiegel»-Veröffentlichung im Dezember 2018 verfolgt. Als sie unter anderem von mir nach Relotius gefragt wurden, reagierten sie irritiert. Obwohl sie nachweislich mit ihm mehrere Monate als Praktikanten in derselben Redaktion verbracht hatten, meist im selben Büro, konnten sie sich nicht recht an ihn erinnern. Es war, als seien sie ihm nie begegnet. Auch nach intensivem Nachdenken war da meist nicht mehr als eine vage Ahnung. Ein hoch aufgeschossener, stiller junger Mann, eine große, graue Maus namens Claas Relotius.

Gespräche mit ihm glichen Spiegelkabinettsbesuchen. Es ist faszinierend, wenn einem das bewusst wird. Es dauerte nie lang, bis er im Gespräch das erste, meist subtile Kompliment machte. Es war auch so ziemlich das Erste, das er bei mir machte. Er lobte meinen Text bei unserem ersten Telefonat.

Eine ähnlich angenehme Wirkung hatte das «Spiegeln». Er wiederholte, mit anderen Worten, etwas zeitversetzt, was sein Gegenüber gerade erst erwähnt hatte. So, als seien das auch seine Gedanken. Man hörte diese eigenen Gedanken, die eigenen Überzeugungen, Sehnsüchte und Hoffnungen in den Worten eines anderen, ein Selbstgespräch zu zweit. Relotius solidarisierte sich mit seinem Gesprächspartner, teilte Sorgen, pflichtete bei, widersprach selten. Man kann bekanntermaßen auch im Gespräch einsam sein. Nicht im Gespräch mit Relotius.

Man sollte nicht unterschätzen, wie gut das tut, wie viel Zuneigung man einem Menschen entgegenbringt, der vorgibt, einen zu verstehen. Eine größere, tiefere Sehnsucht gibt es im Menschen kaum. Relotius schien zu spüren, was das Gegenüber jeweils in dem Moment brauchte, und gab es ihm: Trost, Zuspruch, Beachtung, Ablenkung; er war nicht der Freund, der einem die Wahrheit ins Gesicht schleudert. In Relotius waren die Trivialthesen eines Ratgeber-Magazins zum Leben erwacht. Er erfüllte jeden einzelnen Punkt auf dem «Wie-mache-ich-mir-Freunde»-Merkzettel. Höre zu, rede wenig, zeige Interesse, suche Augenkontakt, hab keine eigene Meinung. Der treue Claas.

Relotius schrieb sich 2006 an der Universität Bremen ein. Als Hauptfach wählte er Kulturwissenschaften, im Nebenfach Politik, auch sein Berufswunsch war früh klar: «Medien». Er wollte zum Fernsehen, Filme interessierten ihn. Er machte als Student verschiedene Praktika, darunter bei der «taz» und bei «Hamburg 1», einem lokalen Fernsehsender. Auch hier immer derselbe Eindruck: nett, zurückhaltend, schweigsam und – wie durchgängig in den Praktika – journalistisch nicht herausragend. Niemand hätte sich im Traum vorstellen können, nicht seine Mitpraktikanten, nicht seine Redakteure, dass Claas Relotius zehn Jahre später einer der prägenden Reporter seiner Zeit sein würde. Das Praktikumszeugnis bei «Hamburg 1» liest sich wie freundlich formulierte Luft. Es ist kaum mehr als eine Anwesenheitsbescheinigung. Die wenigen Texte, die er beispielsweise für die «taz» 2008 schrieb, waren unspektakulär. Wie sich später herausstellte, enthielten sie zwar Fehler, einige Zitate finden sich wortgleich in anderen Artikeln, von systematischen Fälschungen kann aber keine Rede sein. Es wäre auch schwer gewesen bei «taz»-Texten, die in Deutschland recherchiert werden mussten. Das Problem der Artikel war ein anderes. Sie waren das perfekte Abbild des jungen Mannes, der sie seinerzeit schrieb: völlig unauffällig, ein wenig beliebig, ohne eigene Note, eigenen Charakter. Sprachlich, stilistisch, inhaltlich.

Eine naheliegende Frage, die man sich bei Hochstaplern stellt, ist die nach den Anfängen. Ich habe nicht versucht herauszufinden, ob er bereits als Kind schwindelte, oder ob sich das Lügen wie bei praktisch allen anderen Hochstaplern erst in der Pubertät massiv ausbildete. Ich kann nur sagen, dass es früh begann. Schon bei den ersten Bewerbungen. Einige Praktika hatte er überhaupt nicht gemacht, ein WDR-Volontariat, das er vorgab abgelehnt zu haben, wurde ihm nie angeboten. Und aus seinem Auslandssemester in Valencia wurde bei der nächsten Bewerbung ein ganzes Studium des «Periodismo» in Spanien, also der Journalistik, was dann die Redaktionen doch beeindruckte, da es auf perfektes Spanisch schließen ließ. Zumal er später vorgab, auch für den englischen «Guardian» zu schreiben, also eine dritte Sprache anführte, in der er angeblich veröffentlichte.

Nach dem Abschluss seines Bachelor-Studiums machte Relotius ein zweijähriges Master-Studium im Fachbereich Journalismus an der Hamburg Media School. Die HMS, wie sie abgekürzt heißt, ist eine halbstaatliche Schule. Die Stadt Hamburg, die Universität Hamburg und die Hochschule für bildende Künste sind an ihr beteiligt. Je nach Studiengang fielen damals Gebühren zwischen 12 000 und 32 000 Euro an. Untergebracht ist die Schule in einem phantastischen Backstein-Prachtbau von 1914, Hamburgern als die ehemalige Frauenklinik Finkenau bekannt. Ex-Bundeskanzler Helmut Schmidt kam hier zur Welt. Breite Gänge, hohe Räume, mannshohe Fenster, hellgrau gefliste Säulen, weinroter Bodenbelag und Treppenhäuser von einer Großzügigkeit, die kein Bauherr heute gestatten würde. Die Journalistikstudenten waren im dritten Stock untergebracht. Den Studiengang, den Relotius absolvierte, gibt es nicht mehr. Die Schule hat ihn eingestellt.

Der Unterricht bestand wie in anderen Journalistenschulen auch hauptsächlich aus Seminaren, gehalten von mehr oder weniger pädagogisch talentierte Dozenten aus der Praxis. Jeder mit einem Spezialgebiet. Theorie- und Praxisanteil wechselten sich ab. Die Studenten sollten so die verschiedenen journalistischen Formen kennenlernen. Wie ist eine Nachricht aufgebaut? Wie ein Bericht, ein Report, ein Kommentar? Was macht eine gute Kritik aus? Die Studenten konzipierten Relaunches für Internet-Auftritte verschiedener Medien wie «Brigitte», «Stern» und «Financial

Times Deutschland», entwickelten Konzepte für Dokumentation und Magazinsendungen für private und öffentlich-rechtliche Fernsehsender, produzierten sogar unter Anleitung eine Sendung für «Sat.1».

Die Namen, die man den Projekten und Seminaren gab, waren bisweilen so beeindruckend wie die Dozenten: Der Publizist Jakob Augstein leitete im Oktober 2009 das «Innovation Lab Print». Die Schule nannte es einen «Think-Tank» über «innovative Modelle zur Zukunft des Zeitungs- und Zeitschriftenjournalismus». Augstein war damals Autor bei der «Zeit» und hatte gerade den «Freitag» zum Leben erweckt.

Die Klassen waren klein, im ersten Jahr noch einundzwanzig Studenten, davon sechs von einer Schweizer Kooperationsschule, im zweiten Jahr fünfzehn. Einige der angehenden Journalisten hatten es an älteren und renommierteren Journalistenschulen versucht, wie der Nannen-Schule in Hamburg oder der Deutschen Journalistenschule in München, und waren abgelehnt worden.

Der Konkurrenzkampf in so einer Klasse ist groß. Viele Dozenten vergeben Aufgaben, meist in Form von praktischen Arbeiten. Man soll einen Text schreiben, einen Bericht, einen Kommentar, eine Glosse oder eine Reportage. Die Ergebnisse werden laut in der Klasse vorgelesen. Man merkt recht schnell, wer der geistreichere, sprachgewaltigere, analytischere Schreiber ist. Jeden Tag vergleicht man sich. Einige mögen den Wettkampf, meist weil sie sich für besonders gut halten. Andere leiden unter der Situation.

Relotius war auch hier still und zurückhaltend. Er gehörte zu den guten Schreibern, ragte aber nicht als das «Jahrhunderttalent» heraus, von dem sie später im «Spiegel» sprechen sollten. Er galt als kollegial, zuverlässig, niemand, der sich vor Arbeit drückte, niemand, der nach Leitung oder Führung strebte. Er mochte elektronische Musik, war Filmfan und stand, branchenüblich wie viele Journalisten, auf amerikanische Serien. Ursprünglich wollte er zum Fernsehen, die Arbeit mit der Kamera machte ihm Spaß. Der

Berufswunsch sollte sich jedoch in den nächsten beiden Jahren ändern. Irgendwann muss ihm klargeworden sein, wo sein Platz im Journalismus war: im Ausland, als Reporter für ein Printprodukt. Auf keinen Fall sollten die Geschichten sich in Deutschland zutragen: und sie sollten nicht online frei verfügbar sein. Die meisten Printtexte finden sich nach der Veröffentlichung nur in kostenpflichtigen Archiven. Er konnte diesen eher speziellen Berufswunsch sogar ausgesprochen gut begründen. Viele Redaktionen, so Relotius, würden sich immer häufiger feste Korrespondenten sparen. Die sinkenden Auflagen zwängen sie dazu. Das sei eine Chance für freie Autoren, die sich schwerpunktmäßig im Ausland tummeln. Das war Relotius' Standardantwort, wenn er gefragt wurde, warum er keine Texte in Deutschland recherchierte.

Wirklich in Erinnerung blieb den meisten Kommilitonen aus Relotius' Journalistenschulzeit eigentlich nur eines: die Geschichten, die er erzählte. Einigen wollte er weismachen, dass er während seines Pflichtpraktikums bei der Deutschen Welle in Berlin ein Interview mit Trainerlegende Hans Mayer geführt habe. Mayer ist mittlerweile nicht mehr aktiv. Niemand liebte ihn so sehr wie die wenigen Journalisten, denen er ein Exklusiv-Interview gewährte. Mayer war die schlagfertigste, lustigste, vermutlich klügste Persönlichkeit im deutschen Trainergeschäft. «Im Fußball baut man dir schnell ein Denkmal, aber genauso schnell pinkelt man es an.» Ein typischer Hans-Mayer-Interview-Satz, der Goldstaub unter den Fußballgesprächen. Es gab «Bild»-Reporter, die über Jahre versuchten, Mayer zu kriegen, und immer wieder scheiterten. Entsprechend beeindruckt waren die Jungs in der Klasse, als Relotius erzählte, er habe Mayer interviewt.

Natürlich war das falsch, natürlich hat die «Deutsche Welle», die damals vermutlich ihr Glück kaum fassen konnte, nicht einen Praktikanten auf Hans Mayer angesetzt. Es lässt sich leicht beweisen. Auf YouTube findet sich ein Mitschnitt. Man erkennt sogar Relotius. Gleich in der ersten Szene. Er steht hinter einer Glastür, später während des Gesprächs erkennt man ihn ebenfalls, an der Seite. Relotius hat Hans Mayer nicht für die «Deutsche Welle» interviewt. Der Kollege Philipp Engelhardt hat das gemacht. Relotius, der Praktikant, durfte zusehen.

Es gibt viele solcher Geschichten aus der Zeit. Einmal hingen plötzlich Bilder aus dem Nahen Osten im Unterrichtsraum. Dramatische Aufnahmen, zertrümmerte Fassaden, rauchende Schuttberge, professionelle Kriegsfotografie, für die jemand ohne Frage sein Leben riskiert haben musste. Student Relotius war tatsächlich in den Semesterferien nach Israel und Jordanien gereist, nicht zuletzt, um zu feiern. Für die Agenda-Seiten der mittlerweile eingestellten «Financial Times Deutschland» hatte er über einen Techno-Rave in Jordanien und einen Tanzclub im Westjordanland geschrieben. Die Texte enthielten einige Ungereimtheiten, teilweise schrieb er von anderen ab, Fakten stimmten nicht, einiges erfand er wohl dazu. Aber vor allem waren die Stücke wie fast sein komplettes Frühwerk sehr langweilig. Die Bilder aber, an den Wänden seiner Journalistenschule, waren das nicht. Obwohl sie ihn schon über ein Jahr kannten, ahnte kaum einer, dass in Claas Relotius so ein mutiger und professioneller Kriegsfotograf steckte. Die meisten wussten nicht mal, dass er eine Kamera hatte.

Die besten Geschichten waren die aus Mexiko. Relotius hatte 2011 über den «Müllpaten Téllez» geschrieben, unter anderem für die «Financial Times Deutschland», «Zeit online» und die «Welt». Pablo Téllez Falcón war damals ein großes Thema in Mexiko-Stadt. Hunderte Müllsammler vegetierten auf der Deponie «Bordo Poniente», alle kontrolliert und schikaniert von Téllez, der mit dem Wiederverkauf von Altmetall ein Imperium aufgebaut hatte. Wenn man einen mexikanischen Journalisten zum Lachanfall bringen will, erzählt man ihm, dass ein Journalistenschüler aus dem Flugzeug stieg, zum «Bordo Poniente» fuhr und ein Interview mit Téllez führte. Es war fast unmöglich, als Reporter überhaupt in die Nähe der Deponie zu gelangen.

Spektakulärer noch als die erschienenen Texte war aber die

Räuberpistole, die er seinen Freunden in Hamburg präsentierte. Ihm sei es gelungen, einen mexikanischen Drogenboss zu treffen. Die Sicherheitsvorkehrungen, natürlich verrückt. Bodyguards hätten ihm, Relotius, die Augen verbunden, dann sei er in ein Auto gestiegen. Nach einer längeren Fahrt, ohne zu wissen, wo er sei, habe er den Boss getroffen und letztlich interviewt.

Eines zeigt diese Erzählung: Relotius' Masche, reale und fiktive Elemente zu vermengen. Ein Teil dieser Geschichte ist nämlich wahr. Jeder Journalist in Mexiko kennt die Geschichte des Reporters, der mit verbundenen Augen in ein Auto steigen musste, um einen mächtigen Drogenkönig zu treffen.

Im Frühjahr 2010 gab der Drogenboss «El Mayo» sein erstes und einziges Interview, sein richtiger Name ist Ismael Mario Zambada García, Capo-Legende und zusammen mit Chapo Guzmán einer der Gründer des Sinaloa-Kartells. Er ist seit Jahrzehnten im Geschäft, mit fünf Millionen Kopfgeld dekoriert, unantastbar, märchenhaft reich, angeblich mehrfach im Gesicht operiert. «El Mayo» sprach damals mit dem renommiertesten Reporter des Landes, dem mittlerweile verstorbenen Gründer des mexikanischen Polit-Magazins «El proceso», Julio Scherer García. Das Interview war eine publizistische Sensation.

Claas Relotius machte damals Fehler, die ihm nie wieder passieren sollten. Er übersah, dass ein Gespräch mit Trainerlegende Hans Mayer, selten, wie es war, irgendwann im Internet landen würde. Kriegsfotografie ist nicht etwas, was man mal kurz zwischen zwei Technopartys einschiebt, und eine Recherche in einem fremden Land gleich mit einer Entführung zu beginnen, ist doch ein wenig dick aufgetragen. Er wählte später das «Making-of», die Geschichten, die er den Heimatredaktionen nach seinen Recherchen erzählte, besser aus.

Man kann der Hamburger Schule nicht vorwerfen, den Ausbildungsteil «Fact-Checking» vernachlässigt zu haben. Als Vorbild wurde das Konzept einer niederländischen Journalistenschule übernommen. Studenten hatten dort veröffentlichte Texte auf

Fakten überprüft und eine Menge Fehler gefunden. Die Hamburger machten das nach. Zwei Wochen lang recherchierten sie verschiedenste Artikel nach. Fast immer wurden die Studenten fündig, manchmal waren es nur ärgerliche Kleinigkeiten, Zahlendreher, falsche Schreibweisen, solche Dinge, nicht selten aber auch Übertreibungen, die einer Prüfung nicht standhielten, oder richtige Klopse, darunter die komplette «Copy-und-Paste»-Übernahme einer PR-Meldung im Nachrichtenteil.

Die Dozenten erklärten den Schülern außerdem, wie Profi-Dokumentare arbeiteten. Worauf diese achten, wie sie Fehler und Ungereimtheiten in Texten entdecken, Fälschungen nachspüren, die Glaubwürdigkeit von Zitaten einschätzen. Warum sie bei zu wenigen, aber auch bei zu vielen Details stutzig werden. Die Wirkung auf Relotius kann ich nur erahnen: als würde man Panzerknackern erklären, wie man Tresore baut.

Es passierte noch etwas in diesem Kurs. Die Studenten konfrontierten die Journalisten, die die Artikel geschrieben hatten, mit ihren Fehlern. Die Reaktionen waren ernüchternd. Einige Journalisten waren gelangweilt, andere genervt, andere beleidigt, andere amüsiert, wirklich ernst nahm die Journalistenschüler kaum einer. Die Redaktionen nahmen es nicht so genau mit der Faktentreue. Das war der Eindruck, der sich einstellte. Fehler sind offenbar nicht so schlimm. Sie werden ignoriert, belächelt, geleugnet, auf keinen Fall scheinen sie aber Konsequenzen zu haben.

Und wäre das hier ein Roman, würde man die nächste Anekdote vermutlich weglassen. Es wäre der eine unglaubwürdige Dreh zu viel. Es ist aber kein Roman.

Als auflockerndes Element im Themenblock «Recherche» wurde den Studenten der Hamburg Media School der Film «Shattered Glass» gezeigt. Nicht Claas, nein, Glass. Die wahre Geschichte des journalistischen Fälschers Stephen Glass, ein Film aus dem Jahre 2003. Er erzählt vom jungen Autor Glass, der als Redaktionsmitglied des Politikmagazins «The New Republic» über mehrere Jahre Artikel fälscht. Glass wird in dem ausgespro-

chen realistisch angelegten Film als freundlich, beliebt und zurückhaltend beschrieben, ein grandioser junger Schreiber, der unglaubliche Geschichten ausgrub. «Spiegel»-Kollegen, die Relotius
kannten und diesen Film gesehen haben, nachdem Claas Relotius
aufgeflogen war, waren zutiefst erschüttert. «Das ist Claas, genauso
war er auch», sagte mir einer seiner Kollegen aus dem Ressort.

Der Glass aus dem Film und der Claas aus der «Spiegel»-Redak-
tion, sie waren sich nicht nur ähnlich, sie scheinen fast identisch.
Die Freundlichkeit, die Bescheidenheit, die Beliebtheit. Als habe
sich Relotius für seine Karriere von einem Film inspirieren lassen, so wie er sich später von Filmen inspirieren ließ, als es darum
ging, Reportagen zu erfinden. «El País» schrieb 1998: «Stephen
Glass gelangte an Orte, wo kein anderer Reporter hinkam, er
interviewte Personen, die für seine Kollegen unerreichbar waren,
er sammelte Unmengen von Daten, Anekdoten und Zitaten und
kam mit Geschichten in die Redaktion zurück, die laut nach der
Titelseite riefen.» «El País» hätte den Text mit geändertem Namen
wiederverwenden können.

Stephen Glass gab später zu, ein Lügner zu sein. Den «Respekt
und die Liebe» seiner Mitmenschen wolle er sich so sichern. Eine
Sucht. Er wollte gefallen, er wollte bewundert werden. Darum
habe er das getan. «Ich habe meine Familie, meine Freundin,
meine Freunde belogen, und hätte ich einen Hund gehabt, dann
hätte ich auch den belogen.» In einem Fernsehinterview sagte
Glass 2003, dass ihm das mittlerweile alles leidtäte. Dass er versuchen würde, ein anderer Mensch zu werden. Viele seiner damaligen Kollegen glauben das Glass aber nicht. Bevor das Ausmaß
seines Betrugs bekannt wurde, weinte er sich an den Schultern
seiner Kollegen aus, Kollegen, die er währenddessen anlog. «Er ist
ein Wurm», sagte einer von ihnen in der Nachbetrachtung.

Glass' Lügen wurden damals von seinem Chefredakteur
öffentlich gemacht, nachdem eine Geschichte über einen geheimen Computer-Hacker Fragen aufwarf. Glass studierte später
Jura, machte einen Abschluss, bekam aber keine Zulassung als

Anwalt. Er arbeitet heute in einer Anwaltskanzlei. Fast dreißig Artikel soll er gefälscht haben. Lächerlich wenige, verglichen mit Claas Relotius.

Ich werde nie erfahren, was in Relotius vorging, als er diesen Film sah. Als er sah, wie Stephen Glass die Kollegen mit seinem freundlichen Wesen umgarnte, ihnen eine Lüge nach der anderen auftischte und immer populärer wurde. Vermutlich dachte Relotius damals das Gleiche wie beim Ende der fünften Staffel seiner damaligen Lieblings-Serie «The Wire»: Scott Templeton, ein Reporter der «Baltimore Sun», erfindet in dieser Staffel eine Geschichte nach der anderen, steht mehrmals kurz davor aufzufliegen und gewinnt am Ende den begehrten Pulitzer-Preis für eine gefälschte Story.

Relotius, so viel scheint sicher, kannte alle bekannten Fälle von Hochstaplern im Journalismus. Er hat ihre Geschichten mit Freunden geteilt, er war fasziniert von ihnen. Tom Kummer, der Schweizer, der Interviews mit Hollywoodgrößen erfand und im Jahr 2000 aufflog. Jayson Blair, der im Mai 2003 die «New York Times» dazu brachte, den längsten Seite-Eins-Artikel ihrer bis dahin 152 Jahre zu veröffentlichen. In 7239 Worten musste die stolze «New York Times» ihren Lesern damals erklären, dass ihr Reporter Blair Artikel erfunden oder teilweise abgeschrieben hatte. Ihm wurde später eine bipolare Erkrankung attestiert.

Ich habe viel darüber nachgedacht, warum sich Relotius ausgerechnet den Journalismus, genauer gesagt: die Reportage ausgesucht hat. Ein nicht sehr schmeichelhafter Grund könnte sein: Es ist ein dankbares Feld für Blender. Die Kunst des Aufschreibens ist nur *eine* Anforderung. Man kann Schwächen im Stil, im Aufbau, in der Sprache haben, aber wenn man unglaubliche Dinge ausgräbt und erlebt, tritt das alles zurück. Ist man bereit zu lügen, so überzeugend zu lügen wie Relotius, wirkt das wie Doping beim Sport. Als Einziger mit einer unscheinbaren Frau zu sprechen, die sich freiwillig Exekutionen anschaut, als Einziger die Eltern eines in

Ungnade gefallenen Sport-Superstars zum Reden zu bringen, als Einziger Fabrikbesitzer zu finden, die Kinder beschäftigen, relativiert die Kunst, es auch noch packend aufzuschreiben.

Stefan Aust, der ehemalige Chefredakteur des «Spiegel», erzählt gern folgende Begebenheit: «Einer meiner Kameramänner hat mal zufällig einen Unfall gefilmt, bei dem sich ein Auto überschlägt. Natürlich ist das nicht so spektakulär wie in einem Hollywood-Film. Aber anders als beim Film kann man den Blick von dem echten Unfall nicht lassen. Er ist wahr, er ist authentisch, nichts ist stärker als die Wahrheit.»

Relotius lieferte solche «echten Unfälle» am laufenden Band. Das geht nur im Journalismus, wo die Basis für alles Vertrauen ist. Mehr Vertrauen als bei kaum überprüfbaren Auslandsreportagen aus Krisengebieten ist kaum denkbar. Ein ideales Feld, um dieses Vertrauen zu missbrauchen.

Nachdem Relotius entschieden hatte, Reporter zu werden, musste er sich etablieren, einen Namen machen. Er war jetzt freier Autor, es war der Sommer 2011. Keine leichte Zeit. Freie Journalisten arbeiten viel und verdienen wenig, vor allem, wenn sie keine Aufträge von PR-Agenturen annehmen. Die Honorare der Verlage werden immer geringer. Früher klein, heute oft nicht mal kostendeckend. Die wenigen festen Stellen, die es gibt, sind oft lächerlich schlecht bezahlt. Seit einigen Jahren spüren das Journalistenschulen, die Bewerberzahlen gehen zurück.

Als Freier braucht man ein breites Netz an Redaktionskontakten, muss Texte mehrmals anbieten, idealerweise sogar mehrmals verwerten, um über die Runden zu kommen. Gerade am Anfang, wenn man keinen Namen hat, muss man mit wirklich gutem Material kommen. Redaktionen vertrauen lieber Schreibern, die sie kennen. Verständlicherweise.

Relotius' erste überregionale Texte waren in der «Financial Times Deutschland» erschienen. Er hatte für sie bereits aus Israel und Mexiko geschrieben, auch in der «Welt» wurde er gedruckt.

Praktisch von Beginn an enthielten alle Texte Fehler, Ungenauigkeiten oder Erfindungen. Die «Frankfurter Allgemeine Sonntags-
zeitung» druckte ein Interview mit einem mexikanischen Blogger,
das sich nicht verifizieren lässt. Auch «Spiegel Online» bot er das
Interview mit dem Blogger an.

Das erste Blatt, das ihm neben der «Financial Times Deutschland» regelmäßig Texte abnahm, war die konservative «Weltwoche» in der Schweiz. Rund dreißig Texte hat er dort veröffentlicht,
vor allem viele Interviews, aber auch Reportagen. Eine davon
über ein Dorf in Ohio, das sich nach einer Amtszeit von Präsident
Barack Obama abwendet. Relotius erfand den Protagonisten Ste-
ven Witter.

Für die «NZZ am Sonntag» porträtierte er die norwegische
Gefängnisinsel Bastoy, auf der sich Häftlinge frei bewegen können. Held des Textes ist einer der Gefangenen, ein gewisser Per
Kastaad, graue Locken, breite Schultern, verschlagener Blick. Er
existiert nicht. Genauso wenig wie Jenva Bashi, Protagonist der
Geschichte «Auge um Auge, Blut um Blut», der gern Wollpull-
over und Gummistiefel trägt und Vertreter des Nationalen Ver-
söhnungskomitees in Albanien sein soll. Es ist sehr schade, dass
es Bashi nicht gibt. Er hat eine phänomenale Erklärung für den
desaströsen Straßenzustand in Albanien. Albaner würden sich
gegen Sanierungsarbeiten wehren, weil sich auf schlechten Stra-
ßen die Rächer bei den omnipräsenten Blutfehden langsamer
ihren Opfern nähern könnten.

Schon hier wurde etwas deutlich, das heute viele nicht glauben wollen. Natürlich war Relotius ein tendenziell linksliberaler
Haltungsjournalist, der Texte schrieb, bei denen er davon ausging,
dass sie beim «Spiegel» politisch gut ankommen. Aber er war ein
Haltungsjournalist, dessen Haltung extrem flexibel war. Vor allem
war Relotius jemand, der, wie gesagt, sein Gegenüber spiegelte
und ihm das Gefühl gab, ihn zu verstehen. Man kann das auf seine
Texte übertragen. Redakteure, Leser sind auch nur Menschen.
Auch ihre Wünsche kann man erahnen, auch ihre Erwartungen

erfüllen. Auch Journalisten hören am liebsten sich selbst, ihre eigenen Überzeugungen, ihre eigenen Ängste. Auch sie kann man manipulieren. Nicht wenige «Spiegel»-Leser glauben, dass Amerikaner verrückt sein müssen, um jemanden wie Donald Trump zu wählen. Nicht wenige Leser der konservativen «Weltwoche» aus der Schweiz haben Vorbehalte gegenüber Albanern.

Was macht jemand wie Relotius, der nicht Wahrheit, sondern Zustimmung sucht? Für den «Spiegel» entsteht ein größtenteils erfundener Text über selten dämliche Trump-Wähler aus dem Mittleren Westen und ein paar Jahre davor ein Stück für die «Weltwoche» über die angeblich alltäglichen Blutfehden im barbarischen Albanien.

Relotius hatte keine Haltung, keine politischen Ideale, für die er jemals in den journalistischen Nahkampf gegangen wäre. Relotius schrieb, was seine Redakteure, wie er glaubte, im Blatt haben wollten. Er konnte der Idealvorstellung natürlich auch deswegen so gut entsprechen, weil Fakten dabei nicht störten. Nur ein paar Beispiele: Im als konservativ geltenden Magazin «Cicero» schrieb Relotius, dass im nordalbanischen Shkodram, mit etwa 135 000 Einwohnern, angeblich rund 3000 Familien in Blutfehden verwickelt seien. Die BBC kam auf 87. An die mittlerweile eingestellte «Tageswoche» in Basel verkaufte er eine Geschichte über eine Veranstaltung, bei der ehemalige Kriegsfeinde in Sarajevo über ihre Traumata miteinander sprachen. Diese Veteranenveranstaltung gab es nie. Dafür lieferte Relotius in der Reportage Sätze wie diese: «In Bosnien und Kroatien füllen regelmäßig Bilder von Amokläufen die Blätter der Boulevardpresse. Immer wieder zünden sich dort ehemalige Soldaten auf öffentlichen Plätzen an oder sprengen sich vor laufenden Fernsehkameras in die Luft.»

Die Liste seiner Fälschungen ist enorm. Die Zahl der Lügen und Erfindungen geht in die Hunderte, seine Reportagen sind fast alle unsauber. Nur wenige Stücke sind korrekt, vor allem Interviews, die autorisiert werden mussten. Einige Wochen nach dem Skandal erreichte mich die E-Mail eines zermürbten Dokumentars des «Spiegel». Sie lautete: «Hurra, wir haben den ersten korrekten Relotius-Text gefunden!»

Ich werde nicht alle seine fehlerhaften oder erfundenen Texte durchgehen. Wichtiger als die schiere Masse ist das System, das sich schon in der Anfangszeit zeigt. Relotius hatte früh verstanden, dass es im Journalismus nur einen schnellen Weg nach oben gibt. Er war nicht Absolvent einer der wirklich bekannten Journalistenschulen, hatte keine persönlichen Kontakte in den Redaktionen, keinen Dozenten schien er in der HMS so beeindruckt zu haben, dass der ihm vom Klassenzimmer weg eine freie Mitarbeit angeboten hätte. Es blieb nur eines, um bekannt zu werden: Er musste einen Journalistenpreis gewinnen.

Im Nachhinein wirkt Relotius' Zielstrebigkeit wie kühle Methodik, der Aufstieg erschütternd. Relotius' Erfolg im Journalismus war kein glücklicher Zufall, kein Produkt des Talents, er war von langer Hand geplant, kühl exekutiert.

Angeblich gibt es über fünfhundert Journalistenpreise in Deutschland. Wirklich bedeutend sind davon vielleicht zehn, höchstens fünfzehn. Relotius reichte so ziemlich jeden Text ein, den er veröffentlichte. Gleich 2012 gewann er den Schweizer Medienpreis für junge Journalisten und wurde Zweiter bei einem Nachwuchsjournalisten-Wettbewerb, dem «dpa news talent». Auch der Coburger Medienpreis folgte früh. Über vierzig Auszeichnungen waren es am Ende, in gut acht Jahren. Viermal der «Deutsche Reporterpreis», der «Österreichische Zeitschriftenpreis», der «Medienpreis für Freischaffende», der «Peter Scholl-Latour-Preis» der Ulrich-Wickert-Stiftung, der «Konrad-Duden-Preis», der «European Press Prize», der «Preis der Kindernothilfe der Katholischen Kirche», der Preis der Stadt Coburg und noch einige andere. Er wurde zum «CNN-Journalist of the Year» gekürt und gewann den «Reemtsma Liberty Award». In der Begründung hieß es: «Claas Relotius' Reportagen sind unglaublich detailliert ausrecherchiert und eindringlich geschildert und fast schon als Literatur zu bezeichnen. Auch wenn man dachte, schon alles gehört und gelesen zu haben, so gelingt es Relotius mit seinen herausragenden Stücken, eine weitere Tür mit neuen Erkenntnissen aufzumachen.»

Im Schnitt stand Relotius alle zehn, zwölf Wochen auf irgendeiner Bühne und nahm eine Würdigung entgegen. Über vierzig Preise heißt aber auch, dass er sich für deutlich mehr Preise beworben haben musste. Er gewann viel, aber nicht alles. Einige Wettbewerbe verlangen nicht nur den Text, sondern auch einen kleinen Bericht über die Entstehungsgeschichte, eine kurze Biographie. Die meisten Journalisten hätten überhaupt nicht die Zeit dazu, ständig irgendwo Texte einzureichen. Die meisten Journalisten benötigen allerdings auch Zeit zum Recherchieren.

Relotius hatte früh eines verstanden: In einer Welt, in der es um Objektivität und Überprüfbarkeit geht, befördert kaum etwas mehr die Karriere eines jungen Journalisten als ein nach absolut subjektiven Jurykriterien vergebener Journalistenpreis. Das kann man bedauern, kritisieren und zu ändern versuchen, nur leugnen kann man es nicht. Ein großer, wichtiger Journalistenpreis wie der «Henri-Nannen-Preis», der «Deutsche Reporterpreis», der «Theodor-Wolff-Preis», der «Axel-Springer-Preis» kann der entscheidende Karriereschub sein. Man wird einem breiten Publikum bekannt, Redaktionen erwähnen das gern in ihren Autorenkästen, Kollegen, darunter Ressortleiter, lesen künftige Texte anders. Gerade für junge Journalisten sind Preise der einzige Weg, bekannt zu werden. In der Literatur, in der Wissenschaft, im Film – überall funktioniert das ähnlich. Preise sind wichtig. Jeder hätte sie gern, und jeder, der sie nicht bekommt, findet sie überbewertet. Bis er oder sie ihn bekommt. «Journalistenpreisgewichse» hat das ein kluger Mann im «Spiegel» mal genannt.

Wenn man versucht, an den Anfang zu gehen, den Text, mit dem Relotius seinen Aufstieg begann, landet man recht schnell bei einem Gespräch zwischen ihm und dem Chefredakteur des Schweizer Magazins «Reportagen», Daniel Puntas Bernet. Das Magazin «Reportagen» ist eine Liebeserklärung an die klassische journalistische Erzählung, die wie gute Literatur begeistern kann. Es erscheint sechs Mal im Jahr, Leineneinband, Buchformat, keine Fotos. Wunderbare Texte von wunderbaren Autoren, Sibylle Berg, Roger Willemsen, Erwin Koch, Arnon Grünberg und viele andere.

Ende 2012 rief Claas Relotius bei «Reportagen» an und schlug eine Geschichte vor. Es gebe in San Luis Obispo, Kalifornien, ein Projekt in einem Gefängnis, in dem jüngere Häftlinge sich um ältere, lebenslänglich verurteilte Zellenkumpel kümmerten, die an Demenz litten. Knapp 1,6 Millionen Amerikaner seien inhaftiert, über zehn Prozent davon für mehr als 20 Jahre. Die völlig überfüllten Gefängnisse könnten sich um diese kranken Häftlinge kaum kümmern, darum dieses Projekt. Selbstverständlich ist das eine tolle Reportage, sagte Daniel Puntas Bernet, ein angenehmer, ruhiger Mann, aber doch nur, wenn man in so einen Sicherheitstrakt auch reinkäme. Wenn man wirklich Zugang bekäme, wirklich erleben könne, wie das ist, wenn Mörder und Vergewaltiger sich gegenseitig pflegten. Puntas Bernet macht das Magazin seit 2011 und hat es mittlerweile etabliert. Es ist immer mehr zu einem exklusiven Ort für Reporter geworden. Wer hier veröffentlicht wird, kann schreiben. Jedes Heft hat nur wenige Geschichten.

Puntas Bernet hatte recht. Das war Filmstoff, aber wie so oft würde die Realisierung daran scheitern, dass man ihn nicht umsetzen konnte. Man kann amerikanische Gefängnisse besuchen als Reporter, aber man steht meist hinter Glas. Der Zugang ist möglich, wird aber sehr restriktiv gehandhabt. Und dass man als Journalist frei zwischen Massenmördern recherchieren darf, ist höchstwahrscheinlich überhaupt nicht möglich.

Puntas Bernet erhält viele solche Anrufe. Er sagte zu Relotius, den er später als sehr schüchtern bezeichnete, dass er die Umsetzung für völlig illusorisch halte. Er erwarte nicht, dass Relotius dies hinbekomme.

Relotius bedankte sich freundlich. Rund ein halbes Jahr hörte Puntas Bernet nichts von ihm, vergaß Relotius, bis er eine E-Mail in seinem Postfach vorfand, mit der dichtesten, ergreifendsten

Geschichte, die er jemals gelesen hatte. Reporter Relotius war so nah dran, dass er seine Protagonisten sogar beim Duschen beobachten durfte. Und mit ihnen sang. In der Dusche. In einem amerikanischen Hochsicherheitstrakt. Claas Relotius, ein Doppelmörder mit Alzheimer und ein Mann, der seine Frau mit einer Baumarktsäge in sieben Teile zerstückelt hatte.

Puntas Bernet und die Kollegin, die Relotius betreuen sollte, hatten anfangs Bauchschmerzen. Sie riefen vor Veröffentlichung in der Haftanstalt an, der «California Men's Colony». Ob ein deutscher Journalist mit dem Namen Relotius das Gefängnis besucht habe, war die Frage. Das könne man bestätigen, hieß es aus dem Gefängnis. Die «Reportagen»-Kollegen waren zufrieden. Sie hätten weiter recherchieren können, zum Beispiel hätten sie fragen können, ob die Gefängnisleitung jetzt völlig übergeschnappt sei und Journalisten einfach so mit Schwerkriminellen duschen lasse, aber das taten sie aus nachvollziehbaren Gründen nicht. Relotius war da gewesen, hatte der Redaktion in einem langen Gespräch dargelegt, wie er immer wieder die Gefängnisleitung angeschrieben habe, immer drangeblieben sei, bis er nach viel Überzeugungsarbeit irgendwann am Ziel war. Außerdem hatte er Bilder gemacht. Die Redaktion glaubte ihm. Der Text erschien.

> «Es begann schleichend. Die anderen merkten es erst gar nicht, er selbst vielleicht am allerwenigsten, und eines Tages schien er ein anderer Mensch zu sein. Zuerst legte er beim Pokern ab und an so seltsame Blätter oder machte beim Schachspiel so anfängerhafte Fehler, als folge er seinen ganz eigenen Regeln. Dann stellte er immer häufiger dieselben Fragen, nur um die Antworten darauf manchmal schon Augenblicke später wieder zu vergessen. Eines Abends kippte er im Speisesaal die Milch über sein Essen und bemerkte lächelnd, es sei allerhöchste Zeit, die Blumen nun endlich zu gießen. Und irgendwann wollten ihn

die anderen Häftlinge sogar dabei beobachtet haben, wie er im Duschraum auf einem Stück Seife kaute, anstatt sich damit zu waschen.

Mittlerweile glaubt Ronald Montgomery, den alle nur siezen und Mr. Montgomery nennen, weil er selbst seinen eigenen Vornamen vergessen hat, in einem riesigen Vergnügungspark zu leben. Und nicht in der berüchtigten California Men's Colony, diesem von nichts als Bergen und Brachland umgebenen Hochsicherheitsknast nahe der kalifornischen Kleinstadt San Luis Obispo, in dem er, 74 Jahre alt, seit vier Jahrzehnten als einer der schlimmsten Gewaltverbrecher der Vereinigten Staaten von Amerika einsitzt.

Die kargen, schmalen Zellen hier sind für ihn bloß Warteräume, die finsteren, nach Linoleum riechenden Gefängnisflure erscheinen ihm wie ein unterirdisches Tunnellabyrinth, und Wärtern begegnet er meistens wie strengen Sicherheitsleuten, denen man ab und an ein Ticket vorzeigen muss. All das ergibt Sinn in seiner Welt. Nur die Karussells und Achterbahnen findet Montgomery nie. Dann wird er unruhig und weint und schreit so lange, bis die Männer in den dunkelgelben Hemden kommen, ihn wie einen kleinen Jungen in den Arm nehmen, ihm behutsam über den Rücken streichen und ihn beruhigen. Montgomery ist verrückt, sagen die anderen Häftlinge, und die meisten schütteln den Kopf oder lachen hämisch, wenn sie auf dem Weg in den Gefängnishof der Reihe nach in Handschellen an seiner Zelle vorbeimarschieren und dabei einen kurzen Blick auf den dürren Mann mit den schlohweißen Haaren werfen, der mit leerem Blick auf seiner Pritsche sitzt und wie besessen auf den ausgeschalteten Fernseher starrt.

Aber er ist nicht verrückt, er ist krank. Montgomery hat Alzheimer.»

Als literarische Kurzgeschichte ein wenig rührselig, als Reportage, mit der Wucht der Wahrheit auf ihrer Seite, grandios. Das Problem, wie so oft, ist, dass diese Geschichte komplett erfunden ist. Es gibt zwar ein solches Projekt, bei dem Insassen andere pflegen, die «New York Times»-Autorin Pam Bellock hatte im Februar 2012 darüber berichtet. Montgomery sitzt jedoch nicht in diesem Gefängnis, ist auch keine vierundsiebzig, sondern gute zwanzig Jahre jünger. Der später eingeführte andere Mann, Lazard Pretorius, Montgomerys Pfleger, existiert überhaupt nicht.

Relotius hatte, wie er es immer wieder tun sollte, eine gute Geschichte in einem amerikanischen Medium, in diesem Fall der «New York Times», entdeckt, diese angeboten und dann teilweise kopiert und durch Erfindungen so weitergesponnen, dass ein preiswürdiger Text entstand. «Der Mörder als Pfleger» war sein Durchbruch. 2013 gewann er damit seinen ersten Reporterpreis, kurz darauf den «Medienpreis für Freischaffende» in der Schweiz und den «Österreichischen Zeitschriftenpreis» sowie den Titel «CNN-Journalist of the year».

Die Laudatio zu Relotius' erstem Reporterpreis hielt sein späterer Vorgesetzter im «Spiegel», Ullrich Fichtner, dessen Enthüllungsstück in eigener Sache auf «Spiegel Online» am 19. Dezember 2018 Schockwellen durch den deutschen Journalismus jagte: «Manipulation durch Reporter – Spiegel legt Betrugsfall im eigenen Haus offen». Der Text wurde von vielen kritisiert. Er sei zu erzählerisch, zu emotional, zu sehr in genau dem Stil geschrieben, mit dem Relotius, der Fälscher, so wunderbar zu blenden verstand. Ich finde den Einwand nachvollziehbar, aber letztlich am Thema vorbei. Eine andere Kritik finde ich interessanter: Einige fragten sich, warum der Mann, der Relotius Preise überreicht, ihn zum «Spiegel» geholt, ihn gefördert hatte, die Aufklärung verschleppt hat und offenbar plante, ihn zum Ressortleiter zu machen, warum ausgerechnet dieser Mann, vor allen sechshundert Journalisten im Haus, die Welt über den Skandal infor-

mierte. Ohne diese nicht unerheblichen Informationen offen-
zulegen.

Damals bei der Verleihung des Reporterpreises war das alles
noch weit weg. Fichtner sagte in der Laudatio:

> «Die Jury hat es sich nicht einfach gemacht, weil manche
> Probleme sehr schwierig sind. Wir haben uns gestritten,
> wir waren gespalten, wir waren hin- und hergerissen, weil
> es im Kern um ein altes Dilemma unseres Berufes ging,
> nämlich um die Frage der Relevanz. Wir haben keine kla-
> ren Tests, keine kleinen Papierchen, die sich verfärben.
> Es liegt im Auge des Betrachters, was relevant ist, und es
> muss nicht immer so sein, dass Mord und Krieg und Tot-
> schlag automatisch auch die bessere Reportage erbringen.
> Es kann auch sein, dass ein Text, in dem gesungen wird, in
> dem statt Verzweiflung Hoffnung wächst, den besseren
> Text hervorbringen kann. Vor dieser Frage standen wir, und
> wir konnten sie wieder nicht abschließend klären, weil es
> keine Antwort auf sie gibt. Wir werden sie weiter diskutie-
> ren müssen, von Fall zu Fall, von Text zu Text. Es geht dabei
> um Gefühle, um Lese-Erfahrungen – und am Ende musste
> ein Mehrheitsentscheid her, der auch Gott sei Dank glück-
> lich gefallen ist. Die beste Reportage dieses Jahres führt in
> die Welt des Hochsicherheitsgefängnisses von San Luis
> Obispo in Kalifornien, wo die Leute dem Problem Herr
> zu werden versuchen, dass auch Mörder, Kinderschänder
> und sonstige Delinquenten, die für 40 oder 50 Jahre weg-
> gesperrt werden, dement werden und Alzheimer kriegen.
> Dann fragt man sich: Was macht man mit denen? Pfleger
> zu bezahlen würde die Kosten wahnsinnig erhöhen. Also
> ist man darauf gekommen, in einem Projekt Mithäftlinge,
> die vielleicht auch Mörder, Kinderschänder oder sonsti-
> ges waren, zu Pflegern auszubilden, damit sie sich um ihre
> Mitgefangenen kümmern. Eine faszinierende Welt, eine

aufregende Geschichte, die Claas Relotius für das Magazin ‹Reportagen› in eine mustergültige, anrührende Erzählung verwandelt hat, die die Jury mit dem Preis für die ‹Beste Reportage 2013› auszeichnet.»

Fichtner war begeistert von dem Text und bot Relotius kurz danach an, als Autor des Gesellschaftsressorts für den «Spiegel» zu arbeiten. Matthias Geyer und er waren damals die Ressortleiter. Dort, das wusste Relotius, herrschten phantastische Recherchemöglichkeiten. Er konnte viel im Ausland arbeiten, die Texte würden nicht online erscheinen, sondern nur im Heft. Relotius hatte es geschafft. Im Sommer 2011 hatte er das Studium beendet, rund zwei Jahre später hatte er sich an die Spitze des deutschen Journalismus geschrieben.

Die Auszeichnung zum «CNN-Journalist of the Year» folgte kurz darauf. Sie wurde am 27. März 2014 verliehen. Eine pompöse Veranstaltung mit viel Prominenz, Künstlerhaus am Lenbachplatz in München, roter Teppich, Abendkleidung, viele Wichtige und Sehrwichtige, Moderatoren, Schauspieler, Chefredakteure, Politiker. Kamerateams nehmen sie auf, weshalb das alles auf YouTube zu sehen ist:
     Es ist eine erneute Nacht des Triumphs für Relotius. Zweimal wird er auf die Bühne gebeten. Relotius, schwarzer, gut geschnittener Anzug, weißes Hemd.
     Relotius wird gefragt, wie lange er im Gefängnis sein durfte. Zehn Tage, von früh bis 18 Uhr sei er da gewesen. Man habe ihn gebeten, dunkle Kleidung zu tragen, damit er sich von den Häftlingen abhebe. Und der Zugang?, fragte der deutschsprachige CNN-Reporter, der Relotius den Preis übergab. Man kenne das in Amerika doch eigentlich nur so, dass man als Reporter bei Gefängnisbesuchen hinter Glas sitze und nicht mittendrin dabei sei?
     Ja, das sei nicht leicht gewesen, aber mit vielen E-Mails, ähh, und auch mit Briefen, ähh, die er per Post habe schicken müssen,

sei das möglich gewesen, antwortet Relotius. Die «Ähhs» und Denkpausen in seiner Antwort machen ihn nicht unglaubwürdig, sie wirken eher sympathisch, Relotius scheint fast etwas überfordert.

Der Reporter fragt noch, wie er auf das Thema gekommen sei, er selbst habe davon nie gehört. Relotius sagt, er habe ursprünglich eigentlich in Deutschland recherchieren wollen, was mit Häftlingen passiere, wenn sie älter und dement würden. Dann habe ein befreundeter Fotograf ihm von diesem Projekt erzählt. Den Text der Kollegin der «New York Times» erwähnt er nicht.

Relotius ist ein ausgesprochen angenehmer Mensch auf dieser Bühne. Er schaut dem CNN-Reporter aber die meiste Zeit nicht ins Gesicht. Das fällt jedoch nur auf, wenn man die Aufzeichnung des Abends mit dem Wissen schaut, dass er in diesen Momenten lügt. Relotius bekommt zuerst den Preis für die beste Print-Reportage. Etwa eine Stunde später verkündet die Vizepräsidentin von CNN den «CNN-Journalist of the Year». Es gewinnt Claas Relotius. Selbst auf die eher seltsame Frage, warum sein Text so außergewöhnlich sei, hat er eine Antwort, eine, die seine Größe zeigt: Dies sei nicht zuletzt ein Verdienst des noch jungen Magazins «Reportagen» und seines Gründers Daniel Puntas Bernet, der solche für den Leser nicht ganz leichten Texte überhaupt möglich mache.

Der Dank an andere, die ihm geholfen haben, der Hinweis, dass er nur derjenige sei, der zusammengeschrieben habe, wiederholte sich immer wieder bei Preisverleihungen. Der denkbar würdigste Preisträger.


Relotius fing kurz danach beim «Spiegel» an. Sehr jung, mit wenig Erfahrung und unendlich viel Potenzial. Er wurde ein sogenannter «fester Freier», der nicht angestellt ist, der eine monatliche Pauschale überwiesen bekommt, jedoch jederzeit entlassen werden kann. Hätten Matthias Geyer oder Ullrich Fichtner kurz im Internet den Namen «Claas Relotius» gegoogelt, hätten sie bemerkt, dass er ein paar Monate zuvor ein Problem mit «NZZ Folio» gehabt hatte. Die Schweizer hatten die Zusammenarbeit mit ihm beendet. Relotius hatte bei Kurzinterviews mit finnischen Friseuren unsauber gearbeitet.

Geyer und Fichtner googelten Relotius aber nicht. Anders als andere freie Mitarbeiter erhielt er sogar ein eigenes Büro. Nach und nach schrieb und redete er sich in die Herzen der Redaktion. Er saß meist in seinem Zimmer, in dem er, etwas ungewöhnlich, zwei Computer hatte. Seinen privaten und den vom «Spiegel». Die Tür war stets zu, er war meist in Lektüre vertieft, gleich neben ihm seine Journalistenpreise. Relotius wurde verehrt, bewundert, respektiert, nicht zuletzt wegen der Preise, aber auch wegen seines besonnenen Auftretens, des Verhaltens während der Konferenzen. Meist still, politische Diskussionen meidend, ein Agenda-freier Reporter, ohne Missionierungseifer, nüchtern, auf keinem Auge blind, eigentlich ideal.

Natürlich schätzten ihn seine Chefs besonders. Andere Reporter kommen mit Ausreden, mit guten Gründen, warum diese oder jene Recherche nicht klappt, warum dieser oder jener Gesprächspartner abgesagt hat, warum diese Geschichte nun leider tot sei. Relotius passierte das auch manchmal, nicht oft, aber es kam vor. Doch wenn es wirklich wichtig wurde, war Relotius einer, der lieferte. Er arbeitete hart, übernahm Sonderschichten, wenn kein anderer wollte, war immer zur Mehrarbeit bereit, auch freitagabends, wenn das «Spiegel»-Gebäude verlassen wirkt. Ein vorbildlicher Mitarbeiter. Ein unglaubliches Recherchetalent mit preußischer Arbeitsmoral, gekreuzt mit einem liebenswürdigem Glückspilz. Kein Schaumschläger, dafür unglaublich gut. Perfekt. Er galt als besonders vorsichtig, besonders penibel. Für die Reportage «Königskinder» reiste er mehrmals in die Türkei. Selbst in einem Laden wie dem «Spiegel», der keine fundierte Recherche ablehnt, ist das nicht üblich.

Relotius musste vor jedem Text wichtige Entscheidungen treffen. Zum Beispiel, ob am Ende überhaupt eine Reportage entstehen würde. Er konnte ja nicht immer einen triumphalen Text vorlegen. Das wäre aufgefallen. Also musste er auch das Scheitern erfinden. In langen, verzweifelten E-Mails, aus denen der hart arbeitende Reporter sprach, der gegen Wände lief, informierte er Hamburg. In der Ukraine, zum Höhepunkt der Krise, verbrachte er mehrere Wochen und kam schließlich ohne Text zurück. Andere Zeitungen und Magazine waren voll von Geschichten.

Eine seiner effizientesten Methoden war, früh Zweifel zu säen. Er machte klar, dass die Geschichte, an die er sich wagen würde, bereits in verschiedenen – falschen – Versionen im Netz kursiere. Er, besser gesagt: der «Spiegel», würde aber die Wahrheit finden. Keine Gerüchte, keine Legenden, absolute Vorsicht war das Mantra. So kam er zum Beispiel mit der Behauptung durch, dass er wirklich den Jungen gefunden habe, der den Syrienkrieg mit einem Graffito ausgelöst hat. Und das, obwohl es in der Redaktion einige gab, die bereits von dieser Geschichte in verschiedenen Versionen gehört hatten. Über ein Jahr brauchte Relotius angeblich, um aus dem Legendenmeer den wahren Jungen herauszufischen.

Der Dokumentar, der damals die Geschichte verifizierte, sah in Relotius einen herausragend akribischen, mehr als nur gewissenhaften Reporter. «Einen Tiefstapler», sagte er zu mir. Wenn es darum ging, auch nur die leichtesten Korrekturen an seinem Manuskript vorzunehmen, Vereinfachungen, Verknappungen, um die Leserlichkeit zu erhöhen, wehrte sich Relotius. Oder verwies auf seine Notizen, die er noch mal durchgehen müsse, bevor er eine Änderung verantworten könne. Einer seiner Vorgesetzten sagte mir, dass er Relotius in erster Linie für einen «großen Ranschaffer» hielt. Er bewundere weniger sein Schreibtalent, das Verkitschte habe er ihm regelmäßig rausgenommen, doch der Inhalt seiner Texte, vor allem die Konstanz, mit der Relotius seine spektakulären Geschichten lieferte, das habe ihn von allen anderen unterschieden.

Jeder Reporter landet mal einen mehr oder weniger großen Treffer, erwischt die richtigen Protagonisten, ist zum richtigen Zeitpunkt am richtigen Ort. Aber Reporterglück ist flüchtig und selten. Man kann es ihm leichter machen, durch viele Interviews, studierte Aktenberge. Man kann die Recherche mit Fleiß bombardieren, und das kann helfen, aber letztlich ist Reporterglück scheu, sehr bockig und, anders als behauptet, natürlich nicht erzwingbar. Selbst der beste Reporter kann aus einem spröden Stoff keinen genialen Text machen. Relotius nahm der Redaktion die Ungewissheit. Nicht die unerreichte schreiberische Qualität machte ihn ungewöhnlich, sondern die unerreichte Häufung, mit der er guten Stoff ausgrub – in der Disziplin war Relotius unerreicht.

«Ich versuche, nicht für den Leser zu schreiben. Ich versuche, für mich zu schreiben. Ich versuche die Geschichte so zu schreiben, wie ich sie gern lesen würde», hat Relotius einmal in einem Interview gesagt. Und vermutlich ist das wahr. Und weil die Realität solche Geschichten nicht hergab, dachte er sie sich aus.

Relotius galt als langsamer, sich quälender Autor. Auch das eine wichtige Reportereigenschaft. Es ist schwer zu sagen, ob Relotius sich wirklich quälte beim Schreiben. Wahrscheinlich, denn die Texte sind gut komponiert. Es ist aber letztlich nicht wichtig. Schließlich hatte er ein Dopingmittel, das keinem anderen Reporter zur Verfügung stand, die Lüge.

Bei einer Veranstaltung eines Magazins wurden Relotius und ein Reporterkollege der «Süddeutschen Zeitung» gefragt, wie sie es mit der Phantasie in Texten hielten. Er sprach in seiner Antwort vor allem davon, wie entscheidend es sei, dass der Leser ihm vertraue, dem Schreiber. «Mich stört das im Text, wenn da immer davor steht: Das weiß ich jetzt von dieser Quelle, das weiß ich von jener Quelle (...) Ich vertraue quasi darauf, dass der Leser darauf vertraut, dass das vernünftig recherchiert ist.»

Aber selbst, wenn man ihm nicht vertraut hätte, es wäre schwer gewesen, Relotius zu überführen. Die meisten Texte spielen im

Ausland. In seiner Anfangszeit schrieb er viel über Kriminelle, später über Demenzkranke, später waren es auffällig oft Kinder, «Jaegers Grenze» handelt von einer anonymen Bürgerwehr. Das System, das er entwickelt hatte, die ganze Orchestrierung machte es schwer, ihn zu überführen. Relotius hatte sich in den ganzen Jahren beim «Spiegel» eine Menge aufgebaut. Den Ruf, ein toller Autor zu sein, ein freundlicher Kollege, ein verlässlicher Freund, vor allem aber hatte er sich Vertrauen aufgebaut. Das war sein Kapital. Er forderte es in jedem seiner Texte ein.

Als kurz vor Ende des Skandals, kurz bevor Claas Relotius alles zugab, das ganze Gebilde einzustürzen drohte, wurde der Dokumentar, der die meisten Relotius-Reportagen überprüft hatte, von Ullrich Fichtner gefragt, wem er eher glauben würde – Juan Moreno oder Claas Relotius.

Er sagte: «Für Claas lege ich meine Hand ins Feuer.»

«Der Journalismus ist für die Mittelschicht, was das Boxen für die Unterschicht ist.»

Peter W. Apple

## 7. Kapitel

# Warum ich?

*Einiges über den Reporter Juan Moreno*

Der Teil ist nicht ganz leicht für mich. Er liest sich anfangs wie ein netter Migrationsschwank. Er endet ein wenig bitter. Er handelt unter anderem von meinen Eltern, die noch keinen Artikel von mir gelesen haben, da ihr Deutsch dafür nicht ausreicht. Dafür, dass der Journalismus jedem offensteht und es keine geschützte Berufsbezeichnung gibt, ist die Personengruppe, die sich letztlich für ihn entscheidet, überraschend homogen. Es gibt einige Studien zu dem Thema, die ich hier nicht aufführen werde, und ein wunderbares Stück von Marco Mauer in der «Zeit». Es heißt «Ich, Arbeiterkind». Vereinfacht ausgedrückt stammt die große Mehrheit der Journalisten aus eher gut situierten Bildungsbürgerhaushalten. Papa oft studiert, nicht selten verbeamtet, Mama ähnlich. Vielleicht doch eine Zahl: Von knapp siebzig Prozent mit «hohem Herkunftsniveau» im Journalismus ist in einer aktuellen Studie die Rede. Relotius gehört zu den siebzig Prozent. Ich zu den dreißig, den unteren dreißig, würde ich sagen. Meine Sozialisierung lief ein wenig anders als die meiner Journalistenkollegen.

Um das gleich zu klären, weil mich das ausländische Journalisten immer wieder im Zusammenhang mit dem Fall Relotius gefragt haben: Ich habe mich im Journalismus nie diskriminiert gefühlt – abgesehen von einzelnen Leserbriefen, die ich nie sonderlich ernst nahm. Vielleicht liegt das daran, dass ich zu tumb bin, um es zu bemerken. Viel wahrscheinlicher ist wohl, dass es niemand getan hat. Dennoch komme ich mir oft wie ein Außenseiter vor, zumindest nicht mehrheitsfähig. In meinem engeren Freundeskreis gibt es Journalisten – meist Ostdeutsche –, die mir genau das Gleiche erzählen. Nämlich, dass sie sich irgendwie nicht zugehörig fühlen. Ich habe mich in der Journalistenwelt immer, ironisches Wort, ein wenig wie ein Hochstapler empfunden, wie jemand, der da nicht wirklich hingehört.

Meine Eltern haben ihr Leben lang Profile auf Autoreifen geklebt, und jetzt bezahlt mich jemand, damit ich «Spiegel»-Lesern die Welt erkläre. Ich hielt mich nicht für dümmer als die Düsseldorfer, Münchener und Hamburger Akademikerkinder, die auf Journalistentreffen rumliefen. Aber während ich bei einigen von ihnen den Eindruck hatte, dass sie nach einer Beförderung vor allem die Frage hatten: «Warum hat das eigentlich so lange gedauert?», fragte ich mich: «Wann merken die endlich, dass ich praktisch vom Fernseher erzogen wurde?»

Als meine Eltern Anfang der 1970er Jahre beschlossen, nach Deutschland aufzubrechen, waren sie andalusische Bauern. Sie planten, eine Weile hier zu arbeiten, um mit etwas Geld zurückzukehren und wieder als andalusische Bauern zu leben. Vier Jahre hatte mein Vater eine Schule besucht. Sein Lehrer war ein prügelnder Holzkopf, der im Dorf als gebildet galt, weil er das ganze Alphabet konnte und die Buchstaben mit dramatischen Schwüngen versah. Als Lehrbuch suchte sich der Mann eine alte Enzyklopädie, und da er offenbar praktisch veranlagt war, begann er seinen Unterricht ganz vorne: beim A. In Deutschland hätte mein Vater also in der ersten Klasse erst mal etwas über den Aal gelernt. In Spanien war es «abacá». Wer kennt sie nicht? Die philippinische Hanfart. Sie kamen bis zum «E». Ab seinem elften Lebensjahr hütete mein Vater Ziegen und vertrieb sich die Zeit mit Rauchen. Er hatte damit gleich nach der Einschulung begonnen. Die Schrift meines Vaters ist ausgesprochen schön, die Buchstaben haben schöne Schwünge. Ein Buch hat er nie gelesen.

Nach Deutschland ging mein Vater, weil er gehört hatte, dass sie dort erst gar nicht versuchten, gebildete Kräfte zu bekommen. Es taten auch kräftige Ungebildete. In zwei, drei Jahren wollte er so viel Geld verdienen, dass es für mehr als eine Scheune und ein Motorrad reichen würde. Genug für immer. In Hanau am Main, unweit von Frankfurt, fand er in einer Reifenfabrik Arbeit. Nach einiger Zeit in einem Männerwohnheim für Gastarbeiter, heute würde man es Parallelwelt nennen, fand er eine Wohnung über einer Schreinerei und holte mich und meine Mutter nach.

Ich war bis dahin hauptsächlich von meinen Großeltern aufgezogen worden. Herzliche Menschen, deren Spanisch selbst meinem Vater zu ungehobelt war. Aus den zwei, drei Jahren, die meine Eltern in Deutschland bleiben wollten, wurden wie bei so vielen anderen deutlich mehr, vierunddreißig. Ihr Leben.

Ich habe zwei Brüder, sie sind in Hanau geboren. Wir hatten als Kinder keine Kinderbücher. Da meine Mutter ebenfalls in der Reifenfabrik arbeitete, übernahm der Fernseher viele Erziehungsaufgaben. Die Betreuung unserer Hausaufgaben endete in der dritten Klasse. Der Stoff war irgendwann sprachlich zu schwer für meine Eltern. Dennoch haben wir alle drei studiert. Ich, der nach der Grundschule eine Hauptschulempfehlung erhielt, lebe vom Schreiben.

Die Entscheidung meines Vaters, in Deutschland zu bleiben, nicht ins Dorf meines Großvaters zurückzugehen, zurück in ein Haus, das kein fließend Wasser hatte, keine Toilette, keinen Strom, dessen einzige Verbindung zur Außenwelt ein Röhrenradio mit Autobatterie war – all das war für mich reines, volles Glück. Es erklärt, warum meine Brüder und ich einen anderen Weg eingeschlagen haben als viele meiner Cousins, deren Eltern im Dorf geblieben waren. Wir sind nicht klüger, fleißiger, zielstrebiger. Wir hatten einfach mehr Chancen. Chancen, die uns Deutschland gab. Es ist genau der Grund, warum meine Eltern bis heute rein gar nichts auf dieses Land kommen lassen.

Ich war ein schlechter Schüler, was vor allem an meinen schlechten Sprachkenntnissen lag. In meine Grundschulklasse gingen fünf Deutsche und zweiundzwanzig Gastarbeiterkinder, die meisten davon Türken. Es hat dazu geführt, dass mir Türken bis heute grundsätzlich sympathisch sind. Alle meine Freunde waren Türken. Und sie landeten alle auf der Hauptschule.

Ich hatte damals einen großartigen Deutschlehrer, Herrn W. Er gab mir in der fünften eine glatte Sechs im Zeugnis und drückte mir ein Diktat mit den Worten in die Hand: «Na ja, seit dem Untergang der Armada ist mit Spanien auch nichts mehr los.» Gleichzeitig gab er mir nie das Gefühl, mich abgeschrieben zu haben.

Gegen den Wunsch meiner Eltern – «man widerspricht Lehrern nicht, die haben studiert» – wechselte ich auf die Realschule. Ich bestand drauf. Meine Noten in Deutsch wurden besser, auch die Diktate, für eine vernünftige Kommasetzung hat es bis heute nicht gereicht. Später ging ich aufs Gymnasium, danach studierte ich aus Gründen, die ich nicht mehr nachvollziehen kann, Volkswirtschaft. Während meines Hauptstudiums landete ich irgendwann in Köln, der deutschen Fernsehhauptstadt. Dutzende meiner Kommilitonen jobbten beim Fernsehen. Einige beim WDR oder bei RTL, andere bei einer der vielen Produktionsfirmen. Also tat ich das auch. Ich arbeitete für eine ARD-Nachmittagstalkshow, die bald wieder abgesetzt wurde. Noch später machte ich einige Boulevardbeiträge für RTL, Sat.1 und ProSieben. Sie waren schlecht.

Irgendwann schloss ich das Studium ab und schrieb einen Bewerbungsbrief an die Deutsche Journalistenschule in München. Er begann mit den Worten: «Mein Name ist Juan Moreno. Ich komme aus einem andalusischen Dorf, in dem die Männer noch Männer sind und die Schafe deshalb Angst haben müssen.» Ich wurde zu einem Vorstellungsgespräch eingeladen. Günther Jauch saß in der Auswahlkommission und sagte mir, dass ich schreiben könne. Für mich war das neu. Ich wollte zu dem Zeitpunkt zum Fernsehen. Mir schwebte etwas lässig Küppersbuschartiges vor, schon klug, schon gewitzt, aber nicht gleich in Arbeit ausartend. Es hatten sich damals weit über tausend Schüler an dieser Schule beworben, fünfzehn wurden genommen, ich war einer von ihnen. Es war 1999.

Teil der Ausbildung waren zwei Pflichtpraktika. Das erste machte ich bei der damals existierenden Berlin-Seite der «Süddeutschen Zeitung». Und weil ich kein Geld hatte, um im Anschluss erneut in eine andere Stadt zu ziehen, trat ich das zweite gleich bei den Berliner Seiten der «FAZ» an. Die beiden Redaktionen lagen wenige Häuserblocks voneinander entfernt in Berlin Mitte.

Mein erster Chef hieß Jakob Augstein, einer der besten Blattmacher, die ich jemals erlebt habe. Augstein las Texte grundsätzlich mit beiden Füßen auf dem Tisch, selbstverständlich trug er Cowboystiefel, es war die Zeit damals. Er spielte nach Andruck meist Computerspiele mit dem Kollegen Marcus Jauer und achtete insgesamt sehr genau darauf, nie den Eindruck zu erwecken, wirklich zu arbeiten. Es war klar, dass er das tat. Dafür war er stets zu gut vorbereitet, hatte immer alles gelesen. Ich nehme an, er tat das in der Nacht. Augstein machte – wie ich fand – die beste, lustigste, originellste Seite im Blatt. Nachdem er den Text eines Reporters über einen DDR-Tennisspieler gelesen hatte, der selbst im hohen Alter auf dem Platz stand, titelte er: «Vorhand immer, Rückhand nimmer.»

Ich war begeistert und hatte keine Ahnung, dass diese Redaktion, diese Arbeitsweise, nicht die Regel im deutschen Journalismus war. Für mich stand aber spätestens da fest, was ich für den Rest meines Lebens machen wollte: Ich wollte schreiben.

Mein zweiter Chef in meinem zweiten Praktikum hieß Florian Illies, den ich kannte, weil er mit einem Bestseller meiner gesamten Generation den etwas dämlichen Beinamen Golf verpasst hatte. Mit ihm hatte ich weniger Kontakt, weil die «FAZ»-Redaktion der Berliner Seiten deutlich größer war als die der «Süddeutschen». In meinem ersten Text porträtierte ich einen Suhrkamp-Lektor, der gegen die neue Rechtschreibung kämpfte. Illies schickte ihn umgehend an mich zurück. Er verlangte die doppelte Länge, «mindestens». Wenn ich eines in der Journalistenschule gelernt hatte, dann, dass Texte knapp und knackig zu sein hätten. Die Würze in der Kürze und solche Sachen. Außerdem war ich Praktikant, ich war froh, überhaupt gedruckt zu werden. Illies wollte über 300 Zeilen und setzte den Text auf die erste Seite der Berliner Seiten. Außerdem sorgte er dafür, dass er auf Seite eins der «FAZ» angekündigt wurde. Ich hätte nicht glücklicher sein können.

Kurz darauf rief mich Augstein an und gab mir meinen ersten Job, eine Urlaubsvertretung bei der Berlin-Seite der «Süddeutschen». Und als sei das nicht genug, wurde meine Reportage über den spleenigen Suhrkamp-Lektor wenige Monate später für den Nachwuchs-Journalistenpreis von Axel Springer nominiert. Hätte Illies sie nicht doppelt so lang bestellt, wäre das nicht passiert. Anders als Relotius gewann ich nichts. Die Branche hatte mich.

Ich blieb sieben Jahre bei der «Süddeutschen Zeitung», schrieb für die Medien-Seite, für die «Seite Drei», vor allem aber als Kolumnist für die Wochenendbeilage, die damals Alexander Gorkow verantwortete.

Als mich 2007 Cordt Schnibben anrief, damals Leiter des Gesellschaftsressorts, und fragte, ob ich nicht als Freier ab und zu für den «Spiegel» schreiben wolle, sagte ich sofort zu. Es war das wichtigste Magazin Deutschlands. In Schnibbens Ressort arbeiteten Alexander Osang, Alexander Smoltczyk, Barbara Supp, Matthias Geyer, Ullrich Fichtner, Klaus Brinkbäumer, Thomas Hüetlin und einige andere. Ich schrieb einige Kurzreportagen. Bei der «Süddeutschen Zeitung» sah man das nicht sehr gern, obwohl ich offiziell als Freier für andere Auftraggeber arbeiten musste, um nicht als scheinselbständig zu gelten. Bevor der Streit wirklich eskalierte, fragte ich Schnibben, ob nicht der «Spiegel» meine Pauschale übernehmen wolle. Einer meiner besten Freunde, der Reporter Jochen-Martin Gutsch, hatte ebenfalls in dem Ressort angefangen. Daher wusste ich, dass meine «SZ»-Pauschale ziemlich genau halb so hoch war wie das dort übliche Monatsgehalt.

Die Recherchemöglichkeiten waren unglaublich. Man schickte mich nach Afrika, an den brasilianischen Amazonas, nach Chile zu den dreiunddreißig verschütteten Minenarbeitern, nach Argentinien, um Maradona zu interviewen. Natürlich passte mein Schreibstil nicht ins Ressort. Es war noch immer der «Spiegel», ein ernstes Nachrichtenheft. Ich war in erster Linie Kolumnist gewesen, schreibender Komiker, der sich meistens selbst auf den Arm nahm. Im «Spiegel» wurde – und wird – ganz grundsätzlich eher wenig gelacht. Im Heft fast gar nicht, wenn überhaupt über andere, im sogenannten «Hohlspiegel». Eine Spalte Blödsinn, mehr leichte Kost ist eigentlich nicht vorgesehen. Mich störte das nicht. Man zieht ja auch nicht in den Vatikan und beschwert sich über die Clubszene.

Ich erkläre das alles so genau, damit man versteht, was meine Chefs von mir halten mussten, als ich mit meinen Vorwürfen an Claas Relotius bei ihnen ankam.

«Ich glaube, man weiß nie, wie man sich in einer Konfrontation verhalten wird. Man wird es erst abschätzen können, wenn man mittendrin ist.»

Justin Trudeau

# 8. Kapitel

## Die Konfrontation

*Was stimmt?*

Die erfundene Schwester, die Systematik seiner Lügen, die Perfektion des Betrugs, dass alles wusste ich nicht über Claas Relotius. Er war an diesem Novemberabend, nachdem ich mit ihm telefoniert hatte, nur jemand, dem ich nicht glaubte. Ich ahnte nicht, dass ich der Einzige war, der jemals einen wütenden, aggressiven Relotius erlebt hatte. Niemand, den ich Monate später befragen sollte, glaubte mir, dass es diesen Relotius gab. Es schien, als habe ich einen seltenen Einblick in einen Abgrund erhalten. Der Zufall hatte uns zusammengeführt, und weil dieser bekanntermaßen Humor hat, stand ich vor der Situation, mich bei meinem aktuellen Chef über meinen künftigen Chef zu beschweren, den Ersterer bestimmt hatte. Hätte ich Matthias Geyer angerufen, wenn ich geahnt hätte, welchen Stellenwert Relotius hatte? Wie sehr er bewundert wurde? Wie makellos seine Karriere verlaufen war?

Vermutlich nicht. Ich glaube allerdings auch nicht, dass ich aufgehört hätte zu recherchieren. Dafür gab es zu viel, was im Text auffällig war. Mein Name stand auf dem Spiel. Als freier Autor ist man erledigt, wenn man beim Lügen erwischt wird. Aber ich hätte gewartet und nicht sofort Matthias Geyer angerufen. Natürlich wäre es hübscher zu sagen, dass mir die Gefahr bewusst war, ich sie aber mutig in Kauf nahm. Dass ich für die Ehre des Journalismus kämpfte, ohne Rücksicht, nur für die Sache. Dass mich eine innere Stimme antrieb, so wie sie Ronan Farrow vor der «MeToo»-Debatte angetrieben hatte. Die Wahrheit ist aber, dass ich meinen Vorgesetzten wohl nicht angerufen hätte, wenn mir Relotius' Redaktionsstatus bekannt gewesen wäre. Ich hätte weiter gesucht, eine Tabelle mit Pros und Contras erstellt. Meinen Ressortkollegen einen Betrüger zu nennen, ganz gleich wie diplomatisch ich es auch verpackte, war der ultimative Vorwurf. Genauso gut hätte ich einem Richter Käuflichkeit oder einem Piloten Blindheit vorwerfen können. Dieser Anruf beim Chef war die maximale Eskalation.

Mir brummte der Kopf. Es gibt eine ziemlich feine Linie zwischen Mut und Dämlichkeit. Naturgemäß erkennt man sie erst, wenn man sie überschritten hat, in der Regel also zu spät.


Es war Freitag, das Heft war im Druck, die Geschichte würde erscheinen, das war gelaufen. Aber ich konnte verhindern, dass sie ins Internet gelangte. Oder ins Englische übersetzt würde (nicht wissend, dass Relotius regelmäßig bei den Kollegen von «Spiegel International» anrief, um das zu verhindern). Ich wollte das wenige retten, was es zu retten gab, denn ich war überzeugt, dass Relotius mich am Telefon belogen hatte.

Ich saß in der Küche, es war früher Abend. Da ich Geyer nicht erreichte, bat ich ihn in einer Kurznachricht, mich zurückzurufen. Er machte das umgehend.

«Hallo, Juan. Hier ist Matthias.»

Ich versuchte der Reihe nach zu erklären. Ich war aufgeregt, aber sicher nicht so, dass man nicht verstand, worum es ging. Als Erstes legte ich meine Motive offen. Geyer sollte verstehen, warum ich anrief. Ich wollte die digitale Verbreitung dieses Textes verhindern. Ich erklärte, dass ich erst nach dem Gespräch mit Relotius die Gewissheit hatte, dass «Jaegers Grenze» problematisch sei. Auch dass ich irgendwann unter einer fadenscheinigen Begründung das Telefonat mit Relotius beendet hätte, weil ich mir sicher war, er würde mich anlügen. Geyer reagierte wie bei den Telefonaten zuvor. Extrem zurückhaltend. Er hörte zu, ich redete. Ich erzählte von dem Foto in der «New York Times», auf dem der «Spiegel»-Chris Jaeger jedoch Chris Maloof heiße, und den übrigen Männern in Relotius' «Spiegel»-Artikel, die ich im «Mother Jones»-Magazin mit anderen Biographien gefunden hatte. Ich sprach vier, fünf Minuten. Unvermittelt unterbrach mich Geyer: «Du weißt schon, was du da tust?»

Mir war sofort klar, dass mein Anruf ein Fehler gewesen war.

«Juan, das ist eine Hinrichtung, entweder deine oder die von Claas, und ich habe keinen Grund, an meinem Autor zu zweifeln.» Da mir Geyer nicht glaubte, war es offenbar meine Hinrichtung.

Der «Spiegel» sprach in einer Pressemitteilung kurz nach dem Skandal davon, dass man mir «Konsequenzen» angedroht habe für den Fall, dass ich mich irren sollte. Ich war überrascht über die Formulierung. Nicht, weil das Wort in unserem Gespräch definitiv nicht gefallen war. Die Wortwahl war unwichtig. Ich war überrascht, dass man diesen Umstand einräumte. Das Blatt gab zu, dass es nach meinen Hinweisen nicht darum ging, herauszufinden, ob sie stimmten, sondern die Haltung sinngemäß war: «Hoffen wir mal für deine Zukunft, dass du nicht danebenliegst.»

Um es kurz zu machen: Geyer glaubte mir nicht. Mehr noch, er verdächtigte mich, Relotius diffamieren zu wollen, Rufmord zu begehen. Ich sagte ihm, dass es mir nicht darum gehe, einen Kollegen zu belasten, aber dass wir an den «Spiegel» denken müssten. Es seien wirklich große Ungereimtheiten. Geyer wiederholte mehrmals, dass er nicht an seinem Autor Relotius zweifle. Ich sagte nicht: «Aber ich bin doch auch dein Autor.» Ich hatte nicht den Eindruck, es hätte in diesem Moment viel gebracht. Jetzt war er es, der lange redete. Er war sauer auf mich, das wurde ziemlich deutlich. Mein Verhalten sei von Neid geprägt. Ich gefährdete den Redaktionsfrieden. Mir kam alles unwirklich vor. Ich fühlte mich wie jemand, der nach langem Zögern sein gesamtes Vermögen auf Rot gesetzt hat und jetzt die Kugel auf Schwarz kullern sieht. Sekunden vor dem Ende des Telefonats stammelte ich noch irgendwas von «Darf ich nach Hamburg kommen, alles persönlich erklären und vorher alles aufschreiben?». Er akzeptierte und legte auf.

Ich weinte. Meine Frau sah mich zum ersten Mal so, und weil sie nicht wusste, wie sie damit umgehen sollte, verließ sie daraufhin die Wohnung, ging auf die Straße und brach in Tränen aus.

Wir beide wussten, dass da gerade meine Existenz verhandelt worden war. Wenn es die Runde machte, dass ich das Wunderkind des deutschen Journalismus aus Neid mit Dreck bewarf, war für mich das Reportageschreiben, überhaupt mein Leben als Reporter gelaufen. Die Branche ist klein und sehr geschwätzig. Das Telefonat, das war mir sofort klar, hatte mein Leben zerstört.

Ich kann nicht sagen, wie andere in meiner Situation reagiert hätten. Ich hoffe, anders als ich. In den nächsten Tagen und Wochen bekamen meine Frau, meine vier Kinder, einschließlich der Dreijährigen, die sich einfach nur wie eine Dreijährige benahm, meine ganze Wut ab. Ich war wie ein Tier, das angeschossen worden war und alle, die helfen wollten, wegbiss. Ein Tier, das kaum aß, kaum schlief. Ich saß nur vor dem Rechner, von morgens bis abends, obsessiv einem Phantom nachjagend, das ich für mein zerstörtes Leben verantwortlich machte. Die Kränkung, die Angst und Verzweiflung, die sich nach diesem Gespräch in mir breitmachte, machten mich zur schrecklichsten Version meiner selbst. Dabei war nicht mal das Telefonat selbst die Hölle, sondern das, was ich daraus in meinem Privatleben machte. Als Schreiber hatte ich Erfolg gehabt und offensichtlich meinen gesamten Selbstwert daraus gezogen. Jetzt, vor dem Trümmerhaufen meiner Karriere, lernte ich erst, wie wenig ich ohne den Journalismus war. Dieses eine Telefonat hatte mich auf mein wahres Format zusammengeschrumpft, auf das, was ich ohne Karriere, ohne die Zustimmung der Kollegen, ohne die Anerkennung, ohne die Einladungen zu Podiumsdiskussionen wirklich war: nicht viel. Da war keine Größe, keine Souveränität, keine Gelassenheit, die ich immer für meine Stärke gehalten hatte. Da war Schwäche. Man kann dem «Spiegel» vorwerfen, mir nicht geglaubt zu haben. Für den Mann und Vater, zu dem ich in diesen Wochen wurde, bin ich selbst verantwortlich.

Ich war wie besessen von Relotius, dachte und redete von nichts anderem, wie diese Typen in den Filmen, die verrückt werden, weil sie langsam an einer Sache zerbrechen und ihre Welt in den Abgrund reißen. Immer wieder fragte ich mich, wie ich so dumm hatte sein können, mich an Matthias Geyer zu wenden. Ein wenig Vorrecherche und ich hätte mehr über Relotius und den verklärten Blick der Redaktion auf ihn herausgefunden. Überraschenderweise war ich nie wütend auf Relotius selbst. Ich bin es bis heute nicht. Auf eine gewisse Art verstand ich schon damals, obwohl ich das Ausmaß seiner Lügen noch nicht ahnte, dass es nichts Persönliches war. Er war ein Lügner, der darum kämpfen würde, sein Lügengebäude zu schützen. Er musste sich so verhalten, denn er hatte uns in eine Lage gebracht, die entweder ihn oder mich die Existenz kosten würde. Das war nach den Worten meiner Chefs sonnenklar.

So komisch das klingen mag, Geyers Verhalten hatte auch etwas Gutes. Ich hatte nichts mehr zu verlieren. Der Sturm würde sich nicht verziehen, wenn ich nichts unternahm. Mir blieb gar keine andere Wahl, als der Sache nachzugehen.

Ich rief meinen Freund Mirco Taliercio an. Er ist Fotograf, arbeitet in München. Wir lernten uns vor gut fünfzehn Jahren bei einer Geschichte kennen, die wir für den «Stern» machten, über ein Autorennen in Bahrain. An Mirco schätze ich, dass er ein genialer Fotograf ist und sich mindestens genauso in ein Thema einarbeitet wie ich. Am Ende einer Recherche weiß er meist mindestens genauso viel wie ich über ein Thema. Er ist ohne Zweifel der beste Fotograf, mit dem ich je gearbeitet habe. Von ihm wird noch viel die Rede sein.

Nachdem ich ihm kurz erklärt hatte, was geschehen war, ging auch Mirco an den Rechner und lieferte in den nächsten beiden Tagen wichtige Hinweise. Am Sonntagabend, zwei Tage nach dem Telefonat mit Geyer, setzte ich mich hin und schrieb eine der schwierigsten E-Mails meines Lebens. Ich wusste, dass ich sie umsichtig formulieren musste, nicht als Angriff, nicht als Anschuldigung, nicht aus der Warte des zutiefst verletzten Mannes, der ich gerade war. Es sollte eine Handreichung sein. Wer diese E-Mail las, sollte die Möglichkeit bekommen, sich an die Spitze der Aufklärung zu setzen. Ich wusste, dass diese Vorwürfe zur Unzeit kamen. Geyer sollte Blattmacher, Fichtner Chefredakteur werden, beide waren sich einig, dass Relotius Ressortleiter werden würde. Der Aufzug nach oben stand bereit, sie waren eingestiegen, hatten auf den Knopf für die oberste Etage gedrückt und die Türen waren schon fast zu. In der letzten Sekunde aber stürmte Moreno in den Aufzug und schob den Fuß dazwischen.

Man sollte an dieses Bild denken, wenn man das Verhalten im «Spiegel» in den nächsten Wochen verstehen will. Ich glaube, dass ein psychologisches, ein menschliches Problem eine schnelle Aufklärung verhinderte. Matthias Geyer und Ullrich Fichtner, meine beiden Chefs, sagten später aus, dass sie meine E-Mail nicht verständlich fanden. Hier ist sie:

Von: Juan Moreno
Datum: 18. November 2018 um 22:36:18 MEZ
An: Matthias Geyer
Kopie: Özlem Gezer
Betreff: Fragen

Lieber Matthias,
liebe Özlem,

ich glaube, dass unser Text «Jaegers Grenze» einige Fragen aufwirft. Es gibt einige Ungereimtheiten, die ich mir nicht erklären kann. Ich füge hier drei pdf-Dateien an. Bitte schaut sie euch an. Das sind nur die drei wichtigsten Aspekte in meinen Augen. Es gibt allerdings noch eine ganze Reihe anderer.
Ich bin seit rund zehn Jahren beim «Spiegel». Ich halte Matthias für einen der besten Journalisten, die ich je kennengelernt habe. Ich weiß, dass er stets höchste Anforderungen an unsere Arbeit gestellt hat. Wann immer ich ihm gesagt habe, dass die Geschichte, die ich mir auf eine gewisse

Art und Weise vorgestellt hatte, im Nachhinein so nicht umsetzbar war, habe ich immer einen verständnisvollen und produktiven Chef am anderen Ende des Telefons gehabt. Er hat immer extrem genau auf Details geachtet. «Wir können uns keine Fehler erlauben», hat er erst letzte Woche zu mir am Telefon gesagt. Meiner Erfahrung nach hat das Gesellschaftsressort nie Druck auf mich ausgeübt, eine Geschichte spektakulärer zu machen, als sie ist.

Ich mache das hier aus zwei Gründen – und würde mein Name nicht über diesem Text stehen – gäbe es diese E-Mail ganz sicher nicht.

1. Ich bin freier Autor. Der «Spiegel» kann jederzeit meinen Vertrag ohne Angabe von Gründen beenden. Ich habe als Sicherheit, um meine Familie zu finanzieren, praktisch nur den Namen, den ich mir «erschrieben» habe.

2. Ihr wisst, wie die lieben Kollegen der anderen Häuser es genießen, dem großen «Spiegel» Fehler nachzuweisen. Ich glaube, dass wir gerade in der heutigen Zeit alles tun müssen, um nicht die Spur einer Angriffsfläche zu bieten. Das können wir tun, indem wir meinen angefügten Fragen so transparent wie möglich nachgehen. (…)

Liebe Grüße
Juan

Ich lobte Matthias Geyer explizit in dieser E-Mail. Er sollte sich nicht angegriffen fühlen, sondern sich kurz an seinen Rechner setzen und überprüfen, was ich da schrieb. Ich fügte drei PDF-Dateien an. Jede mit einem Sachverhalt, der mir seltsam vorkam.

FRAGE 1

Das ist das Bild, das am 21.12.2016 in der NYT zu sehen war. Laut Unterzeile heißt dieser Mann Chris Maloof. Das Stück ist von Fernanda Santos und hieß: «At the Southern Border, a Do-It-Yourself Tack on Security». Das Bild selbst wurde 2014 aufgenommen.

Das ist das Bild im SPIEGEL am 17.11.2018. Der Mann heißt hier Chris Jaeger, er weist explizit im Text darauf hin, dass das sein wirklicher Name ist.

Das ist Chris Maloof, der Mann aus dem NYT-Artikel. Er lebt in 15390 S Viva Rancho Grande, Sahuarita, Arizona. Er ist bekannter Aktivist einer Bürgerwehr, 32 Jahre alt. Der erste Hashtag seines Instagramposts lautet «borderrecon». Chris Maloof schreibt: «Throwing it back to the border.»

Die zweite Datei nahm sich den Chef der Bürgerwehr vor, der Mann mit den Koteletten, dessen Name in Relotius' Text nicht auftauchte.

FRAGE 2
Der SPIEGEL schreibt, dass dieser Mann Nailer heißt und Bauarbeiter ist. Sein richtiger Name, der im Text nicht erwähnt wird, lautet Tim Foley alias Nailer.

Er ist kein Bauarbeiter, er ist Gründer der «Arizona Border Recon», die ebenfalls im Text nicht erwähnt ist. Foley ist der sehr bekannte Protagonist im 2015 mehrfach prämierten Dokumentarfilm «Cartel Land» (Oscar 2016, Sundance, etc).

Tim Foley war mit seinem Namen u. a. in SPIEGEL TV, n-tv, NYT, Washington Post, ABC News, HuffPost, Wired, Tagesspiegel uvm. Alle erwähnen im Zusammenhang mit Foley den Namen der «Arizona Border Recon», der Organisation, die er vor acht Jahren gegründet hat. Foley verlangt mittlerweile Geld, um Journalisten mit auf Patrouille zu nehmen (unten angeführt die Antwort auf eine aktuelle Interviewanfrage).

Der «Spiegel» durfte, angeblich auf Wunsch von Foley, keine Bilder von ihm machen – aus diesem Grund hat der «Spiegel» vier Jahre alte Stockfotos von Johnny Milano eingekauft und gedruckt. Das ist überraschend. Die letzte Reportage über die «Arizona Border Recon» ist wenige Wochen alt. Diese enthält Foleys vollen Namen und selbstverständlich auch Bilder.

Hier die Antwort auf eine Interview-Anfrage mit Tim Foley bei der «Arizona Border Recon».

> Von: pr@arizonaborderrecon.org <pr@arizonaborderrecon.org>
> Gesendet: Samstag, 17. November 2018 15:41
> Betreff: Re: Interview Tim Foley
>
> Hello and thank you for your interest in Arizona Border Recon.
>
> Because we are self funded we do charge media an inconvenience/location fee which helps to recoup our costs and time spent giving tours and interviews. Our standard fee starts at $ 200.00 per day and is subject to increase depending on the scale of project and/or crew size. If this fee is

acceptable we can continue to discuss your visit and scheduling options.

Cheers
Jan

Arizona Border Recon
Public Relations / Media Coordinator
PR@ArizonaBorderRecon.org

Meine letzte Frage betraf hauptsächlich den Komplex um den Artikel im «Mother Jones»-Magazin. In diesem Text erscheinen dieselben Männer wie im «Spiegel»-Artikel. Ich verstand nicht, wie das möglich sein sollte.

FRAGE 3
Die wohl brillanteste Reportage zum Thema Bürgerwehren in den USA hat der bekannte Undercover-Journalist Shane Bauer geschrieben. Sie ist im «Mother Jones»-Magazin vor zwei Jahren erschienen und kann online gelesen werden.

Die Geschichte handelt von einer extrem verschlossenen Gruppe, den «Three Percenters United Patriots» aus Colorado, in die sich Bauer nach monatelanger Recherche unter falscher Identität Zugang verschafft.

In dieser Geschichte kommt wie im SPIEGEL ein Mann mit dem Codenamen «Jaeger» vor. Wie im «Spiegel» ist er auch in dieser Geschichte mit drei weiteren Männern unterwegs, die exakt die gleichen Codenamen wie die Protagonisten in der «Spiegel»-Geschichte haben. Nämlich: Pain, Spartan, Ghost, die im «Mother-Jones»-Artikel allerdings alle ausnahmslos aus Colorado stammen. Einige Details stimmen in beiden Geschichten jedoch überein, andere unterscheiden sich enorm.

So hat Jaeger in beiden Geschichten deutsche Vorfahren, in beiden Geschichten macht Jaeger Jagd auf Ausländer und ist deswegen in einer Militia aktiv.

Gravierendster Unterschied allerdings ist, dass der Jaeger in der «Mother Jones»-Geschichte als Nazi porträtiert wird, der Judenwitze macht. Er stammt nicht aus Kalifornien, hat keine Militärerfahrung und keine Familie.

Da der «Mother Jones»-Investigativjournalist während seiner Recherchen eine Body-Camera trug – eine Vorgabe der «Three Percenters» an alle ihre Mitglieder, um bei Festnahmen von Migranten beweisen zu können, dass keine Gewalt angewendet wurde – lässt sich aufgrund verschiedener YouTube-Videos zweifelsfrei feststellen, wie Jaeger und die anderen Männer aussehen. Dazu reicht die Lektüre des Textes und ein kurzer Blick in die dort eingefügten YouTube-Videos.

Meine Fragen:

In der amerikanischen Reportage taucht die Gruppe mit den Decknamen Jaeger, Pain, Ghost und Spartan auf. Exakt die gleiche Gruppe taucht auch im SPIEGEL Text auf. Bedeutet, dass der SPIEGEL in zwei, drei Tagen das geschafft hat, wofür der amerikanische Journalist mehrere Monate brauchte und das auch nur, in dem er «undercover» ging. Seine Rechercheergebnisse sind bei weitem nicht so spektakulär. Natürlich ist es möglich, dass dem SPIEGEL das dennoch gelungen ist: Warum stimmen dann aber die Biographien nicht überein, wenn es dieselbe Gruppe ist?

Und wenn es eine andere, «offenere» Gruppe ist, wie groß muss der Zufall sein, dass sie exakt dieselben Tarnnamen in ihre Uniform eingestickt haben?

Hinzu noch eine letzte Frage:

Der Getty-Fotograf John Moore hat das unten angeführte Bild gemacht. Es ist eindeutig als Chris Maloof (NYTimes) bzw. Chris Jaeger (SPIEGEL) identifizierbar (vergleiche u.a. Instagram-Account von Chris Maloof in FRAGE 1).

John Moore, der Getty-Fotograf, nennt keinen Nachnamen in seiner Bildunterschrift, schreibt aber, dass dieser «Chris» am 16.1.2016, als die Aufnahme gemacht wurde, 30 Jahre alt war. Er wäre somit heute 32 Jahre alt. Der Chris Jaeger im SPIEGEL-Text hat eine 20-jährige Tochter. Er müsste also mit zwölf Vater geworden sein.

«Wer große Reisen unternimmt, bringt große Lügen mit.»

Spanisches Sprichwort

## 9. Kapitel

# Es war alles ganz anders
### Relotius' brillante Erwiderung

Ich hatte diese Seiten, meine Anklage gewissermaßen, Mirco Taliercio geschickt. Er schrieb ein Wort zurück: «Bingo!» Er war sich sicher, dass das genug war, um die Redaktion misstrauisch zu machen. Ich zeigte diese E-Mail auch noch einigen anderen Menschen. Darunter drei Juristen, zwei davon sind sehr gute Freunde, außerdem noch zwei Bekannten, beide Journalisten. Sie mussten Verschwiegenheit versprechen, und sie alle fanden meine Punkte einleuchtend. Mehr noch, sie erwarteten, dass mein Chef sofort zurückrufen würde, um sich bei mir zu entschuldigen.

Es kam anders. Matthias Geyer unterrichtete umgehend Ullrich Fichtner, den designierten Chefredakteur. Ullrich Fichtner war also von Anfang an im Bilde.

Am Montagmorgen, kurz vor der großen Konferenz, ging Geyer zu Relotius und bat ihn, auf meine Vorwürfe zu antworten. Schriftlich. Geyer selbst überprüfte die Vorwürfe nicht. Relotius tat das, und wenn man seine Antwort liest, bekommt man eine Ahnung davon, was für ein guter Lügner dieser Mann ist.

Zu diesem Zeitpunkt, kurz nach dem Absenden meiner E-Mail, wusste ich nicht, wie er sich in der Vergangenheit immer wieder aus solchen Notsituationen herausgewunden hatte.

Relotius lieferte sechs eng bedruckte Seiten, nach Punkten unterteilt, alles gut strukturiert, aber mit so vielen Details versehen, dass man beim Lesen recht schnell den Überblick verliert und kaum noch folgen kann. Spätestens mit seiner schriftlichen Erwiderung hatte sich die Sache in eine Art Kriminalfall verwandelt. Es gab Verdachtsmomente, Behauptungen, Indizien. Er und ich hatten jetzt – wie Anwälte – unsere Pro- und Contra-Argumente vor den Richtern dargelegt – unseren Chefs.

Relotius ging systematisch vor: Ich hatte drei Themenkomplexe angesprochen. Zunächst ging es um die Frage, ob der Mann mit dem Bart überhaupt Chris Jaeger war. Ich zweifelte das an, nicht zuletzt, weil es einen Artikel der «New York Times» gab, der genau diesen Mann Chris Maloof nannte, außerdem gab es noch ein zweites Foto von Getty Images, in dessen Bildbeschreibung es hieß, dass «Chris» 32 Jahre alt war. Und auf Instagram fand sich ebenfalls dieser Mann als «Chrismaloofmotorsports». Gleich zu Beginn machte Relotius klar, dass er nichts zu verheimlichen habe. Es sei «klar» gewesen, dass es keine aktuellen Fotos gäbe, dass der «Spiegel» keine eigenen Bilder machen dürfe. Seit «Wochen» sei das klar. Natürlich stimmte das, aber das war nicht mein Vorwurf. Ich wollte wissen, warum Männer, die sonst so offen sind, sich ausgerechnet jetzt weigerten, Fotos machen zu lassen. Den wirklich entscheidenden Punkt, nämlich wie sein könne, dass der «Spiegel» und die «New York Times» zwei unterschiedliche Namen für denselben Mann veröffentlichen, ließ Relotius unbeantwortet.

«Dazu kann ich wenig sagen, außer, dass mir Jaeger gesagt hat, er sei 40, also 1978 geboren. Ich sah und sehe bis jetzt keinen Grund, das ernsthaft zu bezweifeln, genauso wenig wie bei den anderen Männern. Oder wie bei jeder anderen Geschichte, für die das Alter des Protagonisten erst mal keine Bedeutung hat und sich die Frage des Zweifels gar nicht stellt. Ich weiß nicht, woher das Alter 32 bei Getty Images kommt.»

Da es zwei Bilder waren, die Fragen aufwarfen – Getty Images mit dem Alter und das «New York Times»-Bild –, legte Relotius seiner Erwiderung eine gefälschte E-Mail des «New York Times»-Fotografen bei. Sein Name ist Johnny Milano. Kurz nachdem Matthias Geyer Claas Relotius meine drei Fragen zur Beantwortung gegeben hatte, schrieb dieser dem Fotografen. Ob es sein könne, dass der Chris Maloof vielleicht doch Chris Jaeger heiße, das habe ihm nämlich dieser Chris erzählt, fragte Relotius in einer E-Mail.

Der Fotograf, der schon häufiger mit der «Arizona Border Recon» unterwegs war, antwortete eindeutig: «Nein, der Mann heißt Chris Maloof.» Relotius nahm diese E-Mail, änderte sie so, dass Milano plötzlich behauptete, dass er sich nicht sicher sei. Damit war die Möglichkeit im Raum, dass die «New York Times» und ihr Fotograf Johnny Milano sich geirrt hatten. «Der Fotograf schreibt, er glaube, der Typ heiße Maloof, sicher weiß er es nicht», schreibt Relotius. Der Fotograf war sich aber sicher.

Schließlich versuchte Relotius zu beweisen, dass der Mann sehr wahrscheinlich «Jaeger» hieß und nicht «Maloof», obwohl er, Relotius, nicht ausschließen könne, belogen worden zu sein. «Dieser Chris hat mir am zweiten Tag auf dem Berg gesagt, er heiße, no bullshit, auch mit echtem Namen Jaeger. Ich habe keinen Reisepass oder Führerschein gesehen. Ich kann bis jetzt nicht meinen Job beim ‹Spiegel› darauf verwetten, dass er mich nicht doch angelogen oder verarscht hat für eine gute Pointe.» Was dann in Relotius' Erwiderung folgt, ist eine überaus genaue, komplett erfundene Recherche, die er angeblich bereits in den USA vorgenommen hatte, um den Namen zu verifizieren. Er habe dafür eigens ein kostenpflichtiges US-amerikanisches Personenregister durchstöbert, das man von Deutschland aus nicht erreichen könne: «Ich konnte aber, noch vor Ort, mit einer amerikanischen IP-Adresse und einem Tagespass für 20 Dollar auf White Pages nachprüfen, ob jemals ein Chris Jaeger in Fresno gewohnt hat ... (...) Ein Chris bzw. Christopher Jaeger hat tatsächlich einmal dort gewohnt, hat dort einen Todesfall erlebt (Vater), hat sich auch dort scheiden lassen. Und zwar von einer Andrea Jaeger, die mittlerweile 39 Jahre alt ist (also fast 40!), viel weiter nördlich von Fresno in Fort Bragg wohnt und inzwischen schon fünfmal umgezogen und dreimal geschieden ist. Neben ihm stand der Name Paula Jaeger, geboren in Kalifornien (von Fresno steht da nichts, aber diese Paula Jaeger ist die einzige in ganz Kalifornien). Im Anhang sind Screenshots, die ich schnell gemacht hatte.»

Natürlich sind auch diese Screenshots nicht echt. Sie beweisen nichts, sehen aber sehr überzeugend aus, wenn man sie nicht genau liest. Relotius schreibt: «Siehe Screenshots: damit es nicht heißt, in Fresno gibt es viele mit diesem Namen: Fresno hat 527 000 Einwohner. Man findet genau zwei Menschen mit dem Namen Chris oder Christopher Jaeger. Einer von beiden ist heute 21 Jahre alt. Also ist der andere, der von Andrea geschiedene, unser Mann.»

Nein, es war nicht «unser Mann». Die hier nur auszugsweise gezeigte, in der Original-Erwiderung aber sehr detaillierte Wiedergabe der vermeintlichen Relotius-Recherche hatte damals offenbar nur ein Ziel: Sie sollte darlegen, welche Akribie Relotius an den Tag legte. Sie sollte das unterstützen, was seine Chefs schon immer dachten: dass Relotius ein gewissenhafter und genauer Reporter war.

«Über Jaeger und die hier beantworteten Fragen habe ich am vergangenen Freitag mit Juan übrigens kein Wort gesprochen – über alles, was weiter unten bei Frage 2 und 3 folgt, schon. Ich kann verstehen, dass das Alter bei Getty Images und eine Bildunterschrift auf NYTimes.com eine einfache Nachfrage unter Kollegen aufwirft. Man will ja, gemeinsam, keine Fehler machen. Juan hätte mich fragen können. Ich hätte es ihm so ausführlich beantwortet wie hier.»

Ab der dritten Seite der Erwiderung komme ich ins Spiel. Es geht vor allem darum, meinen Chefs zu zeigen, dass ich meine vermeintlichen «Ungereimtheiten» ohne Relotius' offene und transparente Art überhaupt nicht gefunden hätte.

Relotius ist anfangs eher konziliant. «Fast alles, was Juan zur Person Tim Foley (auch bekannt als Nailer) schreibt, ist völlig richtig. Ich habe Juan von alldem (also Foleys Auftritt in dem Film ‹Cartel Land›, den diversen Artikeln über ihn, seiner Rolle als Vorzeigeranger für die Medien) ganz offen am Telefon erzählt.»

Natürlich hatte mir Relotius am Telefon nicht von «Cartel Land» erzählt, aber das wussten meine Chefs nicht. Wichtig aus Relotius' Sicht war schließlich nur, dass der Eindruck gefestigt wurde, den meine Chefs ohnehin schon hatten: Der treue Claas war offen, ehrlich und hatte nichts zu verheimlichen. Er schrieb: «Es gibt auch nichts, was man da verschweigen müsste. Foley ist so ziemlich die erste Figur, auf die man stößt, wenn man am Schreibtisch noch vor der Abreise in die USA nach Bürgerwehren an Amerikas Südgrenze sucht. Auch ich hatte ihn noch von Hamburg aus angefragt, per Mail, und exakt dieselbe Antwort von Foleys Freundin Jan bekommen wie Juan auch.»

Der Grund, dass er keine Fotos von ihm wollte, sei, dass er keine «Lust» gehabt habe, Foley aufzunehmen, da er schon so präsent in den Medien sei. «Spätestens da war klar, dass er keine Hauptfigur mehr für uns sein kann, wenn überhaupt eine Figur am Rande (...). Er hat mich wegen seiner Medienpräsenz von Anfang an nicht interessiert, ich bin ihm, im Gegensatz zu Jaeger und den anderen, auch nur für ein paar Stunden begegnet.»

Den letzten Satz fand ich bemerkenswert, denn aus der Reportage «Jaegers Grenze» war nicht ersichtlich, dass die Gruppe im Laufe der Tage kleiner wird.

Am Ende der folgenden Passage versucht Relotius dann doch noch auf das Problem zu kommen, dass die «Arizona Border Recon» sehr bekannt ist, der «Spiegel» Fotos von dieser Miliz druckt und sie mit keinem Wort erwähnt. Relotius versucht in seiner Verteidigung, drei verschiedene Gruppen zu etablieren, drei Milizen, die im Süden Arizonas unterwegs sind.

Die «Arizona Border Recon» sei die bekannteste, aber uninteressant, da schon medial ausgeschlachtet. «Es gibt eine andere, ungleich größere, verschlossenere und radikalere Gruppe namens ‹3UP – Three Percenters United Patriots›. Ich hatte auch diese Gruppe dank diverser Facebook-Seiten noch vor meiner Abreise aus Hamburg identifiziert, kontaktiert. Ich habe ihr [Özlem] gesagt, dass die ideal wären, aber als Paramiliz wohl viel zu schwer zugänglich, um eine schnelle Geschichte zu machen. Zu diesem Urteil kam ich nicht nur deshalb, weil keine meiner Facebook-Nachrichten oder E-Mail-Anfragen beantwortet wurde, sondern auch weil ich damals, also schon gut vor drei Wochen, auf den ‹Mother Jones›-Text des Reporters Shane Bauer gestoßen war, dem es vor zweieinhalb Jahren offenbar nur undercover gelungen war, einen Zugang zu bekommen.»

Relotius hatte also jetzt zwei Gruppen etabliert. Eine pressefreundliche, die ihn genau deswegen nicht interessierte – und eine pressescheue, an die man nicht rankommt. Also musste Relotius eine dritte finden. «Unsere Jungs, die Männer, mit denen ich auf dem Berg war, bewegen sich meiner eigenen Einschätzung nach irgendwo zwischen Foley und denen (die Grenzen sind fließend, weil beides keine geschlossenen Gruppen sind und aus Männern mit den gleichen Interessen bestehen). Die Männer um Jaeger waren definitiv mehr als nur Hampelmänner für die Medien, aber wahrscheinlich auch nicht die schlimmsten Verbrecher, sondern relativ ‹normale› Leute. Sie sind nicht leicht zugänglich, man kann sie auch nicht kaufen, aber mit etwas Glück und unter bestimmten Bedingungen (keine Fotos, keine Klarnamen) kriegt man sie doch. (...) Das habe ich, wirklich genau so, auch Juan am Telefon gesagt, ohne dass dazu irgendein Verdacht von ihm ausgesprochen oder angedeutet worden war. Im Gegenteil: ich habe von meiner Recherche erzählt, so wie ich euch oder meiner Familie davon erzähle.»

Das stimmte. Relotius hatte mir das erzählt. Es gab also in der Gegend laut Relotius drei Gruppen. Wenn man sich ein wenig mit dem Thema befasst, stellt man fest, dass es zahlreiche Milizen gibt, aber nicht so viele, dass sie überall an der Südgrenze der USA präsent sind. Gleich drei in derselben Gegend zu treffen, fand ich unglaubwürdig. Und es erklärte auch nicht, warum Tim Foley, der Chef der «Arizona Border Recon», mit einer anderen Gruppe unterwegs sein sollte. Der US-Journalist Shane Bauer hatte mir ja gesagt, dass die Gruppen teilweise untereinander zerstritten waren.

Bis zu diesem Punkt griff mich Relotius nicht direkt an. Das sollte sich ändern. «Ich bin nach dem Telefonat direkt zu Özlem gegangen, erleichtert darüber, dass Juan scheinbar kleinlaut alle seine Andeutungen in den Tagen zuvor wieder einkassiert hat; aber auch verstört darüber, dass wir dann irgendwie vor allem über meine Recherche gesprochen haben; und nicht über die schlechte Arbeit, die drei gerissenen Fristen, die fadenscheinigen Ausreden und vor allem über die Unterstellung von Juan, ich hätte irgendwo mehr Dramatik von ihm gefordert.»

Im letzten Themenkomplex der Erwiderung versuchte Relotius, meine «Mother Jones»-Vorwürfe zu entkräften. Juan wundert sich in den Fragen, schrieb Relotius, dass die Männer in «Jaegers Grenze» teilweise dieselben Namen tragen wie die Männer in einem zwei Jahre alten Artikel des Magazins «Mother Jones».

«Bis Freitagnachmittag kannte Juan weder den Artikel noch das Magazin ‹Mother Jones›. Ich habe ihm am Telefon von beidem erzählt. Er hat bei dem Namen des Magazins sogar noch einmal nachgefragt, weil es ihm wirklich kein Begriff war.»

Relotius wusste nicht, dass ich da schon mit dem Autor des Textes, Shane Bauer, telefoniert hatte. Aber auch das war letztlich egal, denn meine Chefs wussten es auch nicht. Laut Relotius lief es nach unserem Gespräch so: «Er hat dann irgendwann, nach vielleicht 15 Minuten in freundlichem Ton, das Telefonat beendet (‹ist Freitag, sorry, ich bin echt müde›), scheinbar versöhnlich, aber doch sehr abrupt, mich überrumpelnd jedenfalls ohne irgendeine Entschuldigung. Er muss dann, sofort nach dem Auflegen, hektisch gegoogelt und diesen Artikel gesucht haben.»

Relotius fährt mit einer der brillantesten Lügen in seiner Erwiderung fort. Gibt zu, dass es sehr ungewöhnlich sei, dass Männer mit identischen Tarnnamen wie «Ghost, Jaeger oder Spartan» gleich in zwei Texten existierten: in dem «Mother Jones»-Artikel und in der Reportage «Jaegers Grenze». Teilweise gibt es Gemeinsamkeiten, teilweise aber gravierende Unterschiede. Sind das nun dieselben Männer? Unterschiedliche Männer? Wenn es dieselben sind, warum stimmen dann die Berufe nicht überein? Und wenn es unterschiedliche sind, wie Relotius ja sagt – dritte Gruppe –, wie kann es sein, dass die Namen übereinstimmen?

Relotius liefert das alles erklärende Gegenargument: «Er hat recht, der Zufall wäre so groß wie ein Sechser im Lotto oder noch größer. Es ist aber kein Zufall. Ghost, Spartan, Pain – das sind keine Namen, die sich die Leute wie kleine Jungs auf dem Spielplatz ausdenken (nach dem Motto: ich bin Ronaldo – dann bin ich Lasogga). Ghost, Spartan, Pain, Nailer, Hunter (oder auch Jaeger), Luger (oder auch Colt), aber scheinbar auch Showtime, Destroer, Dan, etc., etc. sind, wenn ich das richtig verstanden habe, inoffizielle Namen, die unter amerikanischen Soldaten während Einsätzen/Operationen in kleinen Truppen als Kampfnamen/Tarnnamen dienen und, wenn ich auch das richtig verstehe, sogar bestimmte Funktionen beschreiben. Beispiel: Ghost/Aufklärung (in meinem Text steuert Ghost die Drohne!). Hunter bzw. Jaeger/ Scharfschütze. Ich kenne mich damit selbst überhaupt nicht aus. Ich habe es mir in zwei Sätzen erklären lassen, als es darum ging, ob ich Klarnamen schreiben dürfe oder nicht. Die Männer sagten, die Namen stammten von sogenannten Minutemen im 17. Jahrhundert, die als Miliz in Nordamerika innerhalb einer Minute kampfbereit sein sollten. Ich weiß auch, dass es große Hollywood-Kriegsfilme (wie ‹Windtalkers›, ‹Black Hawk Down›) gibt, wo beispielsweise die Namen Ghost, Colt und Spartan als Tarnnamen verwendet werden. Sogar in dem Foley-Film ‹Cartel-Land› taucht, glaube ich, ein zweiter Spartan auf. Wie wahrscheinlich ist es nun, dass es mindestens zwei Bürgerwehren (die sich fast ausschließlich aus Veteranen rekrutieren) gibt, die diese Namen verwenden? Ich würde sagen: es ist sehr wahrscheinlich, dass es sogar noch zehn oder 20 andere Bürgerwehren gibt, die das tun.»

Relotius erklärt also meinen Chefs, meine Vermutung, dass so eine Namenshäufung kaum erklärbar sei, sei leider falsch. Viele Milizen würden ihren Mitgliedern Tarnnamen geben, oft dieselben. Das klingt plausibel, nur stimmt es nicht. Es gibt Männer, die das tun, aber die allermeisten nennen einfach ihren Vornamen. Das reicht. Bürgerwehren in den USA sind keine Kampfeinheiten. Das sind Männer, die an der Grenze herumlaufen und von NGOs verklagt werden würden, wenn sie auf unbewaffnete Flüchtlinge auch nur zielen würden. Es gibt die Vorstellung, die wir alle von diesen Bürgerwehren haben – und es gibt die Realität. Relotius war eher an der Phantasieversion interessiert.

«Das sieht jetzt doof aus für Juan, er konnte das vielleicht nicht wissen mit den Namen, doch er hätte mich einfach fragen können. Er hat mich aber in den vergangenen Wochen kein einziges Mal gefragt, so wie es Kollegen normalerweise machen und wie es bei Zweifeln auch unsere gegenseitige Pflicht ist.»

Der Höhepunkt des Verteidigungsschreibens kommt zum Schluss. Der vermeintliche Beweis, dass ich mich irre, dass ich ihn zu Unrecht verdächtige. Ein Kollege von «Spiegel TV» sei auf dem Weg in die USA, zu der Truppe, die Relotius porträtiert habe. «‹Spiegel TV› will die gleiche Mexiko / USA-Story erzählen (...) Ich habe C. daraufhin die Mail-Adresse von «Luger» gegeben, mein einziger Mailkontakt. Luger selbst hat sich daraufhin auch schon wieder bei mir gemeldet und gefragt, was das für ein Kollege sei. Ich habe ihm gestern zurückgeschrieben: ein guter Kollege.»

Spätestens hier waren meine Chefs wohl sicher, dass Relotius alles richtig und ich alles falsch gemacht hatte. «Spiegel TV» würde sich mit diesen Jungs treffen. Es musste diese Männer also geben. Ich musste mich verrannt haben. Die E-Mail-Adresse allerdings, des einzigen Mailkontaktes, lautete mike.morris614@ yahoo.com. Der Chef der «unfiltrierbaren» 3 Percenters hieß zufällig ebenfalls Mike Morris.

Aber selbst das war offenbar nicht verdächtig. Ullrich Fichtner sagte mir später, es sei ihm sogar aufgefallen. Relotius hatte meine Chefs längst überzeugt.

«Nothing matters but the facts.»

Blake Edwards

## 10. Kapitel

# Ermittlung

*Warum sollte man Relotius nicht glauben?*

Ich sprach am Anfang des Buches von Relotius als Solokletterer, von einem Menschen, der ungesichert eine Steilwand bezwingen will und das Gefühl der Panik, das andere lähmen würde, in ein Leistungselixier verwandelt hatte. Solokletterer Relotius hatte an diesem Montagmorgen mit dieser Mail an Matthias Geyer gezeigt, wie gut er wirklich war. Diese Seiten waren brillant. Selbst der aufmerksamste Leser konnte nur schwer die winzigen Unstimmigkeiten bemerken, die seinen Brief als großen Lügenberg entlarven. Das allermeiste ist erfunden. Ich war nie in irgendwelche E-Mail cc gesetzt. Es gab keinen Fotografen, der ihm sagte, dass die NYT sich womöglich vertan hatte. Und Tarnnamen sind auch nicht üblich in amerikanischen Bürgerwehren, denn die «Feinde» sind in der Regel unbewaffnete Flüchtlinge beim illegalen Grenzübertritt, darunter viele Frauen und Kinder.

Relotius achtete, wie so oft in seiner Karriere, vor allem auf die Wirkung seiner Worte. Er wusste, dass meine Chefs ganz im Innern nur den Wunsch haben konnten, eine Sehnsucht, die alles diktierte: Relotius hatte sauber gearbeitet, sie hatten sich nichts vorzuwerfen, der Ruf des «Spiegel» war nicht in Gefahr.

Meine Fragen wurden von Relotius nicht einfach nur beantwortet. Sie wurden, nach und nach, atomisiert, gewissermaßen crescendo, erst mit dem Florett, dann mit dem Schwert, schließlich mit der Abrissbirne. Der gesamte Text läuft auf einen Kulminationspunkt zu. Ein Regisseur würde das entscheidende Schlussplädoyer in einem Gerichtsfilm ähnlich inszenieren.

Es beginnt konziliant, natürlich hätte ich einige Dinge korrekt beschrieben. Vieles stimme, nur Kleinigkeiten brächte ich durcheinander, wie zum Beispiel das Erscheinungsdatum des Bildes. Dann erwähnt er Internetseiten, die man nur von den USA aus erreichen könne, und etabliert seine Kompetenz, indem er sogar eine Ex-Frau des Protagonisten erfindet, samt Anzahl ihrer Scheidungen. Dann erklärt Relotius, dass er stets transparent mit seinen Informationen umgegangen sei, so habe er mir vom «Mother Jones»-Artikel freiwillig erzählt. Schließlich verweist er auf meine Unwissenheit. Mir sei wohl nicht klar, dass Mitglieder von Bürgerwehren in den USA häufig Tarnnamen hätten – und zwar oft dieselben.

Es ist das feine Spiel von Wahrheit und Plausibilität, das er so häufig in der Vergangenheit genutzt hat. Wahr und plausibel werden oft gleichgesetzt und noch öfter verwechselt. Die Wirkung bei dem, der ihm glauben will, ist nach dem Lesen der Erwiderung, dass eines meiner Hauptargumente nun wackelt, getroffen von einem Schwerthieb. Es folgt die Abrissbirne, nämlich der Satz, dass die Kollegen von «Spiegel TV» längst auf dem Weg zu den Männern seien. Er habe ihnen ja seinen einzigen E-Mail-Kontakt weitergegeben.

Kollegen von «Spiegel TV», Kollegen, die sie Tag für Tag in der Kantine treffen, standen laut Relotius mit der Bürgerwehr in Kontakt! Mehr noch, sie würden hinfahren und sie filmen. Es klingt wie ein ultimativer Beweis.

Ich habe mich oft gefragt, ob ich Relotius' Schreiben, das ich erst Wochen später sah, geglaubt hätte. Ich weiß es nicht, womöglich.

Nicht ganz unproblematisch war die Yahoo-Adresse als solche. Auch hier überrissen meine Chefs offensichtlich nicht, was das bedeutete. Ich warf Relotius vor, dass er in einem Text gelogen hatte – sollte das stimmen, ist der Schritt, sich eine Yahoo-Adresse einfallen zu lassen, um seine Karriere zu retten, kein sonderlich großer. Jeder kann sich eine Yahoo-Adresse sichern. Ganz gleich unter welchem Namen. Ein Gedanke entbehrt nicht einer gewissen Ironie: Während die Kollegen von «Spiegel TV» glaubten, sie würden einem Schießkumpanen in der Wüste Arizonas unter «mikemorris614@yahoo.com» eine Nachricht senden, landete sie ein paar Etagen höher in Relotius' Büro im selben «Spiegel»-Gebäude.

Der Trick mit der E-Mail zeigt im Übrigen auch, wie leicht ein gewissenhafter Dokumentar überlistet werden kann. Auch in Zukunft. Angenommen er fragt: «Gib mir doch bitte, lieber Reporter, den Kontakt des Übersetzers und deines Interviewpartners. Ich würde gerne einige Fakten überprüfen», und der Kollege schickt ihm daraufhin eine E-Mail-Adresse, weil «die armen Leute sich natürlich kein Handy leisten können», ist er machtlos. Die Fragen an «mohammed0815@gmail.com» oder eine gerade erst zugelegte Yahoo-Adresse kann der hochstapelnde Kollege dann selbst beantworten.

Eines taten meine Chefs, bei allem Verständnis, dennoch nicht – sie riefen nicht ein paar Etagen tiefer bei «Spiegel TV» an. Die Kollegen hätten bestätigt, dass sie «Luger» nicht treffen würden, weil sie nicht in die USA fahren würden. Relotius' Abrissbirne wäre kleiner gewesen.

Das Problem war, dass meine Chefs zu diesem Zeitpunkt keine Richter mehr waren – «Jaegers Grenze» war nicht nur mein und Relotius' Text, seit Drucklegung war es auch ihr Text. Geyer und Fichtner waren Partei, und zwar eine, die vor allem Angst davor hatte, einem Betrüger aufgesessen zu sein. Es ist leicht, eine solche Partei zu überzeugen.

Relotius gelang mit seiner Erwiderung etwas, womit ich nicht gerechnet hatte: Er räumte alle Zweifel aus. Sein Sieg war allumfassend, ein Triumph. Meine Fragen hatten nicht ihn, sondern mich beschädigt. Er hatte «belegen» können, was alle schon ahnten: Relotius war ein Überreporter, ehrlich, präzise, vorbildlich, das Richtmaß dieses Berufes.

In den Tagen, nachdem ich, wie ich dachte, mit meinen drei Fragen eine Bombe nach Hamburg geschickt hatte, passierte: nichts, ein Blindgänger. Keine Nervosität, keine Angst, keine Unruhe. Es waren ruhige, normale Spätnovembertage. Etwas Reporter-preis-Vorfreude, weil der 3. Dezember und die Verleihung nicht mehr weit war. Relotius hatte beste Chancen, mal wieder. Es war aber nicht so, dass seine Siegesaussicht die Redaktion wirklich beschäftigt hätte. Preise waren die Regel. Der Sieg, gerade Relo-tius' Sieg, war Routine. Im Grunde war nichts passiert. Moreno war durchgedreht, aber das wussten nur Fichtner und Geyer.

Der entscheidende Fehler allerdings war, dass meine Chefs meinen Fragen nicht selbst nachgegangen waren, sondern Relo-tius damit «beauftragten». Ein gefälschter Text, die Titelge-schichte über den Klimawandel, sie erschien Anfang Dezember, wäre wahrscheinlich verhindert worden. Damals wussten sowohl Matthias Geyer als auch Ullrich Fichtner, dass ich massive Zwei-fel hatte. Özlem Gezer, der ich ebenfalls geschrieben hatte, wurde von den beiden gesagt, dass sie sich «um den Fall» kümmerten. Sie bekam die Erwiderung nie zu lesen. Geyer und Fichtner gaben den Klimawandel-Text dennoch an die damals amtierende Chef-redaktion weiter, die im Sinne des Presserechts letztlich verant-wortlich war. Relotius war auf die Südseeinsel Kiribati geschickt worden, um über einen Mann zu schreiben, der angeblich von seinem Bambusverschlag aus gegen den steigenden Meeresspie-gel kämpft. Der Text lag schon seit einiger Zeit in der Redaktion. Wie sich später herausstellte: Relotius ist nie auf Kiribati gewesen. Er zog es vor, die Zeit in Los Angeles zu verbringen, wo er eigent-lich nur umsteigen sollte.

Die einzige Reaktion, die ich aus Hamburg erhielt, war lange Zeit eine knappe E-Mail, in der es hieß, dass man sich mit mir unter-halten wolle. Die Runde würde aus dem künftigen Chefredakteur Ullrich Fichtner, Claas Relotius, Matthias Geyer und mir beste-hen. Ich hatte keine Ahnung, was da geplant war, aber es klang nicht gut. Heute weiß ich, dass man meinen Vertrag auslaufen las-sen wollte.

Mir blieb nichts anderes übrig, als weiter zu recherchieren. Ich kontaktierte einen freien Reporter aus Tucson, Arizona, der für den «Tucson Sentinel» über die Themen «Sicherheit» und «Grenze» berichtete. Ich telefonierte mit ihm, mehrmals, erklärte, dass ich gerade eine Geschichte überprüfte und Hilfe bräuchte. Der Typ war einer dieser «Great-Amerikaner». Alles war «great». Er kannte natürlich Tim Foley, great. Er würde sich sofort darum kümmern, great, zu ihm fahren und ihm persönlich die Fragen stellen, die ich ihm geschickt hatte. Great. Im Übrigen hätte er gern eine Anzahlung von 150 Dollar per Paypal vorab, um den Auftrag anzunehmen. Not so great, dachte ich, aber vielleicht in Amerika üblich. Ich wollte nicht selber ins Flugzeug steigen. Es hatte etwas Verbissenes, die Reisrecherche eines Kollegen zu wiederholen. Es fühlte sich falsch an, als sei ich einer dieser Querulanten, die sich festbeißen und einen Privatfeldzug starten. Ich wollte, dass der Reporter Foleys Aussagen auf Band festhält und mir schickt. Das schien mir weniger verzweifelt. Der Great-Reporter versprach, sich zu melden. Ich überwies ihm das Geld.

Während ich auf die Antwort aus Tucson wartete, tat ich das Naheliegendste. Ich nahm mir andere Relotius-Texte vor, und keine zehn Minuten später hatte ich zum ersten Mal jenes Gefühl, das heute jeder hat, der Relotius' Reportagen liest. Der Zweifel sprang mich an. Es war wie eine Impfung. Begegnet man seinen Texten mit Zweifeln und nicht wie üblich mit Bewunderung, endet es immer gleich, wirklich immer: mit noch größeren Zweifeln. Plötzlich erkannte ich überall Ungereimtheiten, als habe jemand die Passagen des Wahnsinns mit Neonmarker unterstrichen.

Der erste Text war «Königskinder». Die Reportage, die in Mexiko dazu geführt hatte, mich bei meinem Chef zu entschuldigen. Ich bewunderte Relotius für seine Akribie und sandte eine SMS, in der ich als Grund für meine Bockigkeit verletzten Stolz anführte. «Königskinder» wurde zur besten europäischen Reportage des Jahres 2016 gewählt. Von einer international besetzten Jury. Sie handelt wie bereits erwähnt von zwei Geschwistern, die wegen des Krieges aus Syrien in die Türkei fliehen und dort ausgebeutet werden. Alin, die Dreizehnjährige, arbeitet als Näherin. Der jüngere Bruder, Ahmed, 12, lebt auf einem Schrottplatz und sammelt Wertstoffe. Beide träumen von einer besseren Zukunft, einer Rettung. Ganz am Anfang des Textes singt ein Mädchen ein syrisches Kinderlied, das angeblich einst die Kinder «in den Schulen von Rakka bis Damaskus» lernten. Es erzählt von zwei Geschwistern, die vor dem Krieg fliehen und in einem anderen Land hart arbeiten müssen, bevor sie, Allah ist groß, gerettet werden und letztlich wie Könige leben. Exakt die Story der Reportage «Königskinder». Alin und Ahmed träumen von Angela Merkel, der «Königin von Europa», wie Relotius das Mädchen an ihren Bruder schreiben lässt, die kommen wird, um sie zu holen.

Ich musste dieses Lied finden und sprach in den nächsten Tagen mit vielen Leuten. Ich fragte einen Universitätsprofessor für arabische Sprach- und Übersetzungswissenschaft in Leipzig. Professor Schulz, ein freundlicher, angenehmer Mann, tat etwas, womit ich nicht gerechnet hatte. Er fragte in seinem Institut nach, sogar in einer Vorlesung, in der einige Syrer saßen, ob jemand, das Geschwister-Lied kenne. Niemand hatte davon gehört. Aber als der Wissenschaftler, der er war, konnte er nicht ausschließen, dass es nicht vielleicht doch existiert.

Ein syrischer Automechaniker wäre fast vor Lachen vom Stuhl gefallen, als ich ihn auf das Lied ansprach. «Kinder, die vertrieben werden? Bist du sicher, dass du ein arabisches Lied meinst? Das mit der Vertreibung, das waren die Juden, das weißt du schon?»

Einem arabischen Übersetzer der Deutschen Welle, den ich kenne, schickte ich «Königskinder». Er schrieb ein Wort zurück: «Märchen.» Ich fand über eine Berliner Flüchtlingsunterkunft einen Musiker aus Aleppo, der früher sein Geld mit Ständchen auf Kindergeburtstagen verdient hatte. Auch er hatte nie von diesem Lied gehört. Genauso wenig wie ein Konzertviolinist aus Omsk, der in London lebt. Niemand kannte dieses Lied.

Half mir das? Nein, tat es nicht. Zu beweisen, dass etwas nicht existiert, zumal ein Kinderlied, ist praktisch unmöglich. Nicht mal das Gespräch mit der Hilfsorganisation «Support for Life» und einem ihrer Verbindungsleute in der südtürkischen Provinz Hatay brachte mich weiter. Ja, es gäbe das Problem der Kinderarbeit in der Türkei. Aber es sei nicht so, dass man als Reporter einfach irgendwo hineinspazieren könne und die Kinder finde oder die Leute, die sie beschäftigen. Und das Lied? «Nie gehört!»

«Königskinder» las sich wie ein Märchen, und genau so kam ich mir vor: Wie jemand, der eine Originalausgabe von Grimms Märchen aufschlägt und mit Google versucht, Fakten zu checken.

Meiner Frau, ebenfalls Journalistin, ging es ähnlich. Sie hatte sich die Reportage «Kinderspiel» vorgenommen, für die Relotius ein paar Wochen später seinen vierten Reporterpreis im Tipi am Kanzleramt bekommen sollte. Der Text erzählt, wie bereits erwähnt, von dem Jungen, der angeblich mit einem Graffito den Syrienkrieg ausgelöst hat, Mouawiya Syasneh. Der damals Dreizehnjährige wurde festgenommen, dann gefoltert. Später gab es Proteste, unter anderem von den Eltern, und eine heftige Gegenreaktion der Polizei. So begann laut Relotius der Krieg, weil das Pulverfass Syrien das tat, was Pulverfässer nun mal tun, sie explodieren. In Relotius' Text ist Mouawiya Syasneh der Funken. Relotius legt die Vorgehensweise während der Recherche völlig offen. Er beschreibt, wie ihn der Junge mit seinem Handy in der Hand durch die zerbombte Stadt führt. Relotius kann das live sehen, weil der Junge immer sein Smartphone dabeihat und ihn per Videoanruf teilhaben lässt. Nicht vor Ort und doch nah dran.

«Kinderspiel» ist Relotius' Meisterwerk. Meine Frau hatte über ein Jahr ein Podcast-Projekt der Axel Springer Akademie geleitet, in dem aus dem Leben eines syrischen Jungen erzählt wird, der bei einem Giftgasanschlag in der Provinz Idlib unter anderem seinen Vater verloren hatte. Da man als westlicher Journalist nicht nach Syrien reisen kann, beschäftigten sie bei dem Projekt einen syrischen Helfer vor Ort. Er stellte ihre vorher übermittelten Fragen, besuchte den Jungen mit einem Mikrophon, manchmal auch einer Kamera. Ab und an kommunizierten auch meine Frau und die Volontäre per WhatsApp und Skype direkt mit ihren Protagonisten. Meine Frau machte also im Grunde dasselbe wie Relotius in «Kinderspiel». Sie zweifelte an der Reportage. Ihr fiel es schwer zu glauben, dass Zivilisten in Syrien mit Gewehren durch die zerbombten Innenstädte spazierten, so wie Relotius es beschrieb. Aber auch meine Frau konnte letztlich keinen Beweis vorlegen, dass sie gefälscht war. Dafür war der Text einfach zu märchenhaft geschrieben, er war praktisch nicht verifizierbar. Meine Frau fand Faktenfehler, die mich wunderten, denn das Stück war ja durch die «Spiegel»-Dokumentation gegangen. Es wurde zum Beispiel ein konkreter Kriegsbeginn benannt, den es eindeutig nicht gab, aber ich suchte nicht nach Fehlern. Fehler machen alle Reporter. Hier ging es um Fälschung, um Lügen. Relotius war aber nicht zu greifen. Er hatte das System über die Jahre perfektioniert. Seinen vierten Reporterpreis gewann er laut Jurybegründung, weil er so offen seine Quellen dargelegt hatte, weil er so minuziös arbeitete, weil er vor dem Konjunktiv, anders als viele andere Schreiber, eben nicht zurückwich, sondern den Zweifel immer mitschwingen ließ. Es stand wörtlich drin, dass man vieles, so sei das leider, «nicht überprüfen» könne. Man müsse also vertrauen, auf ihn, Relotius. Anders ausgedrückt: «Kinderspiel» war eine Sackgasse. Leider nicht die einzige.

Der Reporter aus Tucson, Arizona, Mister Great, rief nicht zurück, und nach einigen Tagen merkte ich, dass er es nie tun würde. Er antwortete nicht auf meine E-Mails, drückte meine Anrufe weg. Es waren keine guten Tage. Ich war beruflich am Ende, versuchte die Nicht-Existenz von syrischen Kinderliedern zu beweisen, und ein Typ in Tucson konnte vermutlich nicht fassen, dass ich Idiot ihm wirklich Geld geschickt hatte.

Ich hatte bis jetzt nur Dutzende Faktenfehler gefunden, aber der Punkt, an dem ich mit «Fehlern» in Hamburg etwas ausrichten konnte, war vorbei. Relotius hatte die Abrissbirne benutzt, und die brauchte ich jetzt auch. Überzeugt, dass es diese Birne, diesen einen Beweis, wirklich gab, war ich aber nicht. Mir war aber klar, dass ich selbst zur Bürgerwehr nach Arizona fahren musste. Ich wollte aber nicht wie ein Ermittler aussehen, der Kollegen nachrecherchiert, also brauchte ich einen offiziellen Grund, um in die USA zu fahren. Meine Recherche sollte nicht verzweifelt wirken.

Ich rief einen tschechischen Tourpromoter an. Er hatte mir ein Interview mit dem exzentrischen Ex-Boxer Mike Tyson besorgt und den Text, der im «Spiegel» erschienen war, gemocht. Damals hatte er erwähnt, dass er auch einen guten Draht zum Boxer Floyd Mayweather habe, dem bestbezahlten Sportler aller Zeiten. Der Promoter heißt Radim Tauchen, ein Vollprofi. Tauchen erzählte mir, dass er zwar schon länger zu «Floyd» müsse, aber derzeit eigentlich keine Zeit habe. Das nächste Mal aber, wenn er nach Las Vegas zu «Floyd» fahre, könne ich das Interview haben.

Ich googelte die Entfernung zwischen Las Vegas und der Südgrenze Arizonas, wo Tim Foleys Bürgerwehr war. Es sind 760 Kilometer. Einfache Strecke. Leicht an einem Tag machbar.

«Kannst du Mayweather nicht jetzt besuchen?», fragte ich den Promoter.

Ich schlug ihm vor, beim «Spiegel» anzufragen, ob sie ihm den Flug in die USA bezahlen würden. Der «Spiegel» hatte noch kein Interview mit Mayweather gehabt, einem Mann, der angeblich mit seinem letzten Kampf eine Viertelmilliarde Dollar verdient hatte, und an dem man ziemlich gut erzählen konnte, wie kaputt das moderne Boxen ist. Mayweather gab nicht viele Interviews, schon gar nicht deutschen Medien.

Der Promoter überlegte kurz. «Okay, lass mich mit Floyds Management sprechen, wenn das sein Okay gibt und dein Laden meinen Flug zahlt, kriegst du das Interview. Und Mirco macht die Fotos.» Er kennt meinen Fotografenfreund Mirco Taliercio.

Ich rief Mirco an und sagte sinngemäß: «Ich würde gern in die USA fahren, zwei Hillbillys treffen, die auf Latinos schießen und Donald Trump lieben. Sie hassen Reporter, und sie haben Waffen. Das alles, weil ich glaube, dass der Superstar des Ressorts vielleicht ein Fälscher ist. Vielleicht auch nicht.»

Mirco sagte nichts.

«Ach ja, den Flug musst du selbst bezahlen.»

Das Sportressort wollte das Mayweather-Interview. Das Gesellschaftsressort schwieg, kein Anruf, keine Nachricht. Ich bildete mir ein, die Kälte spüren zu können. Da ich in die USA reiste und mir aufgefallen war, dass Relotius erstaunlich viel von dort berichtet hatte, nahm ich mir einige seiner Reportagen mit und las sie während des Flugs. Ein Text handelte von einem Trump-liebenden Städtchen namens Fergus Falls im Mittleren Westen, in dem offenbar nur beschränkte Misanthropen lebten. Ein anderes Stück erzählte von einer gewissen Gayle Gladdis, die durch die USA reist, um bei Exekutionen zuzuschauen. «Freiwillig sieht sie, was niemand mehr sehen will.» Eine andere Geschichte hatte ich selbst mal dem Sportressort vorgeschlagen. Der Quarterback Colin Kaepernick, ein von weißen Eltern adoptierter Schwarzer, hatte sich während der Hymne, die traditionell vor Football-Spielen läuft, aus Protest gegen Rassismus und Polizeigewalt hingekniet und damit das konservative Amerika verärgert, einschließlich Präsident Trump. Kaepernick, davor sechs Jahre Quarterback bei den San Francisco 49ers, fand darauf kein Team mehr, das ihn unter Vertrag nehmen wollte. Relotius sprach in dem Text mit seinen Eltern, die überraschend offen einen Teil der Schuld bei der neuen Freundin ihres Sohnes auszumachen schienen. Zuletzt las ich das anrührende Interview mit der letzten Überlebenden der Weißen Rose. Traute Lafrenz ist eine Ikone des Widerstands gegen die Nazis. Mehr als ein Interview war das

Gespräch eine Offenbarung. Lafrenz, die in South Carolina lebt, ist klar, klug, demütig und offenbar so ergriffen von den Fragen des Claas Relotius, dass sie, laut Text, sich mitten im Interview für eine Stunde zurückzieht, um sich zu erholen. Erst dann kann sie weiterreden.

Mich wunderte immer weniger, dass Relotius als Star in unserem Ressort gehandelt wurde. Das waren vier Stücke aus den letzten zwei, drei Jahren, jedes einzelne spektakulärer als alles, was ich in über zehn Jahren abgeliefert hatte.

Als ich in Las Vegas ankam, suchte ich mir ein günstiges Motel. Ich war das vierte oder fünfte Mal in der Stadt. Sie ist der Beweis, dass ich Menschen nicht verstehe, obwohl ein Teil meiner Arbeit darin besteht, Menschliches zu erklären. Mir geht es nicht in den Kopf, wie jemand am Las Vegas Strip vierhundert Dollar die Nacht für ein mit Spielautomaten und Roulettetischen zugestelltes Hotel zahlt, das so tut, als liege es in einem von Harald Glööckler entworfenen Paris.

Mirco war vor mir in der Stadt, sein neapolitanischer Vater lebt in Phoenix. Mirco ist Anfang fünfzig, romantischer Kommunist und klarer Denker. In seinem Atelier hängen alle «Spiegel»-Cover, die Fidel Castro zeigen, an der Wand. Es sind sechs. Daneben die beiden «Stern»-Ausgaben über die Hitler-Tagebücher und seit kurzem auch die «Spiegel»-Ausgabe, in der «Jaegers Grenze» erschien. Mirco hat seine Ausbildung in New York gemacht und für amerikanische Modezeitschriften fotografiert. Seine Geschichten aus dieser Zeit klingen nach wildem Spaß samt dem ein oder anderen Betäubungsmitteleklat. Wir waren gemeinsam auf kenianischen Mülldeponien unterwegs, wurden in Äthiopien verhaftet und sind mit kubanischen Fischern aus Cojímar nach Hemingways Vorbild aufs Meer gefahren, was eine ebenso schöne wie höchst illegale Idee ist. Mirco und ich redeten die nächsten Tage viele Stunden über Relotius, den Journalismus, das Leben vieler freier Kollegen.

Es gibt im Journalismus kaum noch Freie, Schreiber oder

Fotografen, die es sich leisten können, nur für Tageszeitungen, große Magazine oder seriöse Online-Seiten zu schreiben. Davon kann kaum einer leben. Viele machen das nur, um bei einer PR-Agentur, die für Unternehmen sogenannten «Content» liefert, Referenzen vorlegen zu können. PR-Agenturen zahlen teilweise gute Honorare. Und sie mögen echte, kritische Journalisten, allerdings dürfen diese Journalisten selbstverständlich nicht kritisch über die Auftraggeber der PR-Agentur geschrieben haben.

Weil wir noch einen ganzen Tag hatten, bis wir zur Bürgerwehr Richtung mexikanischer Grenze aufbrechen würden, recherchierten wir weiter im Netz. Mirco kennt Kuba sehr gut und hatte sich den «Cicero»-Text angeschaut. Das Stück mit den Schuhputzern, die zum Steuerberater gehen. In diesem Text kommt ein inhaftierter Dissident vor, der in Havannas berühmtester Bar sitzt, dem «Floridita». Gedankenverloren.

Mirco, der auf Kuba seine spanische Frau geheiratet hat, konnte das nicht glauben. «El Floridita» ist ein Laden für Touristen. Die Drinks kosten zehn, zwölf, fünfzehn Dollar, also leicht ein kubanisches Monatsgehalt. Die Musik ist so laut, dass man sich nicht unterhalten kann. Meist kommt man überhaupt nicht sofort rein und steht mit Kreuzfahrttouristen oder Tagesausflüglern aus Varadero in einer Einlassschlange. «El Floridita» ist kein Ort, um über den Zustand des kubanischen Sozialismus zu reden. Es ist ein Ort, um den Niedergang des kubanischen Sozialismus zu sehen.

Ich ging auch noch mal das Traute-Lafrenz-Interview durch. Fünf Stunden habe Relotius mit ihr verbracht, hieß es im «Spiegel». Ich überlegte kurz, es wie er zu machen. Relotius schrieb, dass er einfach hingefahren sei, ohne Termin, nach mehreren telefonischen Absagen, hartnäckig, wie der gute Reporter, der er vorgab zu sein. Lafrenz wohnt in South Carolina. Ich suchte Flüge raus. Zeitlich würde es gehen, dachte ich, entschied aber irgendwann, eine Frau, die 99 Jahre alt ist, die genug Leid in Deutschland erfahren hatte, in Frieden zu lassen.

Also nahm ich mir Kaepernick vor. Mirco kannte aus seiner New Yorker Zeit noch einen Mann, dessen Geschäft es ist, an Unternehmen die Adressen von Prominenten zu verkaufen. Die Agentur nennt sich «Celebrity Services». Es gibt sie seit 1939. Der «Spiegel» war früher wohl auch mal Kunde.

Mirco rief Mark an, seinen Freund bei «Celebrity Services», und fragte ihn nach der Nummer von Colin Kaepernick, dem Footballstar. Mark, gut gelaunt und hilfsbereit, antwortete, wie man sich das im Film so vorstellt: «Lass mich ein paar Anrufe machen.» Mark besorgt jede Telefonnummer. Nicht immer die Privatnummer des Stars, aber immer den Kontakt zu jemandem, der nah genug dran ist. Keine drei Stunden später hatte ich die Nummer von Kaepernicks Agenten: Carlos Fleming in New York, samt Durchwahl und E-Mail. Dazu noch die Kontaktdaten seines Anwalts, Mark Geragos von Geragos & Geragos in Los Angeles. Büronummer, Fax, E-Mail-Adresse.

Ich hatte in der Zwischenzeit das Netz nach den Eltern des Footballers durchsucht. Da war erstaunlich wenig. Der Vater hatte sich überhaupt nicht geäußert, die Mutter nur nach einer Trump-Rede. In ihr hatte er Football-Spieler, die während der Hymne knieten, «Hurensöhne» genannt, die man feuern müsse. Teresa Kaepernik tweetete: «Schätze, das macht mich zu einer stolzen Hure!» Jeder Sender, jede Zeitung, jedes Magazin in den USA wollte mit dieser Frau sprechen. Nur einem schien es gelungen zu sein: Claas Relotius für den «Spiegel».

«Ruf Kaepernicks Anwalt an», sagte Mirco.

«Ich halte es für keine gute Idee, einen amerikanischen Promi-Anwalt anzurufen und ihm zu sagen, dass das größte deutsche Nachrichtenmagazin möglicherweise ein nicht ganz sauberes Interview mit den Eltern seines Mandanten geführt hat. Lass uns erst schauen, was die Bürgerwehr sagt.»

Ich freute mich nicht darauf, unangemeldet bei Tim Foley aufzuschlagen, einem Mann, der laut Relotius irgendwo im grenznahen

Wüstennichts lebte und Waffen hortete. Mir blieb aber nichts anderes übrig.

Unser Ziel hieß Arivaca, ein winziges Sechshundert-Seelen-Nest, elf Meilen von der mexikanischen Grenze. Früher suchten Glücksritter hier nach Gold und Silber. Später, in den Siebzigern, kamen Hippies. Heute ist es eine Gegend für alle, die in Ruhe gelassen werden wollen. Aus welchen Gründen auch immer.

Foleys Trailer liegt etwas außerhalb. Man fährt auf einer Schotterpiste an Metallgattern entlang, folgt einigen wilden Kurven, spätestens nach der dritten fällt die Routenführung auf dem Handy aus. Es gibt hier kein Netz. Mirco fragt: «Steht im Text nicht, dass die Typen hier Trump-Videos auf ihren Smartphones geschaut haben, während sie Latinos jagen?»

Ich rufe Foley an und frage nach dem Weg. Meine Frau hatte über ihre Deutschlandradio-E-Mail den Kontakt hergestellt. Er wusste nicht, dass ich vom «Spiegel» war. Es ist früher Abend, bereits dunkel. Foley ist nicht begeistert, dass wir so spät noch ein Interview wollen, seine Stimmung hellt sich aber ein wenig auf, als ich ihm verspreche, mich kurz zu fassen, und beiläufig die vereinbarten 200 Dollar erwähne.

Wir parken unseren blauen Miet-Hyundai vor einem Trailer, einer langen, vielleicht zehn, zwölf Meter langen Blechkonstruktion, die kein deutsches Bauamt erlauben würde. Ein paar Trittstufen führen zur Eingangstür, Foley sitzt mit einem Mann davor. Leicht untersetzt, ungepflegter Bart, Tarnhose und grünes T-Shirt. Er stellt sich als Lorenzo Murillo vor und spricht, ich kann es nicht glauben, spanisch mit Madrider Akzent. Er sei aus Carabanchel, sagt er. In Carabanchel ist das bekannteste Gefängnis Spaniens. Murillo ist ein seltsamer Typ, der mir nicht erklären kann oder will, warum jemand von Spanien nach Arivaca gezogen ist. Ich ahne zu dem Zeitpunkt aber nicht, dass er noch wichtig werden würde.

Foley ist freundlich, massiv tätowiert, in einem tarngrünen Kapuzenshirt. Zerfurchtes, müdes Gesicht, das viel Jim Beam gesehen zu haben scheint. Er wird später erwähnen, dass er trockener Alkoholiker ist. Sein Trailer ist genauso geschmacklos wie erwartet. An den Wänden hängt martialischer Kitsch. Samurai-Schwerter, Wurfsterne, solche Sachen.

Foley setzt sich an seinen Küchentisch, Mirco filmt.

«Kennen Sie diesen Mann?», frage ich. Ich halte ihm ein Handyfoto von Relotius hin. Foley beugt sich nach vorne und kneift die Augen zusammen.

«Vor vier Wochen war er hier», sage ich.

Foley lehnt sich zurück in den Stuhl.

«Vor vier Wochen?» Er denkt nach.

«Bitte sagen Sie mir, Sie haben mit diesem Mann gesprochen.»

Foley beugt sich wieder nach vorne und fixiert das Foto.

«Ich erinnere mich nicht an ihn.»

«Laut dem Artikel war er hier einen Tag nach den Midterm-Wahlen, also in der Nacht vom 6. zum 7. November. Da haben Sie die Nacht mit ihm in den Bergen verbracht.»

Foley lacht auf. «Nein. Das letzte Mal, dass ich in den Bergen war, war vor zwei Wochen, und das Mal davor, mit den Jungs, war im Juni.»

Ich erwähne nun erstmals, dass ich für den «Spiegel» arbeite. Da erst erinnert sich Foley dann an eine E-Mail vom «Spiegel». Jemand hätte sich gemeldet, sei aber nie aufgetaucht. Ich gebe Foley eine Übersetzung des Textes. Er liest die meisten Stellen laut vor. Zeile für Zeile geht er «Jaegers Grenze» durch.

«Es gibt keinen Jaeger. Der Typ heißt Maloof. Der hat einen Job und lebt unweit von hier in Tucson», sagt Foley, «und: Wir legen Handschellen an? Wir haben noch nie irgendwen festgehalten.»

«Warum nicht? Weil es illegal ist?», frage ich.

«Wenn wir anfangen würden, Leuten Handschellen anzulegen, wären wir nicht hier.» Foley liest weiter: «(...) drei Frauen aus Mexiko, die Rucksäcke voll Kokain auf ihren Schultern trugen, zwei Nächte lang in den Bergen frieren lassen und erst dann der Grenzpolizei übergeben. Oh, mein Gott!»

«Ist das nicht wahr?», frage ich.

Foley lacht. «It's fucking hilarious. Dieser Typ, vielleicht saß er in einem Hotelzimmer und hat LSD genommen, ich weiß es nicht, was er geraucht hat, aber er war jedenfalls nicht bei uns. Außerdem: Warum sollten wir die zwei Tage frieren lassen? Mit Kokain? Wenn du so lange mit denen rumhängst und die Border Patrol dich findet? Ah, dann heißt es, du schmuggelst Drogen! Habt ihr keine Fakten-Checker?»

«Es ist nicht leicht, so etwas zu checken», sage ich.

«Nein, es ist sehr leicht, so etwas zu checken. Ihr könnt mich anrufen.»

Das Gespräch dauerte noch gut eine Stunde. Satz für Satz ging Foley die Fehler durch. Praktisch nichts stimmte. Jaeger hieß Maloof, kam nicht aus Fresno, hatte keine Tochter, keine Schreinerei, hatte einen Job, schoss nicht auf Latinos, fast das gesamte Stück war ausgedacht. «A complete fabrication», schimpfte Foley.

Ich hatte mir in den letzten Tagen immer wieder vorgestellt, was bei dem Treffen passieren würde. Für am wahrscheinlichsten hielt ich, dass Relotius drei, vier ereignisarme Tage auf irgendeinem Hügel verbracht hatte. Er hatte alles vorgefunden, die Männer, die Waffen, die Wüste, alles, bis auf Action. In Wahrheit beginnt da die Arbeit des Reporters. Entweder recherchiert man eine bessere Geschichte oder überlegt sich, was das wenige, was es zu sehen gab, bedeutet. Einer von Relotius' Ressortkollegen, Takis Würger, hat 2012 einen Reporterpreis für den Text «Das verlorene Bataillon» bekommen. Sehr ähnliche Ausgangslage. Würger begleitete drei Wochen deutsche Afghanistan-Soldaten. Männer, Waffen, Wüste. Der Protagonist hatte in diesem Krieg nicht einen einzigen Schuss abgefeuert. Afghanistan ist für dieses Bataillon gefährlich, irgendwie aber auch stinklangweilig. Eigentlich passiert nichts, alles spielt sich in den Köpfen der Männer ab, ein phantastischer Text. Würger umtanzt das Nichts, macht den Abgrund sichtbar, ohne den Krieg nicht denkbar ist. Das ist schwer, das können nicht viele. Offenbar auch nicht Relotius.

Foley legte irgendwann die Blätter des übersetzten Textes zusammen. Er konnte es noch immer nicht glauben. «Ich kann zweifelsfrei sagen, dass alles frei erfunden ist. Ich habe nie mit diesem Reporter gesprochen. Er hatte schon eine Geschichte in seinem Kopf und brauchte Namen und Gesichter, die dazu passten.»

Foley war wütend, so wütend, dass er die zweihundert Dollar vergaß, die ich ihm versprochen hatte. Ich bat ihn, mit niemandem über die Sache zu sprechen, bis ich den «Spiegel» informiert hatte. Er willigte ein. Da es spät geworden war, fuhren Mirco und ich in das nächstbeste billige Motel. Meine Frau war die Erste, der ich schrieb.

> (...) Komme gerade vom Protagonisten der Geschichte zurück.
> Claas Relotius war NIE da. Er hatte einen Termin, erschien aber nicht.
> Die Charaktere sind ALLE frei erfunden. Chris Jaeger, der Chris Maloof heißt und seit zwei Jahren in Tennessee lebt, und die Biographie mit der drogenabhängigen Tochter sind frei erfunden. Es ist alles falsch. Zitat Protagonist: «Just a fat pile of horseshit, that's what this is.»
> Habe das auf Video, es besteht kein Zweifel, dass der Typ die Wahrheit sagt.
> Ich bin völlig am Ende und kann nicht glauben, was da gerade passiert ist. (...)

Am nächsten Tag, es war der 3. Dezember, der Tag des großen Reporterpreises in Berlin, fuhren Mirco und ich wieder gute zehn Stunden nach Las Vegas. Kaum waren wir im Hotel angekommen, klingelte mein Handy. Foley war dran. Er habe Chris Maloof gefunden, den Protagonisten aus «Jaegers Grenze». Er wolle sich unbedingt mit uns treffen. Bei sich zu Hause, in Sahuarita, keine halbe Stunde von Foleys Trailer. Auch Maloof sei bereit, sich filmen zu lassen, sagte Foley. Weder ich noch Mirco hatten Lust, die 1600 Kilometer, die wir gerade absolviert hatten, erneut zu fahren, aber ich fragte Mirco nicht mal. Natürlich mussten wir hin.

«Sag Maloof, wir sind morgen bei ihm», sagte ich zu Foley.

Mir war klar, dass ich mit so viel Beweisen wie möglich beim «Spiegel» auftauchen musste. Foley hatte gute Gründe, um mich zu belügen. Er beging in dem Text Straftaten. Alles, was seine «Arizona Border Recon» in der Reportage tat, war illegal. Ich wusste, dass er nicht log. Er konnte anfangs nicht wissen, dass ich vom «Spiegel» war. Aber es konnte dennoch nicht schaden, wenn der Mann, von dem der Text hauptsächlich handelte, Chris Jaeger, der eigentlich Chris Maloof hieß – wenn auch der mir bestätigte, Relotius nie gesehen zu haben.

Wenige Stunden später, nach einer weiteren unruhigen Nacht, saßen Mirco und ich wieder im blauen Miet-Hyundai und fuhren denselben Highway Richtung Süden. Gute zehn Stunden später, das Land der Freiheit ist dank Tempolimit eher langsam unterwegs, bogen wir in eine amerikanische Reihenhaussiedlung. In den Vorgärten hingen US-Fahnen. Vor Maloofs Haus stand ein riesiger Truck, der in seiner obszönen Größe etwas von einem Panzer hatte. Der obligatorische «Support our Troops»-Aufkleber prangte neben dem Rücklicht.

Chris Maloof ist ein schweigsamer Mann, der seit der Fußball-WM in Deutschland verliebt ist. Er war damals in Bayern als Soldat stationiert und während des Wundersommers 2006 zwei Wochen durchs Land gereist. Ein Bär von einem Kerl, schwarze Kappe, Cowboystiefel, mit Autos tätowierte Arme.

«Sie wissen, warum wir hier sind?», fragte ich Maloof.

«Tim hat mir alles erzählt. Ich konnte nicht glauben, was er zu sagen hatte.»

Wir waren keine zwanzig Minuten bei Maloof. Ich setzte

ihn auf einen Stuhl, Mirco baute die Kamera auf. Maloof zeigte mir seinen Ausweis, erklärte, dass er Relotius nicht kenne, nie mit ihm unterwegs war, keine Kinder habe, keinen Großvater Hans aus Bayern und keinen Codenamen Jaeger. Am Ende hielt er die Handrücken in die Kamera, auf denen, anders als Relotius in «Jaegers Grenze» schreibt, weder «Strength» noch «Pride» tätowiert waren, also weder «Stärke» noch «Stolz». Maloof war nett zu uns, bedankte sich mehrmals, dass wir ihm Gelegenheit gaben, «die Dinge klarzustellen». Er habe heute den ganzen Tag an diese Geschichte gedacht, sagte er. Er bessere beruflich Stromtrassen aus und unterrichte manchmal Mitarbeiter in Sicherheitsfirmen. Er könne sich nicht leisten, mit Straftaten in Verbindung gebracht zu werden. Das könne ihn seinen Lebensunterhalt kosten, wenn es hieße, dass er auf Latinos schieße.

«Ich werde den ‹Spiegel› verklagen.»

Mirco und ich stiegen ins Auto und sprachen sofort über ein Thema, das uns schon auf der Fahrt zu Maloof beschäftigt hatte. Wir fragten uns, was die Videos für Relotius bedeuteten? Für den Menschen. Was macht jemand, der mit solchen Vorwürfen konfrontiert wird? Tut er sich etwas an? Mit diesen Videos würde Relotius' Karriere, sein Erfolg, sein Leben, alles, was er sich aufgebaut hatte, in Flammen aufgehen. Der Name Relotius würde zum Synonym für pervertierten Journalismus werden. Mirco sagte: «Der Sohn eines Neapolitaners und der Sohn eines Andalusiers überführen einen hanseatischen Aufschneider. Klingt irgendwie ausgedacht.»

Schließlich einigten wir uns auf die Art, wie ich Relotius konfrontieren würde. Das Büro von Geyer oder dasjenige von Fichtner wäre vermutlich im 13. Stock, ganz oben im Gebäude, in der Chef-Etage des «Spiegel». «Auf keinen Fall zeige ich Relotius Foleys Film da oben», sagte ich zu Mirco. Das «Spiegel»-Gebäude betritt man durch ein kolossales Atrium. Gute dreißig Meter hoch. «Erdgeschoss!», sagte ich, «das Gespräch findet im Erdgeschoss statt. Von mir aus treffen wir uns in der Kantine, aber ich gehe da nicht hoch, damit er sich da runterstürzt.»

Mittlerweile herrschte zwischen uns eine Mischung aus matter Gewissheit und Niedergeschlagenheit. Relotius war nicht jemand, der einen Text gefälscht hatte, Mirco und mir war das sofort klar. Relotius log. Systematisch. Der kubanische Steuerberater, Kaepernick, das Kinderlied, die Exekutions-Touristin, Traute Lafrenz, der Graffiti-Krieg und all die anderen Fragezeichen, die ich an knapp zwanzig Relotius-Texte gesetzt hatte. Sie waren im Grundsatz beantwortet, fand ich.

Im «Spiegel» allerdings war das anders. Die beiden Männer, die ich überzeugen musste, hießen Ullrich Fichtner und Matthias Geyer. In ein paar Tagen sollten sie an die Spitze des wichtigsten Magazins der Bundesrepublik treten. Beide waren seit Jahrzehnten beim «Spiegel», jetzt war der Moment gekommen, ihre Karrieren zu krönen. Wenn ich die beiden nicht überzeugen konnte, hatte ich – vor allem aber der «Spiegel» – ein Problem. Ich ging im Kopf die Worte durch, die ich sagen würde. Aktueller Stand war, dass meine Chefs, Matthias Geyer und Ullrich Fichtner, Blattmacher und Chefredakteur in spe, mich in den nächsten Wochen zur Aussprache in Hamburg erwarteten.

Es war noch immer der 3. Dezember, der Tag, an dem Relotius seinen vierten Reporterpreis auf der Bühne bekommen hatte. Noch am selben Tag zerfielen alle meine Pläne. Ein Anruf genügte. Er war nicht mal lang.

Am Telefon war die amerikanische Journalistin Tay Wiles. Helle, junge Stimme, schnelles Sprechtempo. «That's quite a story», waren so ziemlich ihre ersten Worte. Wiles erklärte mir, dass sie gerade in Berlin die englischsprachigen Kollegen von «Spiegel International» kontaktiert habe, um eine englische Übersetzung von «Jaegers Grenze» zu bekommen. Eine Übersetzung existiere nicht, aber die Kollegen hätten ihr meine Nummer gegeben.

Ich musste mich setzen. Wiles trug mir vor, was ihrer Meinung nach so «interesting» war, nämlich, dass der «Spiegel» Geschichten erfindet, ausgerechnet, jetzt, in der Ära der Fake News. Ich googelte ihren Namen. Wiles war freie Autorin, schrieb unter anderem für «Mother Jones» und den englischen «Guardian».

«Okay, das war's», dachte ich. Nicht ich würde der Überbringer der Nachricht sein, sondern sie. Der GAU war perfekt. Während Wiles redete und so ziemlich jedes falsche Detail aus «Jaegers Grenze» zu kennen schien, ging ich kurz die Konsequenzen durch. Es war nicht sonderlich kompliziert.

Angenommen, sie bot die Geschichte dem «Guardian» an. Der würde sie garantiert nehmen. Die Meldung würde nach Deutschland schwappen, deutsche Journalisten dem nachgehen, vielleicht die «Bild», vielleicht die «Süddeutsche» oder wer auch immer als Erster ihren Text in Deutschland las. Zwei Dinge fielen mir sofort ein. Wer hatte das legendäre Hinrichtungsporträt des Axel-Springer-CEO Mathias Döpfner im «Spiegel» geschrieben? Keine fünf Jahre war das her. Ein Branchenblatt nannte die sechsseitige Totalabrechnung «einen veritablen Imageschaden» für das Unternehmen. Matthias Geyer, mein Chef, Relotius' Chef. Und wer hatte die deftige Titelgeschichte über die «Bild»-Zeitung geschrieben – «Die Brandstifter», eine Überschrift, die viele «Bild»-Journalisten sehr getroffen hat? Ullrich Fichtner. Kann man sich nur für eine Sekunde vorstellen, was Springer aus so einem Skandal gemacht hätte? Was die «Bild»-Zeitung damit angestellt hätte? Zumal der «Spiegel», völlig unvorbereitet, vermutlich erst Relotius geglaubt hätte.

«Hast du mit Foley gesprochen?», fragte ich Tay Wiles. Es war die einzige logische Quelle.

Tay Wiles bejahte. Sie arbeite gerade an einem Stück über die Grenze. Im Nebensatz erwähnte sie, dass sie diesen Foley-Freund, den Mexikaner, sehr seltsam fand. Sie glaubte, er würde für ein mexikanisches Kartell arbeiten.

«Murillo?», fragte ich.

«Ja, genau der!», sagte Wiles.

«Der ist kein Mexikaner, der ist Spanier, aus Carabanchel, das liegt in der Nähe von Madrid», antwortete ich. Wiles hatte versucht, etwas über ihn herauszufinden, war aber gescheitert. Ich bot ihr an, in Spanien ein paar Anrufe zu machen und ihr alles zu schicken, was ich über diesen Murillo auftreiben konnte. Ein Teil meiner Familie lebt in Madrid, nicht weit von Carabanchel. «Wenn du ein paar Tage wartest, kann ich versuchen, etwas herauszufinden», sagte ich Wiles. Sie mochte den Vorschlag und versprach, stillzuhalten.

«Kannst du der trauen?», fragte Mirco, der das Gespräch teilweise mitbekommen hatte.

«Nicht lange. Sie schreibt für den ‹Guardian› und hat Kontakte zur ‹New York Times›.»

Matthias Geyer erneut anzurufen, schien mir sinnlos. Ich musste eine Stufe höher gehen. Ullrich Fichtner, der künftige Chefredakteur, war früher mein Ressortleiter. Ich hatte mir genau überlegt, was und wie ich ihm in welcher Reihenfolge sagen würde. Auf einem Block notierte ich ein paar Stichpunkte. Ich würde ihn erst fragen, ob er «Jaegers Grenze» gelesen habe, ob er wisse, dass ich Schwierigkeiten mit dem Text hatte, dass ich in Amerika sei und nicht mehr nur Indizien hätte, sondern meines Erachtens Beweise. Es sollte ein klares, sachliches Gespräch werden.

Zu meiner Erleichterung schien Ullrich Fichtner nicht zu wissen, wovon ich sprach. Er klang sehr überrascht, als ich ihm sagte, dass ich wegen Relotius in die USA gefahren sei. Ich nahm ihm ab, dass er von der Sache nichts wusste. Schwer zu glauben, heute.

«Lektion 1: Als Erstes musst du dich fragen: Was wollen die Leute? Worauf richtet sich ihre Sehnsucht? Du musst für sie ein Bild malen, auf das sie lange gewartet haben, eines, das Freudentränen in ihre Augen treibt: Mit tränenverhangenen Augen werden sie halb blind sein. Von ganzem Herzen haben sie sich gewünscht, einmal ein solches Bild zu sehen, und jetzt, da dieser Wunsch in Erfüllung gegangen ist, werden sie das Bild selbst gegen die eigenen Zweifel verteidigen. Sie werden wollen, dass es echt ist, und damit nehmen sie dir die Hälfte deiner Arbeit ab.»

Aus: Linus Reichlin, «Anleitung für Fälscher»

## 11. Kapitel

# Es hätte alles viel früher auffliegen müssen

### *Das System Relotius unter Druck*

Wie naiv alle waren, denen ich die Videos zeigte! Meine Frau fand Foley und Maloof absolut überzeugend. Für sie bestand kein Zweifel, dass diese Männer Relotius nie gesehen hatten. Zwei meiner Freunde, denen ich die Aufnahmen ebenfalls zusandte, verstanden überhaupt nicht, warum ich mir noch Sorgen machte. Auch Mirco und ich dachten, dass es nun vorbei sei. Wir wussten, dass sich Relotius eine Reportage fast komplett ausgedacht hatte. Da war er, der ultimative Beweis.

War er nicht.

Ich hatte Relotius, mal wieder, unterschätzt. Zwei lächerliche Videos? Er hatte sich schon aus ganz anderen Situationen befreit. Es fällt mir nicht leicht, das zu schreiben, weil es nach Bewunderung klingt, aber ich ahnte nicht, wie gut Relotius wirklich war. Die lange Erwiderung, in der er von den «Spiegel TV»-Kollegen spricht, die auf dem Weg zu der Bürgerwehr seien, kannte ich nicht. Mir war bewusst, dass viele seiner Texte nicht stimmten. Er war kein genialer Reporter, er war ein genialer Lügner. Jemand, der ausgiebige und mehrmalige Recherchereisen machte, für Geschichten, die im Wesentlichen seiner Phantasie entsprangen.

Es ist beeindruckend, wenn man nachvollzieht, wie Relotius unter Druck handelte, wenn es wirklich eng wurde. Ein gutes Beispiel ist die Reportage «Die letzte Zeugin», erschienen am 3. März 2018. Sie handelt von einer 59-jährigen Sekretärin aus Joplin, Missouri. Die Dame, die nicht existiert, hat ein etwas verstörendes Hobby. Da Gesetze, die es größtenteils ebenfalls nicht gibt, angeblich in einigen Bundesstaaten der USA verlangen, dass «ehrbare Bürger» bei Exekutionen anwesend sind, reist die erfundene Gayle Gladdis durchs Land und schaut zu, wie Menschen im Namen des Volkes hingerichtet werden. Sie meldet sich freiwillig. Sie will sehen, wie Menschen sterben, immer und immer wieder. Relotius sitzt in einer langen Fahrt im Greyhound-Bus neben Gladdis. Sie hat gute Gründe für ihr Verhalten. Das Motiv ist in jeder Heldenreise wichtig. Es treibt den Protagonisten. Alle Relotius-Reportagen haben ein starkes Motiv. Auch hier: Sowohl ihr Sohn als auch ihr Enkel wurden ermordet. Die Polizei fasste die Mörder, ein Richter verurteilte sie zum Tode, aber die Hinrichtung folgte aufgrund juristischer Spitzfindigkeiten nicht. Darum, so Relotius, ist diese arme Sekretärin auf ewig dazu verdammt, anderen Menschen beim Sterben zuzusehen. Es sind nicht die Mörder ihres Kindes oder ihres Enkels, aber es ist das, was sie kriegen kann, eine Ahnung von Genugtuung auf ihrer verzweifelten Suche nach Erlösung. Schöner Popcorn-Kino-Stoff. Nur leider komplett erfunden. In Texas gibt es so ein Gesetz nicht, eigentlich in so gut wie keinem US-Bundesstaat. Gayle Gladdis existiert nicht. Die toten Söhne nicht. Relotius war auch nicht im Gefängnis. Natürlich ist auch das Bild, das Relotius angeblich selber von «der letzten Zeugin» machte und das der «Spiegel» hunderttausende Male druckte, falsch. Der Verlag weiß bis heute nicht, wer die Frau ist. Auf Nachfrage sagte Relotius: «Irgendjemand.»

Der Text, den Ausdruck mag man mir verzeihen, ist ein Relotius-Klassiker. Alle wesentlichen Elemente seines Schreibens sind zu finden: etwas verkitschte Sprache, gute, wenn auch bereits aus früheren Geschichten bekannte Textmontage, monokausale, geradezu filmische Erklärungsmuster für das Verhalten der Heldin. Dazu eine anonyme Hauptprotagonistin, Gayle Gladdis, die laut Relotius ihren echten Namen nicht nennen will, weil niemand in ihrem Bekanntenkreis ahnt, was sie tut. Und auch deshalb ein Relotius-Klassiker, weil er so perfekt in das passte, was sich Redaktionen wünschen. Großer, emotionaler und zudem relevanter Stoff, den Zeitungen und Magazine heute so nötig brauchen.

Weiß man das alles und stellt sich für einen Moment vor, man sei Relotius: Was denkt man mit diesem Hintergrundwissen, wenn folgende E-Mail einen am 17. Juli 2018 erreicht, einige Zeit nach Erscheinen des Textes. Ich verstehe bis heute nicht ganz, wie er sich da rausreden konnte.

Gabi Uhl <...@gmail.com> Di., 17. Juli, 17:45

Sehr geehrter Herr Relotius,
erst vor ein paar Wochen wurde ich über eine Kollegin auf Ihren Artikel «Die letzte Zeugin» in einer März-Ausgabe des «Spiegel» aufmerksam, den ich mit Interesse gelesen habe. Denn ich bin seit über 20 Jahren mit der Todesstrafe in den USA, speziell in Texas, befasst und habe selbst drei Exekutionen als Zeugin miterlebt.
Nachdem mir eine Reihe von Aussagen in Ihrem Artikel nicht korrekt erschien, habe ich bei weiteren, an die ich zumindest ein Fragezeichen gemacht hätte, recherchiert. Ich füge Ihnen eine Datei an, in welcher ich diverse Stellen Ihres Artikels kommentiert habe.
Ich würde gerne mit Ihnen darüber ins Gespräch kommen. Mein erster Eindruck war, muss ich zugeben, mit dem Verdacht verbunden, dass es sich um eine erfundene Geschichte handeln könnte – weil viele Details nicht stimmig sind oder nicht meinen Erfahrungen entsprechen. Das traue ich dem «Spiegel» aber eigentlich nicht zu.
Letztlich interessiert mich die Wahrheit hinter der Geschichte, weshalb ich mir so viel Zeit genommen habe für die Auseinandersetzung mit Ihrem Artikel und die Recherche. Ich weiß zweifellos sehr viel über das Thema – versuche aber immer noch dazuzulernen.
Mit freundlichen Grüßen
Gabi Uhl

Was genau macht man, wenn man einen Text gefälscht hat und so eine E-Mail bekommt? Man schaut womöglich, wer Gabi Uhl ist und findet, jedenfalls aus Sicht des Fälschers, höchst Beunruhigendes. Geboren 1962. Studienrätin für Musik und Religion, unweit von Wiesbaden. Ihre Homepage heißt www.todesstrafe-texas.de, der von ihr gegründete Verein «Initiative gegen die Todesstrafe e. V.». Vermutlich gibt es in Deutschland kaum jemanden, der mehr über Hinrichtungen in Texas weiß, als Gabi Uhl. Und diese Frau wählt die Worte «erfundene Geschichte». Zudem ist an Frau Uhl offensichtlich auch ein toller Rechercheur verloren gegangen. Sie listet in einer der E-Mail beigefügten Datei über vierzig Textstellen in «Die letzte Zeugin» auf, sauber markiert und kommentiert, die ihrer Meinung nach problematisch sind. Einiges findet sie sehr unwahrscheinlich, andere sind heftige Faktenfehler. Gleich zu Beginn der Reportage wird erwähnt, dass Gayle Gladdis erst kürzlich eine Hinrichtung in Arizona bezeugt haben soll. Seit 2014 gab es aber keine Hinrichtung in Arizona. Außerdem schreibt Relotius, dass in Texas 1924 das erste Mal jemand durch Erschießen exekutiert wurde. Richtig ist, dass 1924 zum ersten Mal der elektrische Stuhl genutzt und davor die Leute gehängt wurden. Auch dürfen sich Touristen im Gefängnismuseum, anders als behauptet, nicht auf den ausgedienten alten elektrischen Stuhl setzen und Selfies machen. Uhl war oft in diesem Museum. «Old Sparky» steht hinter einer Absperrung. Relotius schreibt von einer Gefängniszeitung. Es gibt keine. Uhl seziert den Text. Eine Passage in der Reportage lautet: «Der Staat Texas tötet schnell. Shores ganzer Körper zuckt plötzlich zusammen. Er ruft: ‹Ich fühle es!› Seine Augen rasen, er ruft: ‹Es brennt!› Dann entspannt das Betäubungsmittel seine Muskeln, dann werden seine Augenlider schwer. 30 Sekunden lang hört Gladdis ihn nach Luft schnappen, dann wird das Japsen zu einem Geräusch, das wie Schnarchen klingt. Nach etwa zwei Minuten verliert Shore das Bewusstsein. Gladdis achtet auf seinen Brustkorb, noch immer fährt er langsam auf und ab. Nach drei Minuten sind seine Muskeln wie gelähmt. Nach vier Minuten atmet er nicht mehr, nach spätestens fünf hört sein Herz auf zu schlagen.»

Uhl kommentiert trocken: «Das geht alles wesentlich schneller.»

Es lässt sich leicht rekonstruieren, woher Relotius höchstwahrscheinlich diese Zeitangaben hat. In einem Text in der «Süddeutschen Zeitung» von 2010 wird der Tod einer Frau beschrieben, die sich mit einer Natrium-Pentobarbital-Lösung und unter Aufsicht der Schweizer Sterbehilfeorganisation «Dignitas» das Leben nimmt. Auch da dauert es vier Minuten. Auch in diesem Text kommt das Zitat «Ich brenne» vor, etwas sehr Ungewöhnliches, wie es im Artikel heißt. Relotius recherchierte offenbar wie ein Romanautor. Details mussten möglich, plausibel, vor allem aber spektakulär sein.

Um das abzukürzen: Relotius konnte sich herausreden. Über vierzig Anmerkungen, eine erdrückende Beweislage, stellte Uhl zusammen, am Ende aber, nach ein paar E-Mails und ein paar Gesprächen, war sie überzeugt, dass Claas Relotius ein gewissenhafter, freundlicher Reporter war, dem einfach ein paar Fehler unterlaufen waren.

Am 18. Juli 2018 schrieb Relotius eine E-Mail. Er bedankt sich für die «freundliche Nachricht und auch für die kritischen, aber sicher sehr gewissenhaften Anmerkungen zu meinem Text». Er sei leider in den USA und könne «mangels Zeit auch nicht im Detail darauf eingehen». Dann erklärt Relotius Grundsätzliches: «Jede Recherche wird bei uns ausführlich dokumentiert, durch Notizen, Akten, Fotos (auch nicht publizierte) und Tonbandaufnahmen. Die Reportage ist also selbstverständlich nicht erfunden, auch nicht Aspekte davon, sondern nach bestem Wissen und Gewissen aufgeschrieben.»

Relotius behauptete sogar, dass bestimmte Passagen der Reportage mit den Verantwortlichen in Texas abgesprochen worden seien. «Dadurch konnten, für mich als Autor immer sehr beruhigend, noch einige Ungenauigkeiten, missverstandene Details oder glasklare Faktenfehler ausgeräumt und korrigiert werden. Ärgerlich ist nun, dass einige dieser Stellen – dieser Fehler – offenbar noch immer in dem Text, den Sie scheinbar online gelesen haben, auftauchen, nicht korrigiert wurden.»

Dann kommt eine – mal wieder brillante – Lüge, die alles in einem anderen Licht erscheinen lässt. Es gab einen Fehler, der alles erklärt. «Beim Digitalangebot des ‹Spiegel› gab es in den vergangenen Wochen und Monaten einige Veränderungen, auch einen Relaunch von ‹Spiegel Plus› hinüber zum neuen Digitalformat ‹Spiegel+›. Ich kann es mir nur so erklären, dass der geänderte Text einfach noch nicht übernommen wurde. Das ist sicher bedauerlich, das bitte ich zu entschuldigen.»

Im Rest der E-Mail bittet Relotius Uhl um etwas Geduld. Er würde sehr gern darüber im Gespräch bleiben. «Auf einige andere Punkte, die Sie benennen (z. B. zivile Zeugen in Texas und in anderen Bundesstaaten, Ablauf der Hinrichtung etc.), und auf Stellen, die sich auf erlebte Szenen oder aber auch Erfahrungen der Protagonistin sowie auch andere Personenquellen beziehen, würde ich gern noch genauer eingehen und Ihnen unseren Umgang damit erläutern.»

Relotius kündigte einen Anruf an und schloss mit der Bemerkung ab, dass er Uhls Arbeit für «bemerkenswert» halte und «sehr gern mehr darüber erfahren» würde. «Das Thema verstört und interessiert mich bereits seit Jahren. Die Reportage ‹Die letzte Zeugin› war mein erster und bisher einziger Text darüber, aber ich habe, für mich ganz persönlich, noch immer mehr Fragen als Antworten.»


Ich habe lange mit Gabi Uhl gesprochen. Ihr ging es nicht darum, einen Betrüger zu überführen, denn sie konnte sich nicht vorstellen, dass es im «Spiegel» einen gab. Es musste eine Erklärung geben. «Das ist ja kein drittklassiges Revolverblatt, das war der ‹Spiegel›», sagte sie mir. Natürlich dachte sie, als sie Relotius' Erwiderung las, an eine Panne. Der unfertige Text war aus Versehen erschienen. Das machte Sinn.

Relotius telefonierte lange mit ihr. Er gab sich Mühe, fühlte sich nicht angegriffen, sondern erschien dankbar, schmeichelte, stellte Fragen. Uhl hatte das Gefühl, sie und er würden gemeinsam dieser vertrackten Sache auf den Grund gehen. Relotius, so ihre Einschätzung, war mindestens genauso interessiert an der Wahrheitsfindung wie er. Arme Gabi Uhl, ihr wurde die Handtasche geklaut, und der Dieb half beim Suchen.

«Ich ließ mich einwickeln», sagt sie heute, «ich war zu vertrauensvoll, zu unkritisch.» Relotius beschreibt im Text, wie die Exekution angeblich funktioniert. «... hinter einer verspiegelten Fensterscheibe sitzen zwei Beamte an einem Computer. Sie warten auf das Zeichen, um den Knopf für die Injektion zu drücken. Wer von ihnen drückt, werden sie niemandem verraten.» Uhl kannte diese Legende: «In Texas werden die Injektionen manuell verabreicht. Nicht wie im Film ‹Dead Man Walking›, der hier wohl als Quelle diente.»

Relotius gelang es aus zwei Gründen, sich herauszureden. Weil er die Nerven behielt und Gabi Uhl nicht grundsätzlich widersprach. Auch er stellte sich als Opfer dar, Opfer einer technischen Panne beim «Spiegel».

Diese Opfermasche gelang häufiger. Als Daniel Puntas Bernet, Gründer und Chefredakteur des Schweizer Magazins «Reportagen», die E-Mail eines ihm bekannten südafrikanischen Autors bekam, fragte er sich auch, wie um Himmels willen Claas Relotius die dort aufgeführten Ungereimtheiten aufklären könne. Der Autor hatte ein Buch zum Massaker von Marikana geschrieben. Zwanzig Jahre nach dem Ende der Apartheid hatten Polizisten in Südafrika auf demonstrierende Minenarbeiter geschossen, vierunddreißig Menschen starben. Relotius erzählt die Geschichte eines dieser Arbeiter, der im August 2012 während des Arbeiterstreiks ums Leben kam. Er rekonstruiert seine letzten Tage. Das Problem? Laut Relotius ist der Mann aus dem Kongo. Der Sachbuchautor, der alle Opferfamilien kennt, schrieb Puntas Bernet, dass keines der Opfer aus dem Kongo stamme. Puntas Bernet, der Chefredakteur, leitete die E-Mail weiter und bat Relotius um Stellungnahme. Als nach einer Weile Relotius noch nicht geantwortet hatte, hakte er nach. «Lieber Claas, diese Frage steht noch aus.» Relotius antwortete. Ausführlich, detailliert und vollkommend überzeugend. Die E-Mail löste bei Puntas Bernet ein ähnliches Gefühl aus wie die Erwiderung auf meine Fragen nach «Jaegers Grenze» bei seinem Vorgesetzten Matthias Geyer: Bewunderung.

Relotius schickte eine lange Liste mit den Menschen, die er getroffen haben wollte, darunter viele Persönlichkeiten, die direkt an der Aufarbeitung beteiligt waren. Er schickte reihenweise Links und Passagen, die seine Version unterstützten. Die Frau des Protagonisten war angeblich wirklich aus dem Kongo. Vielleicht war da das Missverständnis entstanden, schwer zu sagen. Es war eine grandios formulierte Nebelkerze. Puntas Bernet telefonierte umgehend mit dem Autor in Südafrika. «Your guy is clean», waren seine Worte. Puntas blieb mit dem Gefühl zurück, mit Relotius nicht nur einen talentierten Autor, sondern auch einen phantastischen Rechercheur zu beschäftigen.

«Reportagen» glaubte Relotius. Gerade weil er so gewissenhaft auftrat. Man hatte sogar bei seinem ersten Text, den über die Demenz in US-Gefängnissen, ein Interview mit Relotius im Heft abgedruckt.

> *Haben Ihnen die Gefangenen auch von ihren Taten erzählt?*
> Ja, das wollten bei weitem nicht alle, aber einige waren dazu bereit und haben zum Teil wirklich offen über ihre Verbrechen geredet. Ein Mann, vielleicht um die sechzig, sprach sehr ausführlich darüber, wie er zwei Morde an eigenen Familienangehörigen beging, die ihn als Kind systematisch vergewaltigt hatten. Der Mann machte dabei einen aufgeräumten Eindruck und fing am Ende doch an

zu weinen. Die Psychologin, die still danebensaß, sagte hinterher, sie habe so etwas seit mehr als zehn Jahren nicht mehr bei ihm beobachtet.

*Abschlussfrage: Weshalb sind Sie ein guter Journalist?*
Eine Frage, bei der man nur verlieren kann! Ich bin zurzeit für eine Recherche in Seoul und habe gestern in einem Restaurant auf der Speisekarte eine Reihe bemerkenswerter Weisheiten gefunden, darunter auch diese: «Je größer der Pfau sein Rad schlägt, desto besser sieht man seinen Arsch.»

Ich habe mir nicht die Mühe gemacht zu überprüfen, ob die Pfauenmetapher koreanisch ist. Höchstwahrscheinlich nicht. Relotius hat stets alle Vorwürfe pariert. Auch beim «Spiegel» gab es Kollegen, denen Relotius' Erfolge seltsam vorkamen. Maik Großekathöfer regte in einer Ressort-Konferenz an, Relotius «gern auch mal einen Text in Deutschland» schreiben zu lassen. Damals diskutierte das Ressort über einen Fall in Nordrhein-Westfalen. Ein 82-jähriger Mann war im Vorraum einer Bankfiliale zusammengebrochen und später verstorben. Er hatte zwanzig Minuten vor einem Automaten gelegen, bis endlich ein Kunde, der fünfte, ihm half. Die Kunden davor hatten ihn ignoriert. Man kann viel über den Zustand unserer Gesellschaft erzählen, wenn man sich dieser Begebenheit annimmt. Was sagt es über uns, über unsere Zeit, unseren Anstand, wenn man einem sterbenden Menschen nicht hilft, weil er wie ein betrunkener Obdachloser aussieht? Man erkennt auf Videoaufnahmen, wie die Kunden teilweise über den älteren Herrn hinübersteigen. Als sei er liegengelassener Müll.

Relotius wollte das nicht übernehmen. Keiner im Ressort verstand es. Auch Großekathöfer wunderte sich. Relotius hatte schon ganz andere Leute zum Reden gebracht. Warum es nicht wenigstens bei einem der Bankkunden versuchen?

Die Antwort ist vermutlich einfach: Die Geschichte spielte in

Deutschland, die Täter konnten nicht anonymisiert werden. Er hätte arbeiten müssen wie jeder andere Reporter auch. Das wollte Relotius nicht.

Auch bei «Spiegel TV», der Produktionsgesellschaft des Verlags, war man irritiert, dass Relotius immer wieder phantastische Geschichten aufspürte und nie daran dachte, die TV-Kollegen einzubinden. Gerade die Reportage «Blind Date» über die FBI-Übersetzerin Daniele Greene, die den deutschen IS-Kämpfer Denis Rupert in Syrien heiratete, sorgte für Verärgerung. «Spiegel TV» hatte sich bemüht, an Greene heranzukommen. Relotius bekam das Interview mit ihr, behauptete er jedenfalls. Zwei Stunden wollte er mit einer Frau gesprochen haben, von der niemand weiß, wo sie sich heute aufhält. Ein «Spiegel TV»-Kollege sagte mir, dass er Relotius immer wieder gebeten habe, auch ans Fernsehen zu denken. Es versteht sich, dass man als schreibender Reporter nicht immer mit einem Fernsehteam aufschlagen kann, aber man könnte wenigstens anfragen, manchmal reichen auch nur ein paar Handyaufnahmen. Acht Tage soll Relotius vor der Wohnung von Greene ausgeharrt haben. Dann, kurz bevor sie abgeholt wurde, durfte er sie sprechen. Zwei Stunden lang in ihrer Wohnung. Auch das eine Lüge.

Fragen warf auch das Verhalten von Relotius auf, als es um die Geschichte «Löwenjungen» im Februar 2017 im «Spiegel» ging. Der Text handelt von zwei Brüdern, beide vom IS zu Selbstmordattentätern ausgebildet. «Spiegel TV» hatte selbst ein Team in den Nordirak entsandt und nahm sich ebenfalls des Themas Kindersoldaten an. «Spiegel TV» interviewte auch «Nadim», einen der Relotius-Protagonisten. Anders als in der Relotius-Reportage schien er keinen Bruder namens Khalid zu haben. Bei der Rückkehr erfuhr Relotius von den Diskrepanzen, kam in den Schnitt und überzeugte das Team, dass er sauber gearbeitet hatte und es wohl nur einige Missverständnisse gab. Er bat die «Spiegel TV»-Reporter sogar, den richtigen Namen «Mahmud», den sie sauber recherchiert hatten, in den falschen Namen «Nadim» zu ändern.

Der Junge habe darum gebeten. «Spiegel TV» tat das und sendete einen falschen Namen. Das Team filmte sogar zwei Zeichnungen, die «Nadim» angeblich im Gefängnis gemacht hatte, um sein Trauma zu verarbeiten. Die Redaktion hat die Aufnahmen mittlerweile aus dem Film entfernt, weil nicht ermittelt werden konnte, ob sie echt waren – oder ebenfalls von Relotius angefertigt waren.

War das alles Mut, Selbstvertrauen, Ignoranz, Hybris? Ich weiß noch, dass ich mich genau das fragte, als mir nach und nach bewusst wurde, welches Ausmaß Relotius' Fälschungen hatten. Es war alles so ungeheuerlich, so monumental. Was hatte dieser Mann für Nerven? Wie kann man sich so viel Zeug ausdenken und jeden Tag völlig entspannt in der «Spiegel»-Kantine sitzen, umgeben von Kollegen, die einem zum letzten Text gratulieren?

Ob es nur eine Frage der Zeit war, bis er aufgeflogen wäre? Ich bin davon nicht überzeugt. Claas Relotius stand wie gesagt kurz davor, Ressortleiter zu werden. Er hatte sich bereits mit Kollegen von «Spiegel TV» getroffen, um künftig die Zusammenarbeit zwischen dem Gesellschaftsressort des Heftes und den Fernsehmachern zu verbessern. Eine Zusammenarbeit, die er immer gemieden hatte. «Jaegers Grenze» war der letzte Text, den Relotius für den «Spiegel» schreiben sollte. Es erschien zwar noch die Zulieferung für eine Titelgeschichte über den Klimawandel, aber der Text lag schon seit Monaten fertig im Stehsatz. Ressortleiter schreiben kaum noch Texte. Es wären vorerst keine weiteren Texte von Relotius erschienen. Zwar arbeiteten in Amerika zwei Bewohner von Fergus Falls, dem Städtchen, das er nach der Trump-Wahl porträtiert hatte, an einer langen Korrektur des Artikels, aber sie erschien erst, kurz nachdem der «Spiegel» den Skandal öffentlich gemacht hatte. Relotius war aber bereits im Februar 2017 dort gewesen. Fast zwei Jahre war nichts passiert. Ich weiß nicht, ob die Amerikaner die Richtigstellung auch fertiggestellt hätten, wenn er nicht aufgeflogen wäre.

«Bitte verstehen Sie mich nicht falsch: Was ich getan habe, ist ein schrecklicher Fehler – eine ernste, schädliche Missetat – und sie liegen richtig, das auch so zu sagen. Allerdings, es gibt einige Menschen, vor allem Journalisten, die denken, dass ich mich für immer schäme, vielleicht sogar für immer ängstlich sein sollte. Und weil sie liberal sind und an die Rehabilitierung glauben, würden sie das niemals laut aussprechen, aber ich glaube, ganz im Innern denken sie das.»

Aus: Stephen Glass, «The Fabulist»

## 12. Kapitel

# Endgame

*Das System Relotius zerbricht*

Am 10. Dezember streikte das Personal der Deutschen Bahn. Ich musste mit dem Auto von Berlin nach Hamburg fahren. Um elf Uhr erwartete mich Ullrich Fichtner. Ich war nervös. Fichtner hatte von mir beide Videos von Foley und Maloof erhalten. Ich nahm richtigerweise an, dass sie Relotius gezeigt worden waren. An der «Spiegel»-Pforte fragte man mich, wie üblich, wer ich sei. «Herr Fichtner möchte mich sprechen», sagte ich.

Fichtner begrüßte mich, bat mich in ein winziges Zimmer im zweiten Stock. Auf dem Tisch lagen Kekse. Im persönlichen Gespräch gibt es kaum jemand Angenehmeren als diesen freundlichen Franken. Ich setzte mich auf einen Sessel, er auf die gegenüberliegende Couch, wir waren plauschbereit. Ich habe die nächste Stunde als intensives, aber angenehmes und konstruktives Gespräch in Erinnerung. Ich erklärte meinem künftigen Chefredakteur erneut, warum ich ihn so überstürzt aus den USA angerufen hatte. Tay Wiles, die amerikanische Journalistin, hatte bereits beim «Spiegel» in Berlin angerufen, sie sei an der Geschichte dran. Außerdem hätten mir sowohl Foley als auch Maloof gesagt, dass sie gegen den «Spiegel» vorgehen würden. Es sei wichtig, dass der Skandal nicht von außen ans Haus herangetragen werde. Der «Spiegel» müsse das selber aufklären.

Zu meiner Überraschung war sich Ullrich Fichtner keineswegs sicher, dass es überhaupt einen Skandal gab. Ich sei Partei, meine nicht abgesprochene Eigenrecherche sei ein Fehler gewesen, und außerdem habe Relotius auch etwas zur Entlastung vorgelegt. Er übergab mir ein paar Blätter, die sich als Relotius' Erwiderung herausstellen sollten. Dazu gab es noch eine

Mail von Jan, der Freundin von Tim Foley, dem Chef der «Arizona Border Recon». Sie fragte, warum Relotius «nur ein paar Stunden» mit Tim Foley gesprochen habe. Diese E-Mail sollte beweisen, dass Relotius eben doch bei der Bürgerwehr war und Foley und Maloof mich anlogen. Fichtner machte mir klar, dass er weder mir noch den Videos vollends glaubte. Er könne nicht ausschließen, dass ich den Männern Geld geboten habe, damit sie diese Aussagen träfen. Außerdem würden sie im Text Straftaten begehen. Ich musste schlucken.

Er wolle einen Kollegen zu den Männern schicken, Clemens Höges, damals stellvertretender Auslandschef, heute Chefredakteur des gedruckten «Spiegel».

«Wenn ihr meint, schickt ihn hin», sagte ich, obwohl ich nicht verstand, warum das nötig sein sollte. Ich bekam noch eine zweite E-Mail vorgelegt, angeblich von Luger, einem der Männer, den Relotius getroffen haben wollte. Auf dem Foto war ein Bild zu sehen. Vier Männer in Tarnkleidung mit dem Rücken zur Kamera. Luger bot Relotius an, die Männer zu begleiten. Die E-Mail beruhigte mich. Sie war in meinen Augen ganz offensichtlich gefälscht. Die Adresse lautete: mikemorris614@yahoo.com.

we are out for a walk should be back tuesday afternoon. if interested, you know how to find us. no problem.
Lug

Ich war erschüttert, dass mir Fichtner nicht glaubte, wollte aber auf keinen Fall, dass er das merkte. Fichtner sollte nicht den Eindruck bekommen, mit einem Verschwörungstheoretiker zu sprechen. Während der Autofahrt am Morgen hatte ich mir ziemlich genau zurechtgelegt, wie ich was darlegen würde. Wie ein Anwalt, der seinen Fall vor einem Richter vorträgt. Möglichst sachlich, präzise, vor allem glaubwürdig. Ganz offensichtlich gelang mir das nicht. Monate später, im Mai 2019, im Rahmen des Kommissionsberichts, den der «Spiegel» zur Aufklärung des Falls Relotius erstellte, beschrieb Fichtner ausführlich, wie er das Gespräch wahrgenommen hatte. Anders als ich.

«Diese Informationen – und auch die mehrseitige schriftliche Erklärung von Relotius – habe ich mit Moreno an jenem Montag ausgetauscht, als Beweismittel gewissermaßen. Das hat ihm die Gelegenheit gegeben, seine berechtigten Zweifel an der E-Mail loszuwerden und endlich auf Relotius' Version der Vorgänge zu reagieren. Er hat allerdings, das muss dann nun auch mal auf den Tisch, die Gelegenheit genutzt, diffuse Drohungen auszusprechen. Er raunte, dass der Fall womöglich bald öffentlich werde, dass ihn, Moreno, bereits eine Journalistin kontaktiert habe, dass die Leute der Miliz Klagen gegen den ‹Spiegel› planten, solche Dinge. Seine eigene Rolle dabei blieb diffus, es war aber klar, dass er andeuten wollte, womöglich selbst illoyal zu werden. Ich habe ihm deshalb nicht nur gesagt, dass er ‹Partei› sei, was er im juristischen Sinne ja auch war; ich sagte ihm aufgrund seiner zum Teil ziemlich schmierigen Drohungen auch, und zwar mehr oder weniger wörtlich: Juan, ganz ehrlich, du klingst grade wie eine Figur aus einem Mafiafilm.»

Ullrich Fichtner schrieb diese Zeilen für den Abschlussbericht Monate nachdem der Skandal aufgeflogen, als lange klar war, dass ich die Wahrheit gesagt hatte. Ich weiß noch, dass ich das «Spiegel»-Gebäude damals halb betäubt verließ und Mirco Taliercio anrief.

«Die glauben uns nicht», sagte ich.

«Und jetzt?», fragte Mirco.

«Kannst du auf Yahoo eine Adresse anlegen mit dem Namen mikemorris613?», fragte ich.

«Kriegst du sofort. Und ich ruf bei Tim Foley an und frage, ob entweder er oder seine Frau jetzt verrückt geworden sind. Und schick mir die E-Mail von Jan.»

Die E-Mail von Jan, die Relotius vorgelegt hatte, sah etwas

seltsam aus. Die langen Linien, die sich bilden, wenn man E-Mails hin- und herschickt, waren unterbrochen.

«Klär das mit Foley», sagte ich zu Mirco.

Mirco schickte mir kurz darauf die Yahoo-Adresse, die ich verlangt hatte. Bis auf eine Ziffer war sie identisch mit der Adresse, die Relotius gewählt hatte. Ich fuhr die nächste Ausfahrt raus und schrieb eine Nachricht von meinem nagelneuen Yahoo-Account. Da Luger, von dem ich sicher war, dass er nicht existierte, Relotius geschrieben hatte, beschloss ich, dass Luger jetzt auch dem künftigen Chefredakteur Ullrich Fichtner schreiben würde.

Von: Mike Morris <mikemorris613@yahoo.com>
Datum: 10. Dezember 2018 um 15:06:29 MEZ
An: «Ullrich Fichtner»
Betreff: This is Luger

Dear Ullrich Fichtner,

I solemnly swear that everything Claas Relotius is telling you is true, I mean, are the Clintons criminals?

Lug

PS: Jaeger, Spartan and Ghost are still here. We killed three Mexicans yesterday. Great day for America.

Ich beschloss noch etwas in dem Moment: Von diesem Moment an würden alle E-Mails an meinen künftigen Chefredakteur immer denselben Betreff haben: «Catch me if you can».

Zurück in Berlin dachte ich darüber nach, was Fichtner gesagt hatte. Er wollte einen «Ermittler» in die USA schicken, um alles zu überprüfen. Mittlerweile hatte sich ein schäumender Foley bei Mirco gemeldet und die Original-E-Mail seiner Freundin Jan geschickt. Sie hatte Relotius wirklich geschrieben, allerdings nicht das, was Relotius den Chefs vorgelegt hatte. Sie fragte in ihrer E-Mail, wie er es wagen konnte, einen Text zu schreiben, ohne sie besucht zu haben. Sie hatte diese E-Mail am Morgen des 3. Dezember gesendet, am Abend seines vierten Reporterpreises.

Ich telefonierte an diesem Tag recht viel mit Madrid und recherchierte für die US-Journalistin Tay Wiles. Es war eine absurde Situation. Während mich Fichtner offenbar als Mafioso wahrnahm, versuchte ich Informationen über einen mutmaßlich echten Mafioso zu sammeln, damit eine amerikanische Journalistin nicht einen Text veröffentliche, der den «Spiegel» in seinen Grundfesten erschüttert hätte – einen Laden, der mir nicht glaubte und kurz davor stand, meine Karriere zu zerstören.

In einer ihrer Nachrichten fragte Tay Wiles:

«Do you know what the editors' investigation timeline is?»

Mir machte diese Frage Angst. Es gab meines Erachtens nur einen Grund, warum sie wissen wollte, wie lange der «Spiegel» sich mit der Aufarbeitung Zeit lassen würde. Sie wollte vorher damit rauskommen.

Das Treffen mit Fichtner, Relotius und mir war geplant, wie ich am nächsten Tag erfuhr, am 10. Januar – in einem Monat. Wiles würde ich nie im Leben einen Monat hinhalten können. Ein Journalist, der auf so einer Bombe sitzt, hält nicht still. Man hatte es ganz offensichtlich nicht sehr eilig mit der Aufklärung.

Kurz darauf erreichte mich eine E-Mail von Ullrich Fichtner. Er bedankte sich für das Gespräch, das er «trotz der Umstände sachlich und gut fand», und bat mich, möglichst bald das restliche Material zu liefern, er wäre «dankbar, wenn du nicht nach und nach mit Sachen kommst, sondern einfach mal alles hinschüttest, was du hast».

Auch ich hatte ein freundliches Gespräch in Erinnerung, obwohl ich mir gewünscht hätte, dass Fichtner mir glaubt. Die E-Mail fand ich dennoch irritierend. Bisher hatte es mir nicht gerade geholfen, dem «Spiegel» Material zu schicken. Alles, was ich fand, wurde Relotius umgehend zur Bearbeitung weitergeleitet. Viel entscheidender war aber, dass Fichtner ganz offensichtlich noch immer nicht verstanden hatte, was hier gerade passierte. Einen Monat wollte er warten. Ich weiß heute, dass Fichtner mir die Geschichte mit der Amerikanerin offenbar nicht glaubte, sonst hätte er es nicht als «Drohung» verstanden, sondern als das, was es war, die Warnung vor einer imminenten Katastrophe.

Ich überlegte, zum heutigen Chefredakteur des «Spiegel», Steffen Klusmann, zu gehen. Ullrich Fichtner sollte in einigen Wochen Chef des Print-«Spiegel» werden, Klusmann aber verantwortete Print und Online und war somit Fichtners direkter Vorgesetzter. Auch Klusmann sollte offiziell am 1. Januar beginnen. Ich besorgte mir seine private Handynummer über einen seiner Ex-Kollegen, beschloss aber, eine letzte E-Mail an Fichtner zu schreiben.

> An: «Fichtner, Ullrich» <>
> Datum: 11. Dezember 2018 um 19:38:15 MEZ
> Von: Juan Moreno <>
> Betreff: Catch me if you can
>
> Lieber Ullrich,
> ich habe erst gestern Nacht Claas' Erwiderung gelesen. Sie hat mich beruhigt, sie erklärt, warum du mit gutem Willen – den du hast, haben musst – Claas glaubst und an mir zweifelst. Natürlich könnten wir das Spielchen in die nächste Runde gehen lassen. Ich nehme dir Punkt für Punkt auseinander, warum es einfach nicht so sein kann, wie Claas es darstellt. Nur eine Winzigkeit. Claas schreibt im Text, Jaeger/Maloof habe Tattoos auf dem Handrücken. Maloof im Video hat offensichtlich keine.
> Also, es ist ganz einfach: Ich gebe dir nun eine simple Mög-

lichkeit an die Hand, innerhalb von Minuten zu überprüfen, ob Claas lügt. Ob er dich, seinen Chef, der wirklich
alles versucht, um ihn vor ungerechtfertigten Vorwürfen
zu schützen, anlügt.

Claas hat die E-Mail von Jan, Tim Foleys Frau, präsen-
tiert. Sie fragt ihn in dieser E-Mail, warum er mit Tim
nur «a couple of hours» zusammen war und dann diese
Geschichte über Foley schreibt. Unten ist angefügt, was
Jan, Tim Foleys Frau, Claas wirklich geschrieben hat. Und
zwar als komplette Reply-Kette, nicht als herauskopierter
und leicht zu bearbeitender Auszug.

Mein Vorschlag: Du gehst heute noch zu Claas Relotius
und fragst, ob er etwas dagegen hat, dass du dir von der IT
genau diese eine E-Mail geben lässt, die er euch gezeigt hat.
Nur das. Eine E-Mail, die er bereits vorgelegt hat. Die IT
kann im System nur nach dieser einen E-Mail suchen, dies
stellt keinerlei Eingriff in Claas' Privatsphäre dar, schließlich hat er ja bereits zugestimmt, euch diese E-Mail zu zeigen. Warum sollte er etwas dagegen haben?

Zur Erinnerung: angesprochene E-Mail kam am Montag,
dem 3. Dezember 2018 um 02:05 an, Absender war (...)@ari-
zonaborderrecon.org, Empfänger: claas.relotius@spiegel.
de. Unterzeichnerin war Jan.

In Jans E-Mail, die mir Foley geschickt hat, ist nicht die
Rede davon, dass Claas vor Ort war. Einer muss demnach
lügen. Nailer oder Claas.

Wie gesagt, besagte E-Mail liegt auf dem «Spiegel»-Server.
Ich hoffe du kannst verstehen, dass mein Vertrauen in
den «Spiegel» für eine Aufarbeitung nach all dem, was ich
euch bereits geliefert habe, derzeit eingeschränkt ist.
Du sprachst in unserem gestrigen Gespräch von einem
«Gerichtsverfahren.» Bisher lief es offensichtlich so, dass
Informationen direkt an Claas weitergeliefert wurden –
ohne sie vorher genau zu prüfen. Das erklärt, warum die

Partnerin eines Mannes, der gerade auf Band gesagt hat, er habe Claas nie gesehen, eine E-Mail schreibt, in der das Gegenteil steht.

Es gilt selbstverständlich die Unschuldsvermutung, aber um in deinem Bild mit dem Gerichtsverfahren zu bleiben: das heißt nicht, dass der Angeklagte auf den jeweils aktuellen Ermittlungsstand gebracht wird.

Ich fand auch, dass das gestern ein gutes Gespräch war. Du fühlst dich dem SPIEGEL verpflichtet, und ich möchte glauben, dass du weißt, ich bin das auch.

Ich sagte dir gestern, dass diese Sache nicht verschwindet. Darum solltest du folgendes wissen.

Der Anwalt von Colin Kaepernick hat sich gemeldet. Der Mann heißt Mark Geragos, Chef und Eigentümer von Geragos&Geragos in Los Angeles. Auf meine schriftliche Anfrage, ob es ein Gespräch zwischen Claas Relotius und den Eltern von Colin Kaepernick gab (der Text war für den Reporterpreis 2018 nominiert), schrieb er wörtlich: «Never happened and it is blatantly false». Bitte schreib ihm oder ruf ihn an. Auch das ein sehr einfacher Weg, um Claas zu überprüfen. Die E-Mail-Adresse lautet (…)@gegaros.com, er ist erreichbar unter +1 (…). Er ist im Bilde, dass wir einige Fakten checken. Er wird dir das gern bestätigen.

Der Fotograf Johnny Milano, von dem wir die Bilder gekauft haben, würde ebenfalls gern mit dir sprechen. Er hat nach deiner Nummer gefragt. Ich habe ihm gesagt, dass ich dir seine weiterleite. Johnny Milano wird dir versichern, dass er niemals Claas geschrieben habe, dass er «nicht sicher» sei, ob das auf dem Bild Maloof sei. Er hat ihm das genaue Gegenteil geschrieben. Er würde dir das gerne persönlich am Telefon sagen. Seine Nummer lautet +1 (XXX). Er schickt dir gern den E-Mailverkehr zwischen ihm und Claas.

Ich verstehe, für euch bin ich derzeit in erster Linie ein großes Problem. Ich bin es nicht. Du weißt, dass es in der Politik eine wichtige Erkenntnis im Umgang mit Krisen gibt. Der Zeitpunkt, an dem du von einem Fehler erfahren hast, und das weitere Verfahren von da an ist entscheidend. Wie wir damit umgehen, wird in der Nachbetrachtung entscheidend sein.

Es geht nicht mehr darum zu ermitteln, ob es ein Problem gibt. Es geht darum, darüber nachzudenken, wie man mit diesem Problem umgeht. Darum verstehe ich nicht, warum es ein Treffen am 10. Januar mit Claas geben soll. Erkläre mir das bitte. Binde mich ein, ich weiß, dass du gute Gründe dafür haben musst, warum wir warten müssen. Du sagst, dass du die Zeit brauchst, um «der Sache auf den Grund» zu gehen. Ich zeige dir, dass dies nicht der Fall ist.

Lieber Ullrich, ich nehme an, dass es eine Aufarbeitung geben wird. Sie muss allumfassend sein und der «Spiegel» muss sie führen. Besser und härter als jeder Konkurrent das könnte. Überschrift: Sagen, was ist.

Ich möchte Teil dieser Aufarbeitung sein. Es ist mein Name, der gerade durch den Dreck gezogen wird. Erst in Form eines fehlerhaften Textes, dann von Claas' Erwiderung auf meine Fragen, der mir unlautere Motive vorwirft. Ich werde jedem wahrheitsgemäß bestätigen, dass du bis heute stets fair und angesichts der Schwere der Vorwürfe mit Bedacht und Besonnenheit reagiert hast. Der Vorschlag, den tollen Kollegen Clemens Höges loszuschicken, ist Zeugnis davon. Ich glaube allerdings, wir können uns das zu diesem Zeitpunkt sparen.

Ullrich, ich bin nicht dein Feind. Ich bin nur der Typ, der zur falschen Zeit am falschen Ort war und das macht, was du vermutlich an meiner Stelle genauso machen würdest. Es hätte auch dich treffen können. Du und ich, wir sind Reporter. Wir gehen den Dingen auf den Grund. Darum haben wir uns irgendwann für diesen Job entschieden. Es ist kein Neid, keine Missgunst, keine Rache, die uns antreibt, es ist, was wir sind.

Dein

Juan

Am kommenden Tag schaute Özlem Gezer, die stellvertretende Ressortleiterin, einen Facebook-Account durch. Relotius hatte ihn der Redaktion geschickt. Der Account war angeblich von Chris Jaeger, dem Mann der geheimnisvollen Bürgerwehr, der in Anwesenheit von Relotius geschossen hatte. Der Account ging Jahre zurück. Er belegte scheinbar, dass Relotius die Wahrheit gesagt hatte. Gezer checkte die Fotos. Sie ist, wie schon gesagt, eine sehr gute Journalistin. Irgendetwas störte sie an den Fotos. Schnell stellte sie fest, was es war: Sie waren erst vor wenigen Stunden bei Facebook hinterlegt worden. Um kurz nach Mitternacht schickte sie eine WhatsApp-Nachricht an Relotius: «Ich komme jetzt gleich, und du kommst raus.»

Relotius und sie sprechen drei Stunden. Er gesteht alles, erzählt von dem Druck, den er gespürt habe, dem Willen, die Kollegen nicht enttäuschen zu wollen. Gezer hat das Gefühl, dass Relotius nur das zugibt, was er zugeben muss. Als seien seine Aussagen vor allem darauf gerichtet, die Dinge möglichst für alle Beteiligten erträglich zu halten. Er habe nur gelogen, weil er die Kollegen nicht enttäuschen wolle, er habe dem Druck nicht standhalten können, vor allem dem Druck, sie nicht enttäuschen zu wollen.

Gezer schreibt ihren Vorgesetzten: «Es ist schlimmer als jeder Albtraum.» Relotius hat gestanden. Es ist vorbei.

Ein paar Stunden später wäre er ohnehin überführt worden. Es ist Donnerstagmorgen, in einem Büro sitzen der Leiter der «Spiegel»-IT-Abteilung, der Personalchef, der Betriebsratschef, Ullrich Fichtner. Sie machen genau das, was ich in meiner E-Mail Ullrich Fichtner vorgeschlagen hatte. Sie überprüfen die E-Mail von Jan. Schnell ist klar, dass Relotius die E-Mail gefälscht hat.

Kurz darauf schreibt mir Fichtner eine E-Mail. Sie besteht aus einem Satz: «Das System Claas R. bricht zusammen.» Einige Stunden später treffen sich Özlem Gezer, Matthias Geyer, Claas Relotius bei Ullrich Fichtner. Ihm wird ein großer Ausdruck mit sämtlichen seiner «Spiegel»-Texte vorgelegt. Text für Text gehen sie mit ihm durch. Anfangs gibt er einige Fälschungen zu, andere Geschichten, wie «Königskinder» und andere, seien aber korrekt. «Stimmt wirklich. Ich weiß, schwer zu glauben, aber die stimmt», sagte Relotius zu Ullrich Fichtner.

Der erste Eindruck an diesem Abend ist: Das Bild ist schlimm, aber nicht wenig scheint zu stimmen. Dann kommen sie zu Kaepernick, dem Text über den schwarzen US-Footballer, der sich hinkniete. Relotius behauptet, dass die Reportage sauber sei. Er habe wirklich mit den Eltern gesprochen. Fichtner weiß, dass das nicht stimmen kann. Ich hatte ihm schon vor zwei Tagen in meiner E-Mail von Kaepernicks Anwalt erzählt. «Blatantly false», hatte der Mann geschrieben. Offensichtlich falsch. Matthias Geyer, der das weiß, nimmt den Stapel mit den Geschichten, die sie bereits durchgegangen waren, und legt alles zurück auf den ursprünglichen Haufen. «Ich glaube, wir machen das noch mal.» Erst dann räumt Relotius mehr, viel mehr Fälschungen ein.

Am 19. Dezember 2019 um 12 Uhr machte der «Spiegel» den Skandal öffentlich. Tay Wiles ruft mich kurz danach an. «Washington Post, New York Times, Fox News, it's all over the news», sagt sie.

«Ja, ist es.»

Erst da sagt sie mir, warum sie so langsam war.

Tay Wiles hatte geheiratet. Was für ein Glück. Für sie und den «Spiegel».

«Im selben Jahr, in dem das Wort ‹Lügenpresse› zum Unwort des Jahres gewählt wurde, wurde Relotius von CNN zum Journalisten des Jahres gewählt.»

Gottfried Curio, AfD-Bundestagsabgeordneter

## 13. Kapitel

# Der Journalismus ist ein anderer geworden
### *Relotius und die Folgen*

Der Journalismus ist ein anderer geworden nach Relotius. Ich war nach dem Skandal beim sogenannten «Reporterforum», einem jährlichen Branchentreffen in Hamburg. Ich habe Beisetzungen mit besserer Stimmung erlebt. Der stellvertretende Chefredakteur eines großen Wochenblatts trat an mich heran und sagte: «Wir haben im Haus ein Workshop zum Thema Recherche gemacht und das Wort Relotius fiel kein einziges Mal. Wir erholen uns langsam.» Er klang zuversichtlich. Neben ihm stand ein Redakteur desselben Magazins und sagte: «Na ja, wir haben ihn Lord Voldemort genannt.»

Der Fall Relotius ist einzigartig. Nicht mal die gefälschten Interviews eines Tom Kummer sind vergleichbar. Nils Minkmar schrieb damals in der «Zeit»: «Bei Kummer hat jeder gewonnen: Die Stars bekamen schöne Titelgeschichten, wirkten intelligent und belesen. Die Magazine bewiesen ihre doppelte Kompetenz, populär und intelligent zu wirken, und den Lesern wurde zurückprojiziert, was sie sich schon immer heimlich gewünscht hatten: dass es gute, moralisch und philosophisch redliche Gründe dafür gibt, sich für Stars zu interessieren, außer ihrem Erfolg und Aussehen.» Am Ende waren es aber nur Interviews über Hollywood-Stars. Fake-Interviews in einer Fake-Welt.

Auch was die Hitler-Tagebücher beim «Stern» angeht, finde ich, dass sie kein Vergleich zu Relotius sind. Nicht von der Bedeutung her oder dem, was die Affäre über den Zustand Deutschlands in den 1980ern besagt, sondern rein quantitativ.

Das waren zwei Ausgaben. Der Schwindel flog praktisch sofort auf. Relotius dagegen schrieb über Jahre für den «Spiegel». In großen, langen Reportagen erklärte er den Lesern den Syrienkrieg, das Wesen der Amerikaner oder das Leiden von Kinderterroristen. Über fünfzig Texte, die überwältigende Mehrheit mindestens unsauber, viele im Wesentlichen erfunden. Die wenigen korrekten Geschichten fallen massiv ab. Sie entwickeln keinen Sog, sind gedankenarm, fußen nicht auf spektakulären Recherche-Ergebnissen, das sonst übliche Ursache-Wirkungs-Muster fehlt. Diese Texte hätten es nicht mal in die Nähe eines Preises geschafft. Der Grund war einfach: Er musste bei der Wahrheit bleiben. Entweder, weil er Zitate autorisieren musste, oder weil er sehr eng von einem erfahrenen Reporter wie Dirk Kurbjuweit betreut wurde. Die wenigen schlechten Texte des Claas Relotius sind höchstwahrscheinlich korrekt. Leider gibt es davon nicht viele. Leicht ließen sich hingegen zwei komplette «Spiegel»-Ausgaben aus Relotius-Märchen erstellen.

Relotius hat einen enormen Schaden angerichtet. Im Journalismus, im Blatt, menschlich. Ein Berliner Psychologieprofessor, den ich aufgesucht habe, damit er mir etwas über die Psyche von Hochstaplern erzählt, ein älterer, bereits emeritierter Professor, kannte den Fall Relotius nicht, als ich um einen Termin bat. Minuten vor meinem Gespräch aber hörte er dennoch von ihm. «Die Dame, die Ihnen gerade beim Rausgehen begegnet ist», sagte der Professor, «diese Dame ist meine Patientin. Sie arbeitet beim Fernsehen und hat mir gerade eine Stunde lang von einem Herrn Relotius erzählt, der Ihre ganze Branche ins Unglück gestürzt hat. Ihr geht das sehr nah.»

Ich bin kein Medienwissenschaftler, laufe nicht Gefahr, irgendwo Chefredakteur zu werden oder jemals in verantwortungsvoller journalistischer Position zu landen. Aber nach Bekanntwerden des Falles Relotius wurde ich zur gefragten Auskunftsperson. Als habe mir dieser Fall eine Art Weihe verliehen, die mich dazu befähigte, die dadurch zu Tage getretene Krise des Journalismus zu deuten.

Es kamen reihenweise Einladungen aus Deutschland, Italien, Finnland, Schweden, Spanien, den USA, Peru und noch einigen anderen Ländern mehr. In den Betreffzeilen meines Postfachs standen seltsame Worte: «Keynotespeaker», «Roundtable», «Panel», «Impulsreferat».

Ich habe das meiste abgesagt, und nachdem ich die erste Einladung angenommen hatte, weiß ich, was für eine kluge Entscheidung das letztlich war. Eine freundliche Frau, eine Journalistin, bat mich einige Wochen nach Bekanntwerden des Skandals, vor freien Journalisten in Berlin zu sprechen. Ich sei schließlich auch einer und wisse, wie schwer es Freie haben. Man kriegt mich mit so einem Solidaritätseinstieg. Ich saß also an einem kühlen Märzabend in einem nicht sehr großen Raum in Berlin-Kreuzberg. Vierzig, fünfzig Zuhörer, vorne ein kleiner Tisch und ein netter Moderator mit einer leicht exzentrischen Schirmmütze. Ich erzählte, offen, so wie ich es erlebt hatte, was mir widerfahren war. Was, in meinen Augen, auch dem «Spiegel» widerfahren sei.

Mir schlug Wut entgegen. Die überwältigende Mehrheit der Menschen in diesem Raum war davon überzeugt, dass Relotius nicht ein Einzelfall sei, dass der «Spiegel» keineswegs nur Opfer sei, sondern durchaus auch Täter. Überhaupt, auch das klang an, sei die ganze Gattung der Reportage anfällig. Sie verleite zur Selbstgefälligkeit, mit der man die Welt anhand von wenigen Figuren zu erzählen versucht. Wie könne man ausgerechnet diese Disziplin zur «Königsdisziplin» der Branche überhöhen! Nicht zuletzt würden die vermeintlich wichtigsten Journalistenpreise für die «beste Reportage» vergeben. Die Kollegenreaktionen waren so heftig, dass ausgerechnet ich, der nun wahrlich nicht sonderlich glücklich über den «Spiegel» war, plötzlich in die Lage kam, den Laden zu verteidigen.

Eine Frage dominierte alle anderen: die Systemfrage. Herrschte beim «Spiegel», wie im Journalismus insgesamt, im Zusammenhang mit Relotius nur desaströse Schlampigkeit, oder brauchte

Relotius einen Nährboden? Wer Felix Krull gelesen, sich mit dem Immobilienbetrüger Jürgen Schneider beschäftigt hat oder Hobby-Psychologe ist, hat schon mal die These gehört: Hochstapler brauchen Hochstapler – was so viel heißt wie: Hochstapler blühen erst in einem Umfeld auf, das ebenfalls gerne vorgibt mehr zu sein, als es tatsächlich ist. Meine Antwort darauf ist eindeutig. Es gab ein «System Relotius». «Systematisch» hat er sich dem Journalismus genähert. «Systematisch» hat er für sich die Schwächen und Unzulänglichkeiten im Journalismus genutzt. Der «Spiegel» ist keine Fälscherbude. Relotius ist ein Fälscher.

Ein Kollege hat mir dazu etwas vom Schweizer Autor Linus Reichlin geschickt. Das Buch heißt «Anleitung für Fälscher», das ist seine erste Lektion: «Als Erstes musst du dich fragen: Was wollen die Leute? Worauf richtet sich ihre Sehnsucht? Du musst für sie ein Bild malen, auf das sie lange gewartet haben, eines, das Freudentränen in ihre Augen treibt: Mit tränenverhangenen Augen werden sie halb blind sein. Von ganzem Herzen haben sie sich gewünscht, einmal ein solches Bild zu sehen, und jetzt, da dieser Wunsch in Erfüllung gegangen ist, werden sie das Bild selbst gegen die eigenen Zweifel verteidigen. Sie werden wollen, dass es echt ist, und damit nehmen sie dir die Hälfte deiner Arbeit ab.»

Das trifft die Situation beim «Spiegel» recht genau, beantwortet aber die Frage nicht, was sie beim «Spiegel» hätten anders machen können. Für mich steht fest: Sie hätten anders mit Relotius und seinen Texten umgehen müssen. Sie ließen sich blenden vom Stoff, vom Sound, von den Recherchesensationen, die er wie ein Uhrwerk lieferte, auch vom Applaus, den seine Texte bei Lesern und Jurys generierten. Ein Systemversagen beim «Spiegel», aber kein System der Fälschung.

Ich möchte mich in den folgenden Kapiteln auf fünf Aspekte beschränken. Welche Folgen hat der Fall Relotius für den «Spiegel», und inwiefern kann man von einem System Relotius sprechen? Wie verändert Relotius die Reportage, die Disziplin innerhalb des Journalismus, in der er es vermeintlich zur Meisterschaft gebracht hat? Was bedeutet Relotius für den deutschen Journalismus und kann man im Zusammenhang mit Relotius wirklich von «Fake News» reden?

«You have to tell your readers when you fucked up.»

Reporterlegende Bob Woodward

## 14. Kapitel

# Über das Versagen des «Spiegel»

*Warum das System Relotius dort so erfolgreich sein konnte*

Der Fernsehproduzent Friedrich Küppersbusch, eins der Jurymitglieder, die Claas Relotius im Dezember 2018 seinen vierten Reporterpreis verliehen haben und der später von Kritikern genau dafür angegangen wurde, hat den Fall Relotius einmal wie folgt dargestellt: «Man kann dem Schalterbeamten kritische Fragen stellen, den Banküberfall hat er nicht begangen.»

Das folgende Kapitel beschäftigt sich mit der Frage, wie weit die Tür zum Tresor eigentlich offen stand.

Der «Spiegel» selbst hat versucht, diese Frage zu beantworten. Es gibt einen eigenen Bericht zum Fall Relotius, der Ende Mai 2019 im Internet und zeitgleich im Heft veröffentlicht wurde. Siebzehn schonungslose, viele sagen, deprimierende Seiten. Eine dreiköpfige Kommission hat über Monate recherchiert und auf diesen siebzehn Seiten die Verhackstückelung eines Mythos geliefert, dem des «Spiegel».

Diese Seiten zu drucken ist dem «Spiegel» nicht leichtgefallen. Im Haus gab es mächtige Stimmen, es nicht zu tun. Es wurde mit Fürsorgepflicht gegenüber Mitarbeitern argumentiert, mit Persönlichkeits- und Urheberrechtsverletzungen. Kurz wurde debattiert, wenigstens die härtesten Passagen zu kürzen, um das Gesicht zu wahren. Der Reflex ähnelte dem anderer unter Druck geratener Organisationen. Sie unterliegen einer eigenen Logik. Das oberste Ziel ist, Angriffen entgegenzutreten. VW nach dem Abgasskandal, die CDU zu Leisler-Kiep-Zeiten, die FPÖ nach dem Ibiza-Video – sie alle haben ähnlich reagiert. Erst wird Transparenz versprochen, dann vergeht Zeit, am Ende bleibt eine

Rückschau aus Milchglas. Der «Spiegel» war anders. Er lieferte eine Lupe.

Ich bin froh, dass keine «Light-Version» des Berichts erschien. Die Kommission listete gnadenlos alle Versäumnisse auf. Der Tresor war nicht abgeschlossen, die Schalterbeamten abgelenkt. Ich stimme in weiten Teilen der Bewertung der Kommission zu. Ein paar Dinge allerdings habe ich anders erlebt. Einigen Schlussfolgerungen kann ich nicht folgen, andere finde ich falsch.

Beginnen wir mit der naheliegenden Frage, der nach dem Systemversagen. Zwei Parteien hätten Relotius stoppen können, selbst wohlmeinende Beobachter sagen, stoppen müssen: die «Spiegel»-Dokumentation, die für die Faktenüberprüfung aller Artikel zuständig ist, und das Gesellschaftsressort, in dem Relotius über Jahre arbeitete.

Die erste Preisfrage lautet demnach: Warum, wenn der «Spiegel» die weltweit größte Dokumentationsabteilung eines Nachrichtenmagazins hat, konnte Relotius so viele Reportagen fälschen?

Der erste Grund: Relotius war nicht irgendein Betrüger. Sein System, schon in der Journalistenschule erlernt und perfektioniert, war von Anfang an auf Betrug ausgelegt. Er hatte es über Jahre perfektioniert. Die Arbeit der Dokumentation war auf so einen Hochstapler nicht ausgelegt. Ihre Aufgabe war es, Fehler zu entdecken, nicht Ermittlungen zu führen. Relotius wusste, wie Dokumentare vorgehen. Wie sehr sie sich freuen, wenn man sie früh einbindet. Probleme, die früh gelöst werden, ersparen viel Arbeit am Ende. Er rief bereits während der Recherchen bei der Dokumentation an und bestellte Wochen vor der eigentlichen Faktenprüfung das Feld. Ein Dokumentar erzählte mir von einem Anruf aus dem Ausland. Relotius fragte, ob es legitim sei, in eine Polizeiwache zu gehen, um wichtiges Videomaterial zu sehen, obwohl es untersagt sei, Notizen oder Handyfotos zu machen? Ob es reiche, dass er sich alles einpräge und dann im

Hotel das Gesehene niederschreibe? Was sollte der Dokumentar sagen? Nein, vergiss das Video, wirf die Recherche weg! Nein, natürlich nicht. Er vertraute Relotius. Oder was ist von einem Reporter zu halten, der vorgibt, drei verschiedene Koran-Übersetzungen gelesen zu haben, um eine bestimmte Sure möglichst korrekt ins Deutsche zu übersetzen? Misstraut man so einem Kollegen? Relotius betonte in Gesprächen immer wieder, dass «da viel Falsches im Internet steht», dass andere Medien falsch berichtet hätten. «Wir müssen da ganz besonders aufpassen.»

Man darf nicht vergessen, dass Relotius, wie die meisten Hochstapler, ein Menschenfänger war. Besagter Dokumentar hatte eine schwerkranke Mutter. Was war die erste Frage, die Relotius stellte? Natürlich die nach der Mutter.

Das sind sehr valide Argumente, letztlich entschuldigen sie aber nicht, wie leicht es war, die legendäre «Spiegel»-Dokumentation aus den Angeln zu heben. Im Fall Relotius hat sie versagt. Am Ende entscheidet nur, was beim Leser ankommt. Und der hat Geld für recherchierte Texte ausgegeben, nicht für Märchen. Der selbstgewählte Slogan der «Spiegel»-Dokumentation heißt: «Wir glauben erst mal gar nichts.» Genau diesen Satz könnten nicht ganz zu Unrecht künftig Leser dem «Spiegel» entgegenschleudern.

Zuletzt ist viel über die «Spiegel»-Statuten gesprochen worden, das «Spiegel»-Grundgesetz. Man ist so stolz darauf im Haus, dass vor zwei Jahren ein kleiner Werbefilm dazu gedreht wurde. Im «Statut» heißt es: «Alle im ‹Spiegel› verarbeiteten und verzeichneten Nachrichten, Informationen, Tatsachen müssen unbedingt zutreffen. Jede Nachricht und jede Tatsache ist vor der Weitergabe an die Redaktion peinlichst genau nachzuprüfen. Quellen sind in jedem Fall informativ mitzuteilen. In Zweifelsfällen ist eher auf eine Information zu verzichten, als die Gefahr einer falschen Berichterstattung zu laufen.» Die Nicht-Verifikation der Relotius-Texte widerspricht diesem Geist. Die Dokumentation war im Fall Relotius nicht peinlichst genau. Sie war peinlich, und ich spreche nicht über Dinge, die nicht oder kaum überprüfbar sind, wie Beobachtungen oder Erlebnisse, die der Autor aufschreibt. War das Zimmer schrecklich oder noch hinnehmbar, in dem der Flüchtling von der Behörde untergebracht wurde? Stimmt es, wenn er behauptet, dass er mit dem Boot über das Mittelmeer kam, vielleicht war es ja auch ein Lastwagen und die Balkan-Route? Solche Dinge meine ich nicht. Ich spreche von Fakten:

Wenn Relotius im Text «Kinderspiel» schreibt, es sei der «2601. Tag im Krieg», und es nachweislich keinen offiziellen Kriegsbeginn im Syrienkonflikt gibt, versteht man nicht, wie dieser Satz im Text bleiben konnte. Wenn die Bewohner einer US-Kleinstadt angeblich über Jahrzehnte immer die Demokraten gewählt haben, dann muss der Dokumentation auffallen, dass sie 2012 für den Republikaner Mitt Romney stimmten. Relotius schreibt, dass es im Irak keine Ärzte gäbe, die Nieren transplantieren könnten. Es gibt sie, und zwar seit den 1970ern. Michael Bennett, ein Football-Spieler, von dem Relotius im Text «Touchdown» behauptet, er sei Quarterback, ist das nicht. Er ist Verteidiger. Kaepernick ist auch nicht der geniale Wunderspieler, zu dem Relotius ihn in diesem Text macht, und seine Freundin kam nicht in Ägypten, sondern in Kalifornien zur Welt. Eine Behauptung wie in «Jaegers Grenze», dass «in jeder verdammten Nacht ein paar tausend Kojoten» durch ein einziges Tal in Arizona ziehen, ist völlig absurd. Wenn ein Protagonist so einen hanebüchenen Unfug im Text erzählt, ist es Aufgabe des Autors, ihn als solchen kenntlich zu machen. Und falls er es übersieht, muss die Dokumentation ihn darauf hinweisen.

Es sind nach dem Skandal zahlreiche Änderungen im «Spiegel» eingeführt worden, andere Regeln, neue Prüfprozesse, die künftige Fehler vermeiden sollen. Ressortleiter und Dokumentare werden künftig mehr Nachweise verlangen. Sie werden Interviewbänder, Telefonnummern und E-Mail-Adressen fordern.

Ist es jetzt ausgeschlossen, dass Reporter lügen? Nein, es ist nur schwieriger. Ohne Vertrauen ist diese Arbeit nicht zu machen.

Wenn der Himmel tiefblau war, muss das der Dokumentar – und letztlich der Leser – glauben.

Zurück bleibt ein Schuttberg. Der betreffende Dokumentar arbeitet nicht mehr im Haus. Sein Chef, der Leiter der Dokumentation, ebenfalls. Der hart über Jahrzehnte erworbene Ruf von knapp achtzig Mitarbeitern der «Spiegel»-Dokumentation, die das alles nicht verdient haben, ist beschädigt. Sie alle wurden blamiert.

Die Hauptverantwortung für den Skandal Relotius trägt aber in meinen Augen das Gesellschaftsressort. Wie, fragen sich viele, konnte so einer zum Starreporter des «Spiegel» werden? Die Antwort liegt in diesem sehr speziellen Ressort im «Spiegel», seiner Konstruktion, seinem Selbstverständnis. Es war der ideale Ort für Relotius.

Dazu muss man wissen, dass diese Redaktion im Haus lange Jahre als Fremdkörper wahrgenommen wurde. Hier, so heißt es, arbeiteten die «Edelfedern», die «Schönschreiber» des Hauses. Sie verdienten besser, hatten mehr Privilegien. Wie bereits erwähnt, wurde das Ressort 2001, nach dem Ende des eigenständigen Magazins «Spiegel Reporter», gegründet. Es entstand als ein Querschnittsressort ohne thematischen Schwerpunkt, als Ort für die große Erzählung, die große Reportage. Relotius passte perfekt in das Gesellschaftsressort. Die Texte des «Spiegel» hatten immer den Anspruch, die großen Zusammenhänge zu erklären. Maximale Relevanz, heruntergebrochen auf Menschen. Diesen Anspruch zu erfüllen, ist schwer, meist ist er sogar zum Scheitern verurteilt, weil nur wenige Stoffe beides ermöglichen. Wenn es aber gelingt, sind das große, berührende Erzählungen. Relotius, dem Relevanz immer sehr wichtig war, weil er wusste, dass Jurys darauf achten, profitierte enorm von diesem Ansatz. Die notwendigen Schicksale, an denen man große Zusammenhänge beschreiben konnte, dachte er sich einfach aus.

In jeder Print-Redaktion ist ein Querschnittressort immer ein unvermeidliches Problem. So ein Ressort muss sich bei seiner Themenwahl bei anderen im Blatt bedienen. Das Gesellschaftsressort tat das, meist selbstbewusst und nicht immer diplomatisch, denn hier residierten schließlich die großen, mit absoluter Freiheit ausgestatteten Starreporter. Viele lebten nicht mal in Hamburg, einige kamen eigentlich nur an die Elbe, um einen wichtigen Reportagepreis, wie den Kisch-Preis, samt Branchenruhm und Branchenneid entgegenzunehmen.

So eine Konstruktion ist eine grandiose Rezeptur für ein katastrophales Betriebsklima, da sich die Edel-Reporter oft die besten Themen schnappen. Fachredakteure haben möglicherweise über Jahre Expertise aufgebaut, der Reporter trifft sich mit einigen Gesprächspartnern, schreibt fünf, sechs knackige Seiten und lässt nicht selten einen Haufen verbrannter Erde zurück. Der Fachredakteur darf die Konsequenzen ausbaden, wenn die Quelle überhaupt noch mit ihm spricht.

Schwierig ist allerdings auch die Situation für den Reporter. Mir sagte mal der damalige Chef des «Spiegel»-Politikressorts, dass ich durchaus ein Thema bearbeiten dürfe, das eigentlich einem Fachredakteur zustehe, «der Text muss dann aber so gut sein, dass sogar der Redakteur, dem der Text weggenommen wurde, das einsieht. Viel Spaß dabei.» Wenn also ein Reporter ein Thema zugewiesen bekommt, muss das Ergebnis dies im Nachhinein immer rechtfertigen. Die Versuchung, bei dem ein oder anderen Zitat oder einer der Szenen «etwas nachzuhelfen», die Reportage «schöner» zu machen, wird dadurch nicht kleiner.

Hinzu kam, wie immer, eine menschliche Komponente. Einige der vermeintlichen Starreporter, denen durchaus mit Neid und Missgunst begegnet wird, gaben und geben sich nicht sonderlich viel Mühe, den Ruf der Überheblichkeit abzulegen, und benehmen sich bis heute manchen Kollegen gegenüber mit fulminanter Arroganz. Ein Redakteur erzählte mir, dass ein Kollege aus dem Gesellschaftsressort zu ihm sagte: «Was willst du mit so einer guten Geschichte? Kannst sie ja doch nicht gut aufschreiben.»

Das alles ist branchenweit bekannt und keine Spezialität des «Spiegel», in allen deutschen Redaktionen kennt man das Problem. Man sollte aber die spätere Wucht, mit der die Debatte zwischen Reportern und Nicht-Reportern geführt wurde, immer vor diesem Urkonflikt sehen.

Ich bin der festen Überzeugung, dass die Kollegen im Gesellschaftsressort sich haben betrügen lassen. Passivsatz, nicht aktiv. Aber man ist auch verantwortlich für das, was man mit sich machen lässt. Legionen von Politikern, die der «Spiegel» über die Jahre mit Verfehlungen konfrontiert hat, werden das gern bestätigen. Dass ein Politiker oder Manager nicht direkt beteiligt an einem Skandal war, hat den «Spiegel» selten davon abgehalten, nach personellen Konsequenzen zu rufen. Der Fall Relotius wurde maximal verbockt. Fünf Jahre jeden Tag einem Hochstapler zu begegnen und ihn zu feiern, ihm sogar die Ressortleitung anzubieten, ist die größte anzunehmende Katastrophe. Es handelte sich nicht um eine kleine, völlig überarbeitete Lokalredaktion. Natürlich tut es weh, wenn im Bericht der Kommission steht: «Relotius' Texte riefen bei den Verantwortlichen im Ressort Bewunderung hervor. So schrieb einer von Relotius' Vorgesetzten zum Text ‹Königskinder› (‹Spiegel› 28/2016): ‹Weiß gar nicht, wann mich ein Text zuletzt so mitgenommen hat. Unerträglich starker Text.› Und zum Text ‹Die letzte Zeugin› (‹Spiegel› 10/2018): ‹Da ist dir erneut eine großartige Geschichte gelungen! (...) Ich hab beim Lesen die ganze Zeit irgendwie schon den Film dazu vor Augen gesehen, weil das alles so absolut filmreif (‹The Last Witness›) ist. Eine große Parabel.› Und über ‹In einer kleinen Stadt› (Fergus Falls, ‹Spiegel› 13/2017) schrieb Matthias Geyer an Relotius: ‹Nun aber haben Guido, Özlem und ich deinen Text gelesen und sind uns einig, dass dir damit ein ganz starkes Stück gelungen ist. Du hast einen wesentlichen Teil der amerikanischen Gesellschaft unters Mikroskop gelegt und mit leisen Tönen einen Text geschrieben, der einem endlich klarmacht, was da los ist.›»

In der Hauptverantwortung sind in erster Linie meine beiden ehemaligen Chefs Ullrich Fichtner und Matthias Geyer. Sie haben über Wochen das Gegenteil von Aufklärung betrieben. Sogar nachdem der Fall öffentlich und die Versäumnisse bekannt wurden, haben sie in erster Linie ihr Vorgehen verteidigt und sich als Opfer gesehen. Das waren sie. Ohne Frage. Aber anders als viele andere Kollegen im «Spiegel», anders als die Leser waren sie Opfer, die etwas hätten tun können. Tun müssen.

Meine Vorwürfe kamen in einer Zeit des Umbruchs. Beförderungen standen an. Mein Verdacht war unerhört, er durfte schlichtweg nicht wahr sein, weil er alles gefährdete, ihre persönlichen Karrieren genauso wie die Konstruktion des Gesellschaftsressorts. Matthias Geyer muss sofort geahnt haben, denke ich, was es bedeuten würde, wenn ich recht haben sollte. Für den «Spiegel», für seinen Freund Ullrich Fichtner, für ihn selbst.

Ich hatte, meines Erachtens, die Vorwürfe deutlich vorgetragen, mehr Silbertablett kann niemand verlangen. Beide behaupten jetzt, die E-Mails seien missverständlich gewesen. Wenn meine Chefs tatsächlich diese E-Mails nicht verstanden haben, frage ich mich, wie sie es an die Spitze des deutschen Journalismus geschafft haben. Fichtners Reportagen wurden drei Mal mit dem «Egon-Erwin-Kisch-Preis» prämiert, drei Mal mit dem «Henri-Nannen-Preis» und mit einem «Theodor-Wolff-Preis». Ihm gelingt es, die komplexesten Zusammenhänge in gut verständliche, eingängige Texte zu übertragen, er ist ein brillanter Autor. Matthias Geyer hat ebenfalls Preise gewonnen. Vor seinen Porträts zitterte die Berliner Republik, als er noch aus der Hauptstadt über Politik schrieb. Es fällt mir schwer zu glauben, dass er meine E-Mail nicht verstand.

Im Übrigen sprach ich zu Beginn auch nicht von Fälschung. Mit so einem Wort muss man sehr vorsichtig sein im Journalismus. Ich sprach von «Ungereimtheiten», es war auch das Wort, das ich in der E-Mail benutzte. Geyer beschreibt die Situation, in der er war, im Kommissionsbericht wie folgt: «Für mich war klar, dass wir es jetzt mit einem Vorgang zu tun haben, der für einen der beiden Beteiligten Konsequenzen haben muss: Entweder ist Relotius ein Betrüger, oder Moreno zerstört gerade den Betriebsfrieden bzw. betreibt Rufmord.»

Wenn das stimmt, wenn da also wirklich zwei Alternativen auf dem Tisch lagen, frage ich mich, wie Geyer das ohne eigene Ermittlung herausfinden wollte. Einen Betrüger zu fragen, ob er ein Betrüger ist, macht keinen Sinn. Es blieb nur Alternative zwei: Ich betrieb Rufmord, und das sollte Konsequenzen haben.

In einer «Spiegel»-Konferenz vor rund 80 Redakteuren räumte Fichtner genau das ein. Es sei klar gewesen, dass ich gefeuert worden wäre, wenn ich mich damals geirrt hätte. Ich frage mich, wenn wirklich beide der Meinung waren, dass man einen Mitarbeiter entlassen müsse, weil er – womöglich zu Unrecht – auf einen fehlerhaften Kollegentext hingewiesen hatte, was ihrer Meinung nach mit zwei leitenden «Spiegel»-Führungsfiguren passieren sollte, die den mutmaßlich größten journalistischen Nachkriegsskandal über Wochen komplett falsch handhabten?

Kurzum: Es war, davon bin ich fest überzeugt, kein Problem der Kommunikation. Es war ein Problem der Motivation.


Matthias Geyer, ein kritischer Journalist, der sich mit frostig-präzisen Psychogrammen einen Namen gemacht hat, ist ein Meister der Hinrichtungsporträts, kaum einer beschreibt den menschlichen Makel so gekonnt wie er. Ausgerechnet er ging Relotius mehr als jeder andere auf den Leim. Er ist vermutlich das größte Relotius-Opfer und gleichzeitig derjenige, der ihn hätte stoppen können. Zwanzig Minuten unvoreingenommene Recherche nach meinen drei Fragen, und Matthias Geyer wäre der Mann gewesen, der Relotius überführt. Nicht Juan Moreno.

Ich habe in der «Spiegel»-Ausgabe nach dem Skandal, kurz vor Weihnachten 2018, geschrieben, dass ich mir vorstellen könnte, ähnlich wie Ullrich Fichtner und Matthias Geyer reagiert zu haben, wenn ich an ihrer Stelle gewesen wäre. Ich glaube das bis heute. Ich hoffe allerdings, dass ich mich irgendwann dazu durchgerungen hätte, meine Fehler einzugestehen. Format zeigt sich in der Niederlage. Es ist das, was ich als Journalist von Politikern, Wirtschaftsbossen oder sonstigen Personen fordere, wenn ich sie in einem Stück aus hoffentlich guten Gründen öffentlich hinrichte: Rückgrat.

Einen Aspekt der Systemfrage jedoch, einen fundamentaler Vorwurf, der diesen beiden gemacht wurde, nämlich, dass in dem Ressort grundsätzlich unsauber gearbeitet würde, diesen Vorwurf halte ich für falsch. Nie wurde darauf bestanden, den Geschichten eine «bestimmte» Richtung zu geben. Sie standen nicht fest. Nicht bei Ullrich Fichtner, nicht bei Matthias Geyer.

Allerdings gibt es diese verhängnisvolle E-Mail, die mir Matthias Geyer im Zusammenhang mit «Jaegers Grenze» schreibt. Sie liest sich in der Tat wie ein Treatment, und in ihr finden sich tatsächlich Regieanweisungen. Geyer weist Relotius an, einen Latino-Hasser zu finden, der «heißgelaufen» sei und sich «wie Obelix auf die Römer» freue. Diese E-Mail ist eine Katastrophe für den Ruf des Ressorts.

Zur Wahrheit gehört aber auch: Ich hatte so eine Nachricht von Matthias Geyer oder irgendeinem anderen meiner Chefs zuvor noch nie bekommen. Ich glaube, Geyer wollte mich damals eher in meine Schranken weisen, weil ich mich zuvor vehement dagegen gewehrt hatte, mit Relotius zu arbeiten.

Die Wahrheit ist, wie immer, komplizierter. Der Kommission lag auch ein anderer E-Mail-Verkehr zwischen Matthias Geyer und Claas Relotius vor. Als Relotius aus dem Städtchen Fergus Falls in den USA berichtete, wo er die ersten 100 Tage Trump beobachten sollte, schrieb er: «Es ist mühsam hier, kenne tausend

Leute, war schon überall, werde auch viel eingeladen. Aber es lässt sich nichts beschreiben, es gibt keine Entwicklung.»

Matthias Geyer schrieb damals:

«Lieber Claas,

(...) Was du schreibst, weckt meine Neugierde. Vor allem die Gleichgültigkeit der Leute ist eine Erkenntnis, die ich bis jetzt noch nirgendwo gewinnen konnte. Dass da einer glücklich ist, weil Trump ihm die Waffe lässt, die Clinton ihm nehmen wollte, wirft die Frage auf: Ach, so klein ist es dann am Ende doch, was die Leute da wirklich beschäftigt? Da würde ich noch mal weiter in die Tiefe gehen. Ist es denn denen wirklich egal, wenn jetzt diese Mauer gebaut wird, wenn Menschen wegen ihres Glaubens und wegen ihrer Nationalität in ihrer Freiheit beschränkt werden? Wenn also Amerika einen Wesensteil von sich verliert? Wenn denen das alles völlig wurscht ist, dann ist das natürlich ein haarsträubender, aber hochinteressanter Befund, den du anhand deiner neuen Freunde da aufstellen und beschreiben kannst.»

Das klingt nicht nach einem Chef, der darauf besteht, eine sensationslüsternen Text zu bekommen. Gegen diese E-Mail ist journalistisch nichts zu sagen. Man hätte diese E-Mail auch als Indiz dafür nehmen können, wie ordentlich in dem Ressort gearbeitet wird.

Das Problem liegt tiefer.

In allen Reportageressorts Deutschlands wird oft über Themen geredet und wie man sie in Geschichten entwickelt. Früher nannte man das beim «Spiegel» die «Story», als es noch als schick galt, ein englisches Wort einzustreuen. Man sollte das bereits angesprochene «Spiegel»-Statut nicht überstrapazieren, denn gerade in den ersten Jahren des Blattes war es bei mehr als einer Gelegenheit nicht das Papier wert, auf dem es stand. Aber da die mittlerweile vergilbten Blätter aus dem Archiv zuletzt so oft herausgekramt wurden, vielleicht doch ein Hinweis. Es heißt dort: «Nichts interessiert den Menschen so sehr wie der Mensch. Darum sollten alle ‹Spiegel›-Geschichten einen hohen menschlichen Bezug haben.»

Der «Spiegel» wurde groß, weil er eben nicht nur «Fakten, Fakten, Fakten» präsentierte. Er schrieb Geschichten, deutete, interpretierte, ergriff Partei, oft die richtige, nicht selten die falsche. Der «Spiegel» war nie ein Ort, in dem es nur darum ging, zu berichten. Die Reportage abzuschaffen – diese Forderung gibt es – würde den Kern des «Spiegel» treffen.

Die schlimmste Folge der Causa Relotius für den «Spiegel» ist emotionaler Natur. Leser wurden bisher offenbar kaum verloren. Viele schätzen die harte Aufarbeitung. Aber um zu verstehen, was eine solche Demütigung für das Magazin bedeutet, sollte man einen – letzten – Blick auf das angesprochene Statut werfen: «Berichtigungen kann sich der ‹Spiegel› nicht erlauben.»

Das war der Anspruch, das ist er bis heute. Er mag aus der Zeit gefallen sein. Ein Satz aus dem Jahr 1949, als «Fehlerkultur» kein Managementansatz war, sondern ein anderes Wort für Schwäche. Fehler konnte sich eine «Gewalt», und sei es nur «die vierte», nicht leisten. Dieser geradezu päpstliche Unfehlbarkeitsanspruch, illusorisch wie beim Kirchenoriginal, war lange das Fundament des «Spiegel»-Selbstverständnisses. Makellosigkeit als Unternehmensziel, als Quelle der eigenen Stärke und Bedeutung. So wurde der «Spiegel» zu einem übermächtigen Gegner, den zu ignorieren höchstens jemand wie Langzeit-Kanzler Helmut Kohl wagte. «Spiegel»-Redakteure hielten sich nie nur für reine Beobachter der Politik, ihnen war immer bewusst, welche Macht sie hatten. Sie konnten Karrieren fördern oder bekämpfen. Und sie taten das auch.

Diese Macht ist noch immer da, aber sie schwindet, in den letzten beiden Jahrzehnten verlor der «Spiegel» nicht nur an

Auflage, sondern auch an Bedeutung. Die Konkurrenzblätter wurden besser, allen voran die «Süddeutsche Zeitung» und die «Zeit», entscheidender war aber die allgemeine Krise des Print-Journalismus, befeuert durch das Internet, also die Social Media. Früher musste man «Spiegel» lesen, um informiert zu sein, heute nicht. Die gefühlte Bedeutung, die Überzeugung, die Richtlinien der Politik nicht nur zu erklären, sondern auch mitgestalten zu können, die ist dennoch nach wie vor da. Die Ausgabe zum siebzigsten Jubiläum vom 30. Dezember 2016 zeigte ein Cover mit fünf Bundeskanzler-Zitaten. Alle äußerten sich abfällig über den «Spiegel». Willy Brandt wurde, erwartungsgemäß, am deutlichsten: «Dieses Scheißblatt!» Einen erheblichen Teil seiner eigenen Bedeutung zieht das Blatt noch immer aus der Vehemenz, mit der es kritisiert wird. Natürlich merkt der «Spiegel», dass die Mächtigen heute deutlich gelassener mit einem Verriss umgehen als früher.

Ich habe mich für dieses Buch mit Stefan Aust getroffen. Er war von 1994 bis 2008 Chefredakteur des «Spiegel». Heute ist er Herausgeber der Tageszeitung «Die Welt». In seinem Springer-Büro hängt die Auflagen-Entwicklung. Allerdings nicht die der «Welt», sondern die des «Spiegel». Ein erfreulicher Anblick, wie Aust findet, denn sie zeigt die verkaufte Kioskauflage während seiner Amtszeit. Sie blieb überraschenderweise gegen den Branchentrend konstant. Wirtschaftlich waren es die letzten guten Jahre, die Aust-Jahre. Die Gehälter, schon immer mit Abstand die höchsten in der Branche, stiegen damals kräftig, die Gewinnbeteiligung, die jedem festangestellten Mitarbeiter bis heute zusteht, konnte in guten Jahren das Gehalt nahezu verdoppeln. Anzeigenkunden wurden weggeschickt, weil die Hefte so dick waren, dass man sie nicht klammern konnte. Diese Zeiten sind lange vorbei, aber der Geist der Unverwundbarkeit, der Größe, er währt fort. Aust sagte mir, dass die Journalisten, die er eingestellt habe, hauptberufliche «Fehlergucker» seien. Er beschrieb sie als eher unangenehme, unnachgiebige Wesen, die sich festbeißen konnten. Es klang durchaus Bewunderung durch. Der «Spiegel» kaufte damals hervorragende Schreiber anderer Blätter ein, damit sie nicht mehr für die Konkurrenz arbeiten konnten, nicht, weil man ihre Dienste benötigte. Gehalt als Schweigegeld.

Dem Magazin ging es so gut, es hatte so wenig Konkurrenz, dass der interne Wettkampf um die besten Geschichten künstlich am Laufen gehalten werden musste. Rudolf Augstein – und spätere Chefredakteure führten das fort – wollte eine Redaktion, die auf Konflikt basierte. Konkurrenzkampf, Zwietracht, Misstrauen waren gewünscht, es sollte die Redakteure motiviert halten. Es ist auch der Grund, warum viele Ressorts zwei Leiter bekamen. Sie sollten sich gegenseitig kritisch beäugen. Über Jahrzehnte war die schlechte Stimmung im «Spiegel» gewünscht, und auch da schien das Blatt im deutschen Journalismus Maßstäbe zu setzen.

In meiner ersten Woche im Hauptstadtbüro fragte ich etwas unbedarft, woran ein Kollege gerade arbeite. Ich dachte, es wäre ein guter Small-Talk-Einstieg. Er schaute mich an, als hätte ich mich nach der Telefonnummer seiner Frau erkundigt. «Darüber kann ich wirklich nicht reden.» Offenbar hatte er Angst, dass ich ihm die Geschichte wegnehme. Derselbe Kollege erzählte mir auch einen «Spiegel»-Witz aus der Zeit: Der übliche Freitod eines «Spiegel»-Redakteurs sei, sich vom Stapel seiner nicht veröffentlichen Manuskripte in die Tiefe zu stürzen.

Der 19. Dezember 2018, der Tag, an dem der «Spiegel» die Fälschungen von Claas Relotius einräumte, war der Tiefpunkt seiner siebzigjährigen Geschichte. Die Aufarbeitung, die im Anschluss folgte, war bemerkenswert. Der «Spiegel» schlug in seinem Bericht so heftig auf sich ein, dass kaum ein Konkurrent wusste, wo er das Blatt noch kritisieren sollte. Es wurde eher zurückhaltend darüber berichtet. Im Haus ist man heute weitestgehend der Meinung, man sei mit einem blauen Auge davongekommen. Ob das wirklich stimmt, wird die Zeit zeigen. Vertrauen zurückzugewinnen braucht länger, als einen Kommissionsbericht zu erstellen.

Wenn aber ein Magazin, das keine Fehler duldete, gelernt haben sollte, dass jeder Fehler macht und man solche Fehler am besten offen einräumt, wenn also Relotius zur Herausbildung einer Eigenschaft geführt hat, die dem «Spiegel» eher wesensfremd war, Demut, dann glaube ich, dass der 19. Dezember 2018 kein Tiefpunkt bleiben muss.

Vielleicht ist er ein Wendepunkt.

«Von Phantasie! Bedarf die Gestaltung der Wahrheit keiner Phantasie? Es ist wahr, die Phantasie darf sich hier nicht entfalten, wie sie lustig ist, nur der schmale Steg zwischen Tatsache und Tatsache ist zum Tanze freigegeben, und ihre Bewegungen müssen mit den Tatsachen in rhythmischem Einklang stehen. Und selbst diesen beschränkten Tanzboden hat die Phantasie nicht für sich allein. Mit dem ganzen Corps de ballet von Kunstformen muss sie sich im Reigen drehen, auf daß der sprödeste Stoff, die Wirklichkeit, in nichts nachgebe dem elastischen Stoff, der Lüge.»

Aus: Von der Reportage, in: Egon Erwin Kisch, Marktplatz der Sensationen

## 15. Kapitel

# Dopamin

*Was bedeutet das für die Reportage?*

Nach dem Skandal führten alle deutschsprachigen Print-Redaktionen mehr oder weniger die gleiche Diskussion: Wie steht es um die Reportage, die Gattung, deren Ruf Relotius mit seinen Erfindungen so ruiniert hat? Muss sich etwas grundsätzlich ändern? Sind Reportagen besonders anfällig für Betrug? Nicht zuletzt der Kommissionsbericht thematisiert das: «Die Reportage als anfällige Stilform», lautet eine Überschrift. Die Befürchtung ist, dass der Wunsch, Erfahrenes in einen Handlungsstrang zu bringen und daraus ein Narrativ zu entwickeln, zu einer systematischen Verfälschung der Realität führt.

Der Publizist Hajo Schumacher sagte kurz nach Bekanntwerden des Falles Relotius: «Endlich isses raus. Nicht weil es sich um die Person Relotius handelte, sondern weil sich damit auch ein Genre entzaubert. (...) Das klassische Storytelling, die klassische Heldenreise, Gut gegen Böse, David gegen Goliath – es gibt immer klare Positionen: totaler Bullshit. Die Realität ist komplex.» Götz Aly, der Historiker, schrieb in der «Berliner Zeitung»: «Aber dieses vermeintlich hautnah schildernde Geschreibsel, das heutzutage im Journalismus als Storytelling verherrlicht wird, geht mir auf die Nerven. Ich lese es nicht. Ich verstehe ‹Storytelling› wörtlich, als freies, geblähtes Geschichtenerzählen.»

Wir Journalisten sind im Aufmerksamkeitsgeschäft. Wir wollen, dass man sich Zeit für das nimmt, was wir zu sagen haben. Wir sind nicht alleine auf diesem Markt, waren es nie. Die Werbeindustrie, Social Media und einige andere sind unsere Konkurrenten. Der sicherste Weg, die Aufmerksamkeit eines Menschen zu erhalten, ist folgender Satz: «Pass auf, ich erzähl dir eine Geschichte.» Ganz gleich, wie viele Geschichten dieser Mensch schon gehört hat, wie beschäftigt er ist, er wird zuhören. Er kann nicht widerstehen. Geschichten sind unwiderstehlich.

Das hat sich herumgesprochen, nicht zuletzt in der Werbeindustrie. Heute hat jeder Markenturnschuh, jeder Manufaktum-Kochlöffel, jede Unterhose ein verkaufsförderndes Narrativ, eine Geschichte. Man könnte meinen, dass die Menschen sich angewidert abwenden. Tun sie auch, wenn die Geschichten schlecht sind, aber die Hoffnung auf eine gute Geschichte führt dazu, dass sie einer neuen immer eine Chance geben. Wir werden täglich mit Geschichten bombardiert: Filme, Serien, Artikel, Werbebotschaften, Plakate, sogar der Nachbar gibt nicht einfach eine Info weiter. Er erzählt uns eine Geschichte. Wir sind süchtig danach.

Zwei amerikanische Journalisten, Joshua Glenn und Rob Walker, kauften vor einigen Jahren einhundert Gegenstände auf eBay. Völlig unbedeutende Gegenstände wie Flaschenöffner und Porzellanfiguren. Sie gaben 128,74 US-Dollar aus. Dann baten sie Autoren, zu jedem einzelnen Gegenstand eine gut geschriebene Geschichte zu verfassen und stellten dieselben Objekte samt neuem Narrativ erneut bei eBay ein. Sie erlösten 3612,51 US-Dollar.

Wenn man sich fragt, worin das Geschäftsmodell einer Reportageredaktion bei einer Zeitung oder einem Magazin besteht, sollte man an dieses eBay-Experiment denken. Die reine Information ist weniger wert als früher, pure Information gibt es heute praktisch umsonst. Man muss heute nicht zu einer Pressekonferenz, um exakt zu hören, was der amerikanische Präsident sagt. Im Zweifel teilt er es einem direkt über Twitter mit. Ohne Mittelsmann, also ohne einen Journalisten, der womöglich kritische Fragen stellt und somit die schöne Botschaft ruiniert. Fakten oder leicht herzustellende Infostücke kann man auf kostenlosen News-Seiten nachlesen. Früher war das eine der Hauptaufgaben von Journalisten. Sie konnten sich häufig auf das Zusammentragen und Wiederholen beschränken. Andere Informations-, vor allem aber Verbreitungsquellen gab es nicht.

Heute müssen sie, wollen sie zukunftsfähigen anspruchsvollen, zeit- und kostenintensiven und vor allem unabhängigen Journalismus machen, mehr leisten. Sie müssen einordnen, analysieren, und sie müssen, nicht zuletzt, erzählen, und zwar große Geschichten. Geschichten, deren Recherche man nicht finanzieren kann, wenn man sie kostenlos auf einer rein werbefinanzierten Webseite bereitstellt.

Es gibt Studien, die zeigen, was in uns vorgeht, wenn wir uns in eine gut aufgeschriebene Reportage vertiefen. Dopamin, Oxytocin und Endorphine werden ausgeschüttet, wir fühlen uns wacher, menschlicher, besser. Bei reiner Informationsverarbeitung, beim Lesen einer nüchternen Nachricht, passiert das nicht. Alle Menschen brauchen Informationen, und viele von ihnen lieben Geschichten. Das erklärt, warum es den meisten mehr Spaß macht, eine Reportage auf der «Seite Drei» der «Süddeutschen Zeitung» von Nico Fried über Angela Merkel zu lesen als die Nachricht seines Agenturkollegen, der beim selben Termin war. Die Reportage ist nicht besser oder schlechter. Sie ist anders und ermöglicht oft eine emotionalere Wahrnehmung. Denn gute Reportagen sind keine intellektuelle Übung. Hinter ihnen steckt unser Bedürfnis, uns zu identifizieren und mehr über die menschlichen Grundmuster des Lebens zu erfassen. Die Überführung eines Ereignisses in eine Reportage wird mittels «Storytelling» erreicht. Früher sagte man Erzählmethode.

Es gibt Dutzende wissenschaftliche Definitionen zum Begriff «Storytelling», einige aus den Kommunikationswissenschaften, andere aus der Psycholinguistik, andere aus den Literaturwissenschaften. Einig sind sich die meisten, dass es sich, vereinfacht ausgedrückt, in erster Linie um eine technische Methode handelt, Informationen eindringlicher zu transportieren. Über den Wahrheitsgehalt der Information sagt das erst mal nichts. «Dumbo» würden Kinder auch lieben, wenn es tatsächlich fliegende Riesenohr-Elefanten gäbe. Eines ist aber unstrittig. Es ist eine effektive Technik. Vor hunderttausend Jahren wurde die Sprache erfunden. Die Sagen, Legenden, Mythen und Märchen der Menschheit wurden dann zum ersten Mal vor über dreitausendfünfhundert Jahren niedergeschrieben, als sich die Schrift entwickelte. Unsere Gehirne springen noch immer vor allem darauf an. Powerpoint-Präsentationen sind etwa dreißig Jahre alt.

Das alles bedeutet nicht, dass die Reportage die ideale journalistische Form ist, weil sie dem Menschen so nah ist. Sie hat Stärken und Schwächen. Die Stärken liegen darin, dass sie den Leser im Idealfall packen, für ein Thema interessieren, einen Einblick in eine ihm fremde Welt geben, emotionalisieren, Empathie erzeugen. Ein Nachteil ist, dass die verwertbare Informationsdichte in der Regel gering ist. Die Kommunikationswissenschaft – und jeder halbwegs talentierte Blattmacher – empfiehlt, das vom Thema und der Zielgruppe abhängig zu machen. Auf einem bestimmten Gebiet werden gut informierte Leser eine lange, ruhig erzählte Reportage zu ihrem Spezialthema sterbenslangweilig finden. Ihnen wäre ein faktenlastiger Bericht lieber. Andere, die sich zum ersten Mal mit einer Thematik auseinandersetzen und eine gewisse Orientierung brauchen, freuen sich über den leichteren und emotionaleren Zugang.

Daher verstehe ich bei allem Ärger über Relotius die Fundamentalkritik von Götz Aly, Hajo Schumacher und sehr vielen anderen nicht – sie spielen unterschiedliche Gattungen gegeneinander aus, die letztlich eine Sache des persönlichen Geschmacks sind. Die eine abzulehnen oder der anderen vorzuziehen, ist legitim, bedeutet aber nicht viel mehr als die Aussage: Ich gucke lieber die Tagesschau als einen Dokumentarfilm. Eine fundierte Kritik an der Form ist das nicht. Ein sehr wahrer Satz lautet: Die Reportage hat ein Problem, sobald sie gefälscht ist. Das stimmt, gilt aber ebenso für, sagen wir, Bremsscheiben, Bargeld oder Vaterschaftstests.

Ich bin ein Fan der Reportage. Nicht sehr überraschend, da

ich meinen Lebensunterhalt mit ihr verdiene. Schweinezüchter werden einem vermutlich keine vegetarische Ernährung empfehlen. Ich denke also nicht – anders als einige Kollegen und Leser, mit denen ich gesprochen habe –, dass die Reportage abgeschafft gehört. Ich gebe gerne zu, wie bereits im letzten Kapitel angedeutet, dass man mit einigen Vertretern der Gattung Schwierigkeiten haben kann. Auch mich stört manchmal die Haltung einiger Kollegen. Ich meine explizit nicht die politische Haltung.

Irgendwann hat sich im Journalismus etabliert, dass es «Schönschreiber» und «journalistisches Fußvolk» gibt. Formulierungshelden, die glitzernde Aphorismenfeuerwerke in ihren Texten abfeuern, und Graubrotbäcker, die komplexe Zusammenhänge, und die meisten wichtigen Zusammenhänge sind komplex, solide, aber trocken niederschreiben. Einige Reporter glauben bisweilen, sie seien etwas Besseres. Sie fühlen sich als Künstler, als journalistische Schriftsteller, Zwitterwesen an der Grenze zur Literatur, seriös wie solide Journalisten, beredt wie Literaten. Die Wahrnehmung wird dadurch unterstützt, dass die gemeinhin renommierteste Journalistenpreis-Kategorie der Preis für die Reportage ist. Ein kluger Kommentar oder eine aufwendige Enthüllung sollen, so sagen es offenbar die Branchengesetze, weniger wert sein als eine schön geschriebene Reportage?

Meine Meinung dazu ist seit Jahren dieselbe: Ein Reporter, der sich als Literat sieht und dem Wirtschaftsredakteur überlegen fühlt, weil der seit Jahren dem Klein-Klein des VW-Skandals nachspürt, ist mir zuwider, genauso wie übrigens der Feuilletonist, der sein Büro seit Jahren nicht verlassen hat und Reportern erklärt, sie würden die Welt falsch beschreiben. Die Debatte ist müßig: Ist der Reporter besser als der Innenpolitik-Experte? Gegenfrage: Ist ein Unfallchirurg besser als ein Urologe? Ich würde sagen, es kommt drauf an, was man sich gebrochen hat.

Die Post-Relotius-Diskussionen zum Thema Reportagen wurden meines Erachtens in erster Linie zur Begleichung einiger sehr alter Rechnungen genutzt. Ich sprach darüber im letzten

Kapitel, der alte Streit zwischen Reportern und ihren Gegnern; um ehrlich zu sein, die Debatte langweilt mich. Die Reportage wird nicht abgeschafft werden. Leser mögen sie. Viele Schreiber mögen sie.

Bleibt also die Frage, ob die Reportage anfälliger für Betrug ist als andere Formen. Schaut man sich die größten journalistischen Fälscherskandale der Vergangenheit an, ist die Antwort eindeutig: Nein. Das Problem der «Hitler-Tagebücher» betraf eher die Recherche. Tom Kummer fälschte Interviews, Jayson Blair bei der «New York Times» Berichte. Bei Stephen Glass, dem Autor, der 1989 bei «The New Republic» entlassen wurde, waren es eher Reports, jedoch in der Tat mit einigen erzählerischen Elementen.

Die einzig sinnvolle Frage in diesem Zusammenhang muss also nicht lauten, ob sie legitim ist, sondern ob sie ein konstituierendes Problem in sich trägt, selbst wenn sie bei der Wahrheit bleibt.

Dazu ist meine Meinung eindeutig: So grau der Reporter-Beruf sonst ist, in dieser Frage ist er ziemlich klar. Wenn der Reporter es beobachten oder erfragen konnte, darf er es aufschreiben. War er nicht da, muss er es anders in Erfahrung bringen und das kenntlich machen. Viel komplizierter wird es nicht. Der Reporter Egon Erwin Kisch, der es selbst nicht immer genau mit der Wahrheit nahm, hat schon vor rund achtzig Jahren erklärt, was eine Reportage darf und nicht darf. In dem Büchlein «Markplatz der Sensationen», das er 1942 im mexikanischen Exil schrieb, fasst er das schön zusammen. Darin ärgert Kisch sich, dass er als Urheber kein Geld dafür bekommt, wenn andere aus seinen Reportagen Theaterstücke machen. Für seine Reportagen sei ja keine Phantasie nötig, hörte Kisch damals. Er schreibe ja nur auf, was geschehen sei. Wenige Dinge motivieren Autoren mehr als entgangene Tantiemen. Kisch läuft zur Hochform auf: «Bedarf die Gestaltung der Wahrheit keiner Phantasie? Es ist wahr, die Phantasie darf sich hier [*in der Reportage, Anm. Autor*] nicht entfalten, wie sie lustig ist, nur der schmale Steg zwischen Tatsache und

Tatsache ist zum Tanze freigegeben, und ihre Bewegungen müssen mit den Tatsachen in rhythmischem Einklang stehen. Und selbst diesen beschränkten Tanzboden hat die Phantasie nicht für sich allein. Mit dem ganzen ‹Corps de ballet› von Kunstformen muss sie sich im Reigen drehen, auf daß der sprödeste Stoff, die Wirklichkeit, in nichts nachgebe dem elastischen Stoff, der Lüge. Ist schließlich das Darzustellende folgerichtig dargestellt, dann erscheint es dem Leser so klar, daß er ausruft: ‹Das ist doch klar!› Wobei das Wort ‹klar› so viel wie ‹selbstverständlich› bedeutet und den Vorwurf der Banalität, der Plattitüde, der Photographiererei ausdrückt. ‹Er hat ja nur aufgeschrieben, was er gesehen hat.›»

In einer digitalen Welt, in der jeder ein Handy und einen Social-Media-Account hat, ist die Aufgabe des Reporters nicht primär, von Dingen zu berichten, die bisher niemand zuvor gesehen hat. Die Welt der offensichtlichen Wunder ist klein geworden. Ernest Hemingway hatte es in der Beziehung leichter. Seine Leser hatten keine Vorstellung vom Kilimandscharo, sie hatten noch nie eine Giraffe gesehen, die er daher lange beschrieben hat. Sie wussten nichts über Pamplona während der Stierkampfsaison oder über Marlinfischen auf Kuba. Heute hat sich die Aufgabe des Reporters verschoben – jedes Mal nach einer Recherche und vor dem Schreiben stelle ich mir die gleiche Fragen: Was bedeutet das eigentlich, was du gesehen hast? Welche Schlüsse kann ich legitimerweise aus dem Erlebten ziehen? Was heißt das alles?

Reportagen sind Erzählungen, die auf Fakten basieren, aber in ihrer Einordnung darüber hinausgehen. Ihre Geschäftsgrundlage ist jedoch: Die Menschen existieren, die Ereignisse haben stattgefunden, die Sätze wurden gesagt. Alles, was ich bisher über «die Erschaffung von Kunstfiguren» gehört habe, also von Protagonisten, die nicht existieren und denen man Sätze in den Mund legt, klingt für mich absurd. Es gibt keine legitime «Montagetechnik», bei der Charaktere erfunden werden – auch wenn ein ehemaliger «Spiegel»-Redakteur, der mittlerweile Journalistik-Professor ist, das in einem Lehrbuch behauptet. Wer Figuren erfinden will, kann das tun. Er ist dann Schriftsteller.

Unter den Fragen, die nun gestellt werden, lautet eine weitere, ob es in den letzten Jahren, den Relotius-Jahren, einen Trend gegeben habe, die Reportagen mehr einer Kurzgeschichte anzupassen, sich immer mehr einem literarischen Ideal zu nähern? Ich würde sagen, ja, diese Entwicklung gab es. Es war ein Ritt auf der Rasierklinge, denn natürlich lesen sich solche Texte besser, aber sie erfordern unglaublich viel Arbeit. Darf die Reportage literarisch sein? Wenn das bedeutet, dass sie gut geschrieben ist, mit guten Gedanken, klugen Beobachtungen, interessanten Perspektiven: Ja, darf sie. Auch die Zahl der Adjektive, die laut Kommissionsbericht des «Spiegel» ein problematisches Indiz sein könnte, ist meiner Meinung nach völlig unerheblich, solange alles wahr ist. Am Ende landet man immer am selben Punkt: Entweder stimmen die Texte oder sie stimmen nicht, und das Versprechen der Reportage ist immer: «Ich war da. Und habe das so erfahren.» Alles Weitere ordnet sich dem unter oder ist Literatur. Hat Relotius Kollegen mit seinen märchenhaften Texten inspiriert, die man ohne Betrug so vermutlich nicht hätte schreiben können? Wahrscheinlich, und dafür bezahlt er jetzt den Preis. Hat er zu dem Reporterkult beigetragen? Auch hier würde ich sagen: Ja, aber man muss ihm nicht verfallen.

Eine andere Kritik, auch diese im Kommissionsbericht aufgeführt, lautet, dass Reportagen wertende Elemente, Deutungen und Interpretationen enthalten. Auch das ist korrekt, das tun sie. Manchmal mehr, manchmal weniger. Die Interpretationen müssen auf Tatsachen basieren, sind selbst aber natürlich keine. Ich halte das nicht für ein Problem, ich halte das für unausweichlich. Schon allein durch die Auswahl der Menschen, die vorkommen, der Zitate, die am Ende verwendet werden, die Szenen, die der Reporter auswählt, findet eine Wertung statt. Eine Reportage ordnet ein, sie ist in diesem Punkt einem Kommentar nicht unähnlich. Niemand hat gesagt, dass der Reporter das immer richtig tut und derjenige, der beschrieben oder zitiert wird, sich richtig verstanden fühlt.

Bleibt die Schwierigkeit mit der Dramaturgie. Dazu steht im Kommissionsbericht: «Die Erzählweise, die in Reportageseminaren, zum Beispiel dem des ‹Reporterforums›, gelehrt wurde und wird, bedient sich dabei aus dem Werkzeugkasten des Films, der Comics und der Literatur, also der Fiktion. Zitiert wird immer wieder der britische Literaturwissenschaftler, Romanautor und Essayist E. M. Forster und sein berühmter Beispielsatz: The king died, and then the queen died. Dies, so Forster sinngemäß, sei eine Story. Erst der Satz: The king died, and then the queen died of grief, mache daraus einen Plot.

Das macht das Problem und die Grenzen dieser Methodik für den Journalismus sehr deutlich. Im Journalismus wird es schwer sein, immer die Gründe oder Ursachen eines Todes zu ermitteln. Vielleicht hatte die Königin eine Lungenentzündung, hat sich umgebracht oder wurde vergiftet. Vieles ist denkbar. Journalisten müssen oft schreiben: The king died, and then the queen died, and we don't know why.»

In meinen Augen macht dieses Beispiel nicht «das Problem und die Grenzen dieser Methodik für den Journalismus» deutlich – ganz im Gegenteil. In meinen Augen beschreibt die Kommission das Problem des Journalismus insgesamt. Der allererste journalistische Satz in der «Spiegel»-Ausgabe vom 25. Mai 2019, in der dieser Kommissionsbericht erschien, lautet: «Ein politisches Beben geht durch Europa, seit ‹Spiegel› und ‹Süddeutsche Zeitung› Videoaufnahmen veröffentlicht haben, die Österreichs FPÖ-Chef Heinz-Christian Strache und seinen Vertrauten Johann Guderus auf Ibiza beim Kungeln mit einer vermeintlichen russischen Investorin zeigen.» Richtigerweise müsste da also stehen: «Jedenfalls glauben wir das mit dem Erdbeben, denn vielleicht interessieren sich weite Teile europäischer Landstriche kein bisschen für Österreich, vieles ist denkbar.»

Ich denke, dass klar ist, dass die Realität sich selten wie in einem Film entfaltet, sie ist komplexer, weniger monokausal, aber oft nicht weniger spannend. Relotius' Herangehensweise war, seine Geschichten wie im Film zu denken, oft genug in Stereotypen. Die Realität hat ihn kaum interessiert. Er konnte dem Uneindeutigen, den Brüchen, dem Grau, den echten Menschen nichts abgewinnen – daher hat er oft nur die Vorrecherche im Netz gemacht, aber im «Feld» gar nicht recherchiert. Er hat nicht nur Zitate, nicht nur Ereignisse, er hat auch die Abfolge der Ereignisse erfunden. Seine Texte sind daher keine Reportagen, schon gar keine typischen.

Viele von ihnen sind allerdings kunstvoll gebaut – das allein taugt aber nicht zum Vorwurf. Dass eine Dramaturgie existierte, war nicht das Problem. Denn jeder Text, soll er funktionieren und lesbar sein, braucht eine Struktur. Gute Autoren sind in der Lage, aus einem Haufen Impressionen und Ereignissen, manchmal sogar von verschiedenen Kollegen aus der ganzen Welt zugeliefert, eine wunderbar erzählte, kluge und informative Geschichte zu schreiben. Die Beherrschung der Dramaturgie, der langen Erzählung, ist ein Talent. Das Vorgehen, ihre Kniffe und Techniken uralt. Aristoteles hat sich bereits vor 2300 Jahren in seiner «Poetik» mit den Grundlagen der Dramaturgie beschäftigt. Dinge beginnen, entwickeln sich, enden. Auch von Cicero sind Erzähltechniken überliefert. Sonst könnte man dem Leser auch einfach eine Kopie der Notizen zukommen lassen mit dem Zuruf: «Ich will das nicht aufbereiten, sonst verzerre ich die Wirklichkeit.» Es gibt keinen zu gut gebauten Text. Es gibt zu viele schlecht gebaute.

Doch noch mal zurück zum Ausgangsargument, durch Strukturierung würden Zusammenhänge in Reportagen falsch dargestellt. Entscheidend ist, wann und wo diese Dramaturgie entsteht. Entspringt sie der reinen Phantasie oder entsteht bereits im Vorfeld der eigentlichen Feldrecherche, hat sie in der Tat ein Problem. Aber nachdem man alles zusammengetragen hat, sorgfältig gesichtet hat, gehört die Frage, wie man das alles möglichst gut erzählt, zum Kern des Handwerks. Ist die Versuchung groß, nachzuhelfen? Eine phantastische Heldenreise aufzuschreiben, die so nie stattgefunden hat? Ja, die Gefahr existiert. Ebenso wie die Gefahr existiert, als Wissenschaftler Versuchsergebnisse zu manipulieren. Das jedoch ist ein menschliches Problem und nicht mit der Abschaffung eines Genres zu lösen. Reporter werden auch künftig unsauber arbeiten, übertreiben, manchmal vielleicht sogar lügen. Sie sind Menschen, und Menschen tun solche Dinge. In allen Bereichen.

«Die Fake-News-Medien drehen durch mit ihren Verschwö-
rungstheorien und ihrem blinden Hass.»

Donald J. Trump

## 16. Kapitel

# Relotius und wir

*Warum der «treue Claas» die perfekte Lösung
für die Krise des Journalismus zu sein schien*

Mich rief vor einigen Monaten ein spanischer Filmpro-
duzent an. Er habe vom Fall Relotius gehört und würde
gern eine Serie produzieren. Eine internationale Serie, er stünde
mit einem großen Streaming-Anbieter in Kontakt. Der sei
interessiert. Das Thema «Fake News» sei international viru-
lent. Weltweit werde das derzeit diskutiert. Eigentlich seien
wir heute ja alle Journalisten. Wir alle würden Nachrichten in
unseren sozialen Netzwerken verbreiten, müssten überprüfen,
was wir weiterleiten, auch mit den Folgen leben, wenn sich
Freunde und Bekannte über etwas ärgern, was wir veröffentlichen. «Fake News», Desinformation, die Rolle der Medien, das
sei kein Branchenthema, das sei eine dringende gesellschaftli-
che Debatte.

Der Mann hatte mit seiner Analyse weitestgehend recht, fand
ich. Ich verstand, warum ihn das Thema interessierte. Relotius
hatte weltweit Schockwellen ausgelöst, mexikanische Sender,
spanische Zeitungen, amerikanische Magazine haben ausführlich
über den Fall berichtet.

So groß und wichtig dieses Thema jedoch war, so sehr fand ich,
dass der Produzent etwas vermengte, was nicht zusammenge-
hörte: «Fake News» und Relotius. Ich würde beides gern trennen,
wenn ich über die Folgen von Relotius für den deutschen Journalismus spreche. Für mich sind das zwei unterschiedliche Phänomene. Fangen wir mit «Fake News» an.

Ich will keine wissenschaftliche Definition für «Fake News»
bieten, sondern eine Erklärung, die ich mir zurechtgelegt habe.
«Fake News» sind, auch wenn das die AfD und Donald Trump

gern anders sehen, Nachrichten, meist in sozialen Netzwerken, die bewusst kreiert werden, um Leser zu manipulieren. Das können Übertreibungen, Vereinfachungen oder schlichtweg erfundene Berichte sein. Es gibt im Wesentlichen zwei Gründe dafür: Entweder, weil man Leser auf seine Internetseite locken möchte, um Anzeigen zu verkaufen. «Fake News» sind ein effizienter, vor allem aber günstiger Weg, Klicks zu generieren. Ein weiterer Grund, «Fake News» zu lancieren, ist, um Meinungsmache zu betreiben, weil man eine bestimmte Agenda verfolgt. Die Verbreitung der Falschmeldungen wird durch Algorithmen und sogenannte Bots unterstützt. Mit anderen Worten: Propaganda im digitalisierten Zeitalter. Das Phänomen ist nicht neu. Hannah Arendt schrieb, dass der «Faschismus der alten Kunst zu lügen gewissermaßen eine neue Variante hinzugefügt hat – die teuflischste Variante, die man sich denken kann – nämlich: das Wahrlügen». Sie beschrieb auch den Erfolg, den die systematische Aushöhlung der Wahrheit haben kann, zum Beispiel auf Nachkriegsdeutschland: «Der wohl hervorstechendste und auch erschreckendste Aspekt der deutschen Realitätsflucht liegt in der Haltung, mit Tatsachen so umzugehen, als handele es sich um bloße Meinungen.»

Relotius aber hatte keine politische Agenda, mehr noch, die meisten Kollegen hielten ihn für politisch völlig desinteressiert. Einige seiner Texte, zumal die für den «Spiegel», könnte man als linksliberal bezeichnen. Andere, frühere, für konservative Medien, waren das nicht, etwa seine schon fast rassistischen Aussagen über den Balkan. Sie hätten vermutlich nicht zum folgenden Facebook-Eintrag von AfD-Spitzenkraft Alice Weidel geführt: «Spiegel-Artikel getürkt: Produkt einer ideologisierten Schreiberzunft!» Das sei «gesinnungsethisch gefärbter Meinungsjournalismus», schrieb sie. Weidel hätte vermutlich nicht den alten Journalistenfehler begangen: «Warum sich einen schönen Kommentar mit unnötiger Recherche ruinieren», wenn sie Relotius' Texte in der Schweizer «Weltwoche» nachgelesen hätte. Einer handelt von Wählern in den USA, die sich schon nach einer Amtszeit zutiefst enttäuscht vom damaligen Präsidenten Barack Obama abwenden. Und auch Springer-Chef Mathias Döpfner hätte sich in diesem Fall womöglich anders geäußert. «Haltung ist oft wichtiger als Handwerk, Weltanschauung wichtiger als Anschauung. In einem solchen Klima gedeiht Erfindung», so Döpfner. Kritiker der «Bild»-Zeitung, die zu Springer gehört, werden entgegnen: «Der Mann klingt, als wüsste er, wovon er spricht.»

Ich denke, dass Relotius seine Leser, die Redaktion und die Jurys nur von einer einzigen Sache überzeugen wollte: von sich. Es ging ihm allein darum, Karriere als Reporter zu machen. Das ist schwer, wenn man sauber arbeitet und zu den Besten gehören möchte. Relotius war wie ein Sportler, der dopt. Er machte das für sich und seinen Ruhm. Er schadete seinen Konkurrenten, seinen Arbeitskollegen, einige verloren seinetwegen ihre Stelle. Er betrog Menschen, die ihm glaubten, einige von ihnen, dachten, er sei ihr Freund. Eines aber scheint mir klar: Anders als Geheimdienste, Regierungen oder Politiker, die «Fake News» verbreiten, hatte Relotius keine politische Mission.

Der andere Vorwurf, der in der Debatte nach Relotius meist mitschwingt, ist, dass es in Redaktionen Ideologien vorherrschten, die von den Schreibern eingefordert würden. Ich verstehe diese Kritik nicht. Dass viele Journalisten einem bestimmten linken Milieu entstammen, ist kein Geheimnis. Viele von ihnen schreiben auch für konservative Medien. Mein Eindruck ist eher, dass es zu wenig Ideologie gibt, nicht zu viel. Die Unterschiede zwischen den Großen der Branche wie «FAZ», «Süddeutsche», «Spiegel», «Focus» und «Bild» sind deutlich geringer als früher. Das politische Meinungsspektrum der Medienlandschaft ist zusammengeschrumpft, so wie das in der Gesellschaft und der Politik. Es gibt eine große, breite, schweigende Mitte, die sich im Wesentlichen einig ist, rechts und links brüllen die Ränder. Einige agitieren gegen Migranten, andere gegen Konzerne. Womöglich sind sogar ein paar gute Vorschläge darunter, aber man hört sie nicht, weil man in der Regel von dem Geplärre Kopfschmerzen bekommt.

Am ehesten kann ich in dem Zusammenhang noch den Vorwurf der Einseitigkeit nachvollziehen. Eine Vergleichsstudie der Johannes-Gutenberg-Universität in Mainz kam zu dem Schluss, dass «die Medien» die sogenannte Flüchtlingskrise «überwiegend richtig dargestellt» hätten. Es gebe zwar «einseitige» Berichterstattung, jedoch nicht immer für oder gegen Flüchtlinge. Das ist auch meine Wahrnehmung: Mir kommt diese Einseitigkeit eher sequenziell vor. Alle Journalisten freuen sich erst mit den auf Syrer wartenden Willkommens-Münchnern am Hauptbahnhof, nur um sich ein paar Monate später genau über diese Leute lustig zu machen. Alle finden geschlossen den SPD-Kanzlerkandidaten Martin Schulz erfrischend anders, um ihn dann – wieder geschlossen – unerträglich zu finden. Der übliche Ablauf ist ungefähr so: Synchronmaulen folgt auf Synchronjubeln folgt auf Synchronfragen: «Gibt es nichts Wichtigeres?» Die Erregungszyklen werden tendenziell kürzer.

Anders ausgedrückt: Von allen Problemen des Falles Relotius war seine politische Haltung das kleinste. Vielen Lesern, sogar vielen sehr genauen Lesern des «Spiegel», ist Relotius nie aufgefallen. Ich glaube, dass dies zwei Gründe hatte. Relotius war ein stiller Autor, er hielt sich zurück, seine Stimme, seine Meinung kam in den Reportagen kaum vor. Man merkte sich die Geschichte, aber nicht die Art, wie sie erzählt wurde. Der andere Grund: Er war jung. Es braucht eine Weile, um sich als Reporter einen Namen zu erschreiben. Seine Karriere dauerte sieben Jahre, lang genug, um eine Katastrophe epischen Ausmaßes anzurichten, aber nicht lang genug, damit auch Leser einen kennen.

Eine gänzlich andere Diskussion ist, ob Relotius eine bestimmte Haltung in der «Spiegel»-Redaktion und in den Preis-Jurys auszumachen glaubte und seine Texte entsprechend anpasste. An anderer Stelle habe ich Relotius als «Menschenfänger» beschrieben, er konnte sein Gegenüber lesen, dessen Wünsche und Sehnsüchte ahnen. Dies ist eine typische Gabe von Hochstaplern. Mir fällt kein Grund ein, warum das bei Lesern, Redaktionen und Jurys anders sein sollte. Natürlich ahnte Relotius, welche Texte dort besonders gut ankommen würden – und lieferte entsprechend.

Es gibt zweifelsohne die großen Zeitgeist-Geschichten, die relevanten Themen, die Schicksale, die weltweit zu einem bestimmten Zeitpunkt Bedeutung haben. Das sind die Stoffe, die prämiert werden, die es aufs Podium schaffen, meist sogar gewinnen. Syrienkrieg, Guantanamo, Flucht übers Mittelmeer – Relotius wedelte in Konferenzen regelmäßig mit den großen Themen der Seite eins der «New York Times», des englischen «Guardian». Ihm ging es, wie bereits erwähnt, um Relevanz, denn Relevanz gewinnt Preise. Und natürlich schrieb er über dramatische, berührende Einzelschicksale, weil sie spektakulär sind. Schicksale gewinnen ebenfalls Preise.

Seinen dritten Reporterpreis beispielsweise bekam er für die Reportage «Nummer 440». Sie handelt von einem jungen Jemeniten, der vor 14 Jahren als Unschuldiger nach Guantanamo verschleppt wurde, dort gefoltert und fast verhungert wäre und sich nun vor der Freiheit fürchtet. Relotius schreibt, dass es in Camp Delta keinen Koran für die Gefangenen gibt. Das stimmt nicht. Doch Relotius log nicht, weil er damit Amerikas Niedertracht zeigen wollte. Er log, weil das einfach die bessere Geschichte war. Er log, weil das insgeheim Erwartungen erfüllte – die der professionellen Leser in der Redaktion und in den Jurys wie auch den «normalen» Leser des «Spiegel». Kritik an Guantanamo lag windschnittig im Mainstream. Genauso wie die Meinung, der Syrienkrieg sei verrückt. Relotius hatte den Journalismus und seine Gesetze durchschaut und war bereit zu betrügen, um Erfolg zu haben. Bombastische Schicksale plus Relevanz plus die Bestätigung der allgemein vorherrschenden

Meinung in der Mitte der Gesellschaft versprechen Ruhm. Das war das System Relotius. Es erklärt, warum kein einziger seiner Texte einen ironischen, abseitigen Ansatz hat. Solche Texte gewinnen keine Preise. Vermutlich ändert sich das im Lichte des Skandals in den nächsten Jahren. Ich würde sagen, vorübergehend.

Moderator Jörg Thadeusz, der Relotius bei verschiedenen Gelegenheiten eine ganze Reihe Preise überreicht hat, schrieb: «Mir war es in den Jury-Sitzungen oft so vorgekommen, als stünde ein gewisses Weltbild fest. Wer das mit einer süffigen Geschichte möglichst prachtvoll bestätigt, hört wahrscheinlich seinen Namen von einer Bühne schallen.»

Ich war nie Jury-Mitglied, nie in einer Sitzung, aber ich kenne Thadeusz, und er ist nicht der Typ, der Dinge erfindet. Ich kann nicht sagen, ob in den Jurys tatsächlich ein bestimmtes Weltbild vorherrschte. Es würde mich aber nicht wundern. Mehr noch, ich fände es seltsam, wenn dem nicht so wäre. Jeder Journalist hat seine Ansichten. Ein Text, der die eigene Haltung widerspiegelt, hat es vermutlich leichter als einer, der persönlichen Überzeugungen widerspricht. Selbst wenn der Journalist sich bewusst ist, dass dies bei der Bewertung keine Rolle spielen sollte. Es wird sich kaum ändern lassen.

Wir mögen, was uns entspricht. Wie beginnen lobende Leserbriefe? Meist mit Formulierungen wie «Sie schreiben mir aus der Seele» oder «Das hätte von mir stammen können». Eher selten ist hingegen: «Ihre politische Meinung erzeugt in mir Brechreiz. Aber die Dramaturgie, Ton, Sprachwitz und Protagonistenwahl – Chapeau!» Ich glaube, dass Thadeusz recht hat. Ein bestimmtes Weltbild, eine bestimmte Haltung haben es leichter. Eine Reportage über die wunderbare Idee «Guantanamo» oder die Herrlichkeit des AfD-Frauenbildes hätte es vermutlich in der Tat schwer. Das stimmt. In Jury-Sitzungen, in weiten Teilen der Leserschaft von «Spiegel», «Stern» oder «FAZ».

Was sicherlich stimmt, ist, dass Reporter, die wichtige Journalistenpreise gewinnen, Nachahmer finden. Ihr Stil, ihr Ton ist prägend. Auch ich wurde nicht zuletzt Reporter, weil ich die Texte von Peter Sartorius, Herbert Riehl-Heyse, Axel Hacke und Alexander Osang so toll fand. Bestseller-Autor Jochen-Martin Gutsch, Ressortkollege im Gesellschaftsressort und einer meiner ältesten Freunde, wurde Reporter, weil er das unerreichbare Ziel verfolgte, wie Erich Maria Remarque in «Im Westen nichts Neues» zu schreiben. Vermutlich hat Relotius viele angehende Schreiber inspiriert.

Und da wir gerade bei den Journalistenpreisen sind: Gibt es zu viel Selbstbeweihräucherung im Journalismus? Mehr als, sagen wir, bei Medizinern, Anwälten, Richtern, Managern oder Theatermachern? Ich würde sagen, nein. Journalisten, gerade die Print-Leute, neigen meiner Erfahrung nach eher zur defätistischen Misanthropie. Sie sind eher kritisch, selten gegenüber sich persönlich, aber sehr gegenüber Kollegen. Ein Lektor sagte mir mal, dass er nicht sicher sei, ob er einem bekannten Journalisten die Autorenschaft für ein besonders vielversprechendes Buchprojekt anbieten sollte: «Er könnte es vermutlich gut aufschreiben, aber die Schreiber der anderen Blätter würden es schon alleine deswegen schlecht besprechen, weil ich nicht sie gefragt habe.»

Die pure Masse an Journalistenpreisen, angeblich sind es über fünfhundert in Deutschland, ist in der Tat irritierend hoch. Aber das sollte man nicht den Journalisten vorwerfen, sondern den Leuten, die sie vergeben. Es gibt eine Vielzahl von Stiftungen, Vereinen, Verbänden und Organisationen, über die nicht ganz zu Unrecht kein Mensch berichtet. Einer der günstigen Wege, dies zu ändern, ist, einen Journalisten-Preis auszuloben. Geht bei tausend Euro los. Damit ist eine Erwähnung zumindest in einem Medium gesichert, nämlich dem Medium des Preisträgers. Anzeigen sind teurer. Und deutlich wichtiger: Man kommt aufgrund der zahlreichen Einsendungen an Redaktionskontakte, die für eine spätere Pressearbeit hilfreich sein können.

Wenn man dann noch weiß, was Journalisten mittlerweile verdienen, wundert man sich nicht, warum viele diese Preise gern mitnehmen.

Das wahre, das strukturelle Problem für einen unabhängigen, soliden Journalismus, der seine Aufgabe als Kontrollorgan erfüllt, ist die Bezahlung. Viele Journalisten können von ihrer Arbeit nicht leben. Eine Bekannte von mir leitet eine PR-Agentur, die für große Internet-Firmen arbeitet. Ihr größtes Problem sei derzeit, dass viele seriöse Blätter überhaupt keine Redakteure mehr haben, die man aus PR-Sicht «bearbeiten» könne. Sie hat Veranstaltungen organisiert, bei denen zehn Pressesprecher verschiedener Unternehmen auf zwei freie Fachjournalisten trafen. Am Ende wollten die Journalisten wissen, wie man es anstellt, die Seiten zu wechseln und ebenfalls Pressesprecher zu werden.

Ich könnte lange über die Krise des Print-Journalismus sprechen. Das wäre ein eigenes Buch. Ein sehr trauriges. Nur so viel: Die Auflagen gehen seit Jahren zurück. Überregionale Tageszeitungen haben in den letzten zehn Jahren rund vierzig Prozent ihrer gedruckten Abo-Auflage verloren. Beim «Spiegel» waren es rund dreißig Prozent, «Stern» und «Focus» haben rund vierzig Prozent eingebüßt. Verlage verdienen heute deutlich weniger als früher. Die wichtigste Aufgabe eines jeden neuen Chefredakteurs ist in der Regel die Implementierung des nächsten Sparprogramms.

Man muss diesen Umstand, gewissermaßen die mediale Großwetterlage, kennen, wenn man über Relotius spricht und seine systemische Bedeutung. Sinkende Auflagen, sinkende Abozahlen führen zu Druck in den Redaktionen. Leser möchten für Information nicht mehr bezahlen.

Genau in diesem Niedergang tauchte Claas Relotius auf. Ein junger Mann, der unbedingt Reporter werden – und unbedingt für «Print» schreiben wollte. Wie kann man in so einer sterbenden Branche triumphieren? Indem man zum Heilsbringer wird.

Relotius lieferte Texte, die kein anderer bot. Seine Geschichten waren einzigartig. Wer ihn druckte, hatte ein Alleinstellungsmerkmal. Relotius' Reportagen waren nicht nur gut, sie waren ein Glücksversprechen, für den «Spiegel», aber auch für die Branche. Er konnte mit den klassischen Mitteln des Journalisten, mit einer guten, soliden Geschichte, Hoffnung in ein System bringen, das aufgrund der langfristigen Perspektiven hochnervös war. Solange es solche Geschichten wie die von Claas Relotius gebe, mache er sich keine Sorgen um den deutschen Print-Journalismus, sagte der Intendant des Deutschlandfunks. Relotius' Reportagen schienen ein möglicher Weg aus der Krise.

Niemandem in der Branche ist entgangen, dass die «Zeit» mit einem empathischen, emotionalen, erzählerischen Ansatz die Auflage über Jahre mehr oder weniger stabil halten konnte. Alle anderen verloren massiv. Die harten Nachrichten sind nicht das Kerngeschäft der Hamburger. Das Blatt vermittelt mehr so ein Gefühl, eine intellektuelle Wohligkeit. Es scheint einem zuzurufen: «Wir verstehen dich, lieber Leser, wir sind wie du!» Damit das nicht falsch verstanden wird: Das ist keine Kritik an der «Zeit», es ist kein Fehler, sich an den Bedürfnissen der Leser zu orientieren.

Relotius hatte die Fähigkeit, genau dieses Gefühl, diese Verbindung zum Leser herzustellen. Relotius bekam außerdem deutlich mehr Leserpost, meist positiv. Sehr unüblich bei «Spiegel»-Lesern. Liest man ein Dutzend Relotius-Geschichten hintereinander weg, passiert etwas sehr Überraschendes. Obwohl man mit grausamen Schicksalen konfrontiert wird, haben die Texte etwas Tröstendes. Sogar wenn sie tragisch enden, wie im Falle der Reportage «Königskinder», in denen am Ende klar wird, dass «Königin» Angela Merkel die Kinder nicht rettet und die beiden Kleinen weiterhin in der Türkei werden arbeiten müssen. Tröstend ist, dass die Dinge einen Grund haben, dass die Welt, die Relotius zeichnet, verständlich und plausibel ist. Es heißt, dass es heutzutage eine große Sehnsucht nach Vereinfachung gibt. «Geo»-Chef Christoph Kucklick sprach in seinem Buch «Die granulare Gesellschaft» von einer komplexen, vielfältigen, komplizierteren Welt, die Menschen überfordert.

Ich teile die Einschätzung, würde es aber nicht Sehnsucht nach Einfachheit, sondern Sehnsucht nach Plausibilität nennen. In meiner ersten Erwiderung an Claas Relotius schrieb ich, gleich nachdem ich «Jaegers Grenze» gelesen hatte: «Ich kann leider nicht mit einem sensationellen, monokausalen Erweckungserlebnis in Form einer Junkie-Tochter dienen wie dein Protagonist.» Chris Jaeger machte angeblich Jagd auf Latinos, weil Latinos seiner Tochter Drogen verkauft hatten. Relotius hatte sich das ausgedacht. Es war nicht wahr, aber es war plausibel. Als Leser verstand man die Motive dieses Mannes, das ist ungemein beruhigend. Etwas, das man versteht, macht einem weniger Angst. Im «Mann ohne Eigenschaften» schreibt Robert Musil: «Und als einer jener scheinbar abseitigen und abstrakten Gedanken, die in seinem Leben oft so unmittelbare Bedeutung gewannen, fiel ihm ein, dass das Gesetz dieses Lebens, nach dem man sich, überlastet und von Einfalt träumend sehnt, kein anderes sei als das der erzählerischen Ordnung! Jener einfachen Ordnung, die darin besteht, dass man sagen kann: ‹Als das geschehen war, hat sich jenes ereignet!› Es ist die einfache Reihenfolge, die Abbildungen der überwältigenden Mannigfaltigkeit des Lebens in einer eindimensionalen, wie ein Mathematiker sagen würde, was uns beruhigt.»

Relotius hat seine Leser immer beruhigt. Er hat immer auf «die Ordnung» geachtet. Ordnung gibt Halt und Orientierung. Folgte Chris Jaeger nicht dieser Ordnung, wäre einem völlig schleierhaft, warum er am Ende des Textes auf Menschen schießt. Der Text würde mehr beunruhigen als erklären oder trösten. Er würde sagen, da draußen sind Menschen, die schießen, und keiner kann sagen, warum. Was für eine schreckliche Welt.

Relotius’ Texte nahmen Leser in den Arm. Die Stoffe waren

derb, aber der Leser wurde nicht konfrontiert, die Reportagen waren wie er, zurückgenommen und voller Verständnis, über ihnen schwebt immer ein Erlösungsversprechen. Für Leser – und letztlich für den Journalismus.

Ein «Spiegel»-Chefredakteur sprach von Relotius als «Zukunft des Spiegel». Aus der Warte eines Chefs, der eine klare Vorstellung von der Entwicklung der Branche hatte, war das durchaus nachvollziehbar. Die lange, ausgeruhte Erzählung als Mittel, um eine komplexe Geschichte zu erzählen. Der empathische, der emotionale Text als Weg aus der Krise, das konnte ein Mittel sein, um Leser zu gewinnen, die mehr als nur «Spiegel Online»-Überschriften lesen wollten. Serien, lange als völlig überholtes Genre diffamiert, haben unter einer ähnlichen Prämisse eine Wiedergeburt erlebt. Gut gemacht, ambitioniert, emotional. Relotius bot das alles. Er fand große Stoffe, recherchierte so wie kaum einer vor ihm, weltweit und über Monate und verabreichte spektakuläre, aber im Kern erwartbare Ergebnisse konsumentenfreundlich. So ein leserbindendes System passte perfekt wie ein Schlüssel in die Tresortür des kriselnden Journalismus. Darum galt Relotius lange Jahre in erster Linie als Lösung, nicht als Problem des deutschen Journalismus.

Relotius' Angebot an den Leser ging aber über den tröstenden Text hinaus. Aus seinen Reportagen sprach immer moralische Überlegenheit, sie waren nie grau. Leser und Autor waren sind einig. Man wusste, was gut, was richtig war, die Welt, sie war in ihrem Leid berechenbar. Relotius vergewisserte den Leser nicht nur der Einfachheit, er dachte auch an die, die nicht nur Gutes denken, sondern auch Gutes tun wollten.

Der Schweizer Stämpfli Verlag bat Reporter, für den Sammelband «Wellen schlagen» zu erzählen, was nach der Veröffentlichung eines Textes geschah. Auch Relotius war unter den Autoren. Relotius schrieb über den Text «Königskinder». Neun Tage habe er versucht, an syrische Kinder zu kommen, die aus ihrer

Heimat fliehen mussten und jetzt in der Türkei arbeiten. «Aber dann, auf dem Rückweg zu unserem Hotel, am Rande einer verlassenen Ausfallstraße, sahen wir zufällig einen kleinen, schmächtigen Jungen. Er zog einen Wagen voll Schrott, doppelt so schwer wie er selbst, hinter sich her. Sein Gesicht war schwarz vor Dreck, seine Hände mit Blasen übersät.»

Vier Tage verbrachte Relotius angeblich mit diesem Kind. Im Text heißt es: «Der einzige Strom, sagt Ahmed, kam aus der Batterie eines kaputten Traktors, das Wasser zum Waschen, sagt Ahmed, aus einem schmutzigen Kanal.» Dann erwähnt, sagt Relotius, der kleine Ahmed eine Schwester, Alin, die in einer Näherei in Mersin ausgebeutet wird. Die beiden Waisenkinder hatten ihre Eltern sterben sehen, der Krieg hatte sie in eine kalte, herzlose Welt geworfen. Natürlich ist alles erfunden. Der Fotograf, der mit Relotius unterwegs war, kannte Ahmed von früheren Recherchen. Der Junge half in der Werkstatt seines Onkels und lebte bei seinen Eltern. Die Schwester Alin gab es nicht. Relotius aber traf mit diesem Text einen Nerv. Die Leser waren berührt, in zwei Kinderschicksalen war der ganze Krieg dargestellt. Den «Spiegel» erreichten viele E-Mails, von Menschen, die helfen wollten, darunter einem Milliardär aus Kalifornien und einem SOS-Kinderdorf. Relotius bat die Leser, ihm Geld auf sein privates Konto zu überweisen. Im Text schreibt er: «Erst im Herbst 2017, fast eineinhalb Jahre nach unserer ersten Begegnung mit ihnen, stiegen sie in Istanbul in ein Flugzeug nach Hannover. Ein deutsches Ärztepaar hatte sich die ganze Zeit um eine Adoption beworben, glaubhaft versprochen, gut für sie zu sorgen. Ahmed und Alin hatten sich ihre neue Familie selbst ausgewählt, anhand von Fotos und Briefen, die wir ihnen schickten. Sie leben nun in einem Einfamilienhaus am Rande einer Kleinstadt in Niedersachen. Alin ist fünfzehn, Ahmed bald vierzehn, sie lernen Deutsch in einer Vorbereitungsklasse, schließen erste Freundschaften, gehen einmal in der Woche zur Therapie, um die Bilder des Krieges und den Tod der Eltern zu verarbeiten.

Ich halte Kontakt zur Familie, habe die Kinder aber noch nicht besucht, seitdem sie in Deutschland sind. Ich will keine Wunden aufreißen, sie nicht dabei stören, langsam ein neues Leben zu beginnen.»

Relotius hat siebentausend Euro an Spenden von Lesern angenommen und offenbar den Betrag an die Diakonie gespendet. Es ging ihm nicht um Geld, der Ruhm, die Bewunderung, die Legende, die so eine Geschichte unter den Kollegen etabliert, ist viel mehr wert als das. Auch in diesem Text, selbst in einer Geschichte, die von gepeinigten Kriegswaisen handelt, spendet Relotius letztlich Trost. Er gibt dem Leser die Möglichkeit, etwas zu tun. Eine Spende für die richtige Sache. Relotius bietet in gewisser Weise Erlösung.

Im Grunde ist die Frage, was Relotius bedeutet, nicht nur an den Journalismus zu stellen. Die Frage muss man an uns richten. Warum hat uns das alles so berührt? Über vierzig Preisjurys, tausende Leser, eine ganze Generation junger Autoren. Relotius hat Sehnsüchte bedient, hat das Menschliche, das Verunsicherte in uns angesprochen. Viele wollten glauben, was er schrieb, denn es war, was seine Leser glaubten. Er beschützte sie vor der Wahrheit. Die Leser, die Redaktionen, die Jurys, im Kern liebten ihn also alle für genau das, was ein guter Journalist nicht tun sollte. Der treue Claas war ein Freund, er wollte, dass wir uns gut fühlen, dass wir uns nicht fürchten. Wir gaben ihm dafür Preise und Heldenverehrung. Wir wollten, dass es stimmt. Seine Reportagen – fast ohne Ausnahmen – haben gegen viele fundamentale Regeln des Journalismus verstoßen. Eine ist offensichtlich, sie waren erfunden, aber eine andere, die Regel, dass man als Leser etwas lernen sollte nach der Lektüre, brach Relotius ebenfalls. Franziska Augstein, Tochter von «Spiegel»-Gründer Rudolf Augstein, sagte mal über die Texte von Relotius, dass sie sie nicht mochte, «weil ich beim Lesen das Gefühl hatte, dass ich das alles schon weiß». Franziska Augstein ist eine Ausnahme in der Beziehung. Die meisten von uns haben genau das geliebt. Ein

Relotius-Text machte einen nicht schlauer, er gab einem aber das Gefühl, bereits schlau zu sein. Hatte da doch jemand in mühevoller Arbeit genau das zusammengetragen, was man schon immer ahnte.

Wenn man sich also fragt, was das Geheimnis für den sagenhaften Aufstieg im Journalismus war, ist die Antwort recht einfach: Der treue Claas gab uns das, was wir wollten: dem «Spiegel», den Lesern, den Jurys. Ich weiß, dass es das tiefe Bedürfnis nach einer Erklärung gibt. Nach einem solchen Skandal müsste sich doch was ändern. Das wird nicht passieren. Relotius hat Redakteure wie Leser in ihrer Unvollkommenheit erkannt und ausgenutzt.

Im Dezember 2013, gleich nach seinem ersten Reporterpreis, den ihm Ullrich Fichtner übergab, gab Relotius einer Radioreporterin ein kurzes Interview. Die Journalistin wollte wissen, ob freie Reporter von Redaktionen gezwungen würden, Kosten zu sparen und Recherchen zu verkürzen. Relotius verneinte, sagte aber im Anschluss etwas sehr Interessantes. «Es gibt ja so ein Klischee, aber da ist ja auch etwas dran, dass heutzutage Journalisten schon mit einem Bild von einem Thema im Kopf irgendwohin fahren, irgendwohin fliegen und das dann nur noch – überspitzt gesagt – im Hotel aufschreiben, was sie sich so ausgemalt haben, und dass es gar nicht mehr darum geht, was man vor Ort erlebt.»

Relotius hat alle belogen. Immer und immer wieder. Er log, als er mit den Vorwürfen konfrontiert wurde, und er log auch danach. Redaktionen, die sich bei ihm meldeten und die Wahrheit über die Texte wissen wollten, die sie von Relotius gedruckt hatten, wurden ebenfalls belogen. Es ist das, was dieser Mann tut. Man sollte das akzeptieren – seine Erkrankung, wie er es umschrieb.

Ein Kollege im «Spiegel» erreichte Relotius einige Monate nach Ende des Skandals. Relotius behauptete, dass er gerade in einer Klinik in Süddeutschland sei. In Behandlung. Ihm werde da geholfen. Die Ärzte würden Fortschritte sehen. Es sei ihm immer nur darum gegangen, die Kollegen, seine Freunde, nicht zu enttäuschen. Das sei das Wichtigste überhaupt.

Tags darauf traf dieser Kollege eine «Spiegel»-Sekretärin. Die Frau hatte Relotius gerade auf dem Fahrrad gesehen.

In Hamburg.

# Danksagung

Ich möchte mich bei vielen Menschen bedanken. In den Momenten, in denen meine Karriere sich in Luft aufzulösen drohte, zeigte sich, wer wirklich für mich da war. Diesen Menschen werde ich nie genug danken können. Sie ahnen vermutlich nicht mal, wie wichtig sie für mich waren.

An erster Stelle ist meine Frau zu nennen. Hätte ich sie nicht schon vor Jahren geheiratet, ich würde es sofort wieder tun – so großartig ist sie.

Ich danke Mirco Taliercio, der Stunden für mich recherchiert und nie den leisesten Zweifel an mir oder meinem Vorgehen hatte. Ich danke Daniel Radig, Jochen-Martin Gutsch, Maxim Leo, Susanne Frömel, Carolin Prich – sie alle wussten früh Bescheid, sie alle haben dichtgehalten, sie alle haben sich stundenlanges Moreno-Gejammer angehört. Ich danke dem Lektor dieses Buches, Ulrich Wank, seine Geduld und seine Ratschläge waren mehr als hilfreich.

Zuletzt danke ich meinen Eltern, «¡Mamá, Papá, no os preocupéis. Ya ha acabado todo.»


## Bild- und Rechtenachweis

S. 172 © Jonny Milano, S. 173 oben privat, S. 173 unten © Jonny Milano, S. 177 Getty Images/John Moore

Der Artikel «Jaegers Grenze» von Juan Moreno und Claas Relotius wurde mit freundlicher Genehmigung der Spiegel Verlag Rudolf Augstein KG nachgedruckt.

Die Passagen aus dem Magazin «Reportagen» wurden mit freundlicher Genehmigung der Puntas Reportagen AG (Schweiz) verwendet.

Das für dieses Buch verwendete Papier ist FSC®-zertifiziert.